Alice Ekert-Rotholz

DIE LETZTE KAISERIN

Roman

Hoffmann und Campe

Die Deutsche Biliothek – CIP-Einheitsaufnahme

Ekert-Rotholz, Alice:
Die letzte Kaiserin : Roman / Alice Ekert-Rotholz.
– 1. Aufl. – Hamburg : Hoffmann und Campe, 1992
ISBN 3-455-01871-8

Schutzumschlag- und Einbandgestaltung: Werner Rebhuhn
Gesetzt aus der Garamond Antiqua
Satzherstellung: Utesch Satztechnik GmbH, Hamburg
Druck und Bindung: Mohndruck, Gütersloh
Printed in Germany

Für meinen Sohn

Inhalt

Prolog

VÖGEL IN DER DÄMMERUNG

»Große Vögel kreisen um die Abendsonne«

(Altchinesisch)

In der Abendstunde, wenn die Geräusche des Tages verstummten, und der Abend sich auf Filzsohlen heranschlich, flogen große Vögel um das Waisenhaus in Kowloon.

Ich war die Waise Jinghua aus der Familie Cheng am Perlenfluß. Dort leben heute noch meine Tante und ihr Sohn, aber sie haben mich wohl abgeschrieben, was eigentlich ganz unchinesisch ist. Sie werden sicher ihren Grund dafür haben.

Timothy Hall, mein englischer Adoptivvater, wird jetzt Nachforschungen über meine Familie in Kanton anstellen. Er ist mein Daddy-Tim, mein Freund und Tröster, und das war er schon damals, als ich ihn zum erstenmal im Waisenhaus sah. Er lächelte mich an, und ich lächelte zurück. Es war gerade nach dem Mondfest, und ich fand ihn so wunderbar tröstlich, daß ich ihm mein Mondkaninchen schenkte. Das war eine unerhörte Sache, denn ich hatte kein Spielzeug und hatte das Pappkaninchen, zerdrückt und beschmutzt, in einer Ecke des Eßsaals aufgelesen. Dann hatte ich die Pappe vorsichtig gesäubert, und nun sollte es Timothy gehören. Er lächelte sein Lächeln, bei dem ich noch heute schmelze, und freute sich sehr. Er hob mich hoch und schwenkte mich in seinen Armen hin und her. Einen Augenblick lag mein Kopf an seinem Herzen, aber er bemerkte es wohl nicht. Ich blickte in seine seltsamen Augen, manchmal waren sie blau und manchmal grau, wie die Themse bei Regen.

Kurz danach wurde ich von ihm und seiner Frau Belinda adoptiert und war plötzlich Lilian Hall. Es war nicht einfach für mich, aus dem Waisenhaus in Kowloon auf die Luxushügel in Hongkong überzusiedeln. Damals in Hongkong war Belinda freundlich zu mir, ich gefiel ihr, denn ich war ein schüchternes, folgsames, dankbares Waisenkind. Wir waren alle glücklich miteinander, und ich bekam eine ältere englische Erzieherin, die mich die fremde Sprache lehrte. Leider blieb sie in Hongkong. Ich vermißte sie sehr in London, sie hätte mir vieles erleichtert, was Belinda nicht einmal im Traum einfiel.

Bald werde ich achtzehn Jahre alt, und es gefällt Belinda nicht, daß Daddy-Tim mich wirklich gern hat. Sie kritisiert mich dauernd, und das können Chinesen schlecht vertragen. Ich glaube, Belinda wäre froh, wenn ich nach Soho, in das Londoner Chinesenviertel, übersiedeln würde, aber natürlich spricht sie nicht darüber, denn sie will sich ja Daddy-Tims Liebe erhalten. Und er liebt sie tatsächlich, daran gibt es keinen Zweifel.

Wenn ich mein Elternhaus in Hampstead verließe, wäre Daddy-Tim sprachlos, was ihm selten passiert, denn er besitzt die Macht wohlgesetzter Reden wie ein chinesischer Mandarin aus alten verrotteten Kaiserzeiten. Ich verehre ihn und diene ihm schweigend wie eine konfuzianische Tochter. Ich errate seine Wünsche, esse gelegentlich seine Gedanken und sorge heimlich für seine häusliche Behaglichkeit, da Belinda ja beständig ihre vielen Freunde in Hampstead besucht. Alle sind freundlich und nett zu mir, weil ich trotz chinesischer Herkunft als Tochter von Timothy und Belinda Hall gelte.

Bin ich eigentlich glücklich in London?

Manchmal bin ich sicher ziemlich glücklich. Aber darauf komme es nicht an, sagen die chinesischen Weisen. Auch Daddy-Tim macht sich nicht viel aus Glück, nur Belinda glaubt an das Glücklichsein als eine Grundbedingung der Existenz auf dieser vergänglichen Welt. Darüber kann ich nur lächeln, obwohl ich so viel jünger bin als Belinda. Aber wir werden mit alten Seelen geboren und betrachten den westlichen Anspruch auf persönliches Glück als Anmaßung.

In Hongkong flogen die Vögel am Abend um unseren Balkon. Sie erzählten mir viele Geschichten. Hier in London sagt Belinda: »Schließ die Balkontür, Lilian, es zieht.« Natürlich gehorche ich ihr aufs Wort. Cheng Jinghua ist dankbar und gehorsam und wird es bleiben. Lilian Hall allerdings überhört manchmal die Wünsche der Adoptivmutter, die ihr täglich fremder wird. Auch Daddy-Tim sagt nie, daß er mit seiner chinesischen Tochter zufrieden und gelegentlich glücklich ist. Aber ich weiß es in meinem Herzen und genieße seine stumme Zuneigung, wie er es erwartet, in Dankbarkeit und tiefem Schweigen.

In London sehe ich keine Vögel am Abend um mein Fenster fliegen. Aber gelegentlich höre ich ihren Flügelschlag – das ist ein chinesisches Talent: das Unsichtbare sehen und das Lautlose hören. Auch Daddy-Tim weiß um diese Talente, und er kennt Cheng Jinghua, Lilian Hall und die Vögel im Abendwind.

Erstes Buch

KLIMAWECHSEL

Erstes Kapitel

DAS DRACHENBOOTFEST

> Tag für Tag wandere ich den Einsamen Weg.
> Ich werde nicht zu Dir kommen
> obwohl ich keine Nacht schlafe. –
> Nachts lebe ich in Finsternis.
>
> (Chinesischer Dichter, 1718 B.C.)

Liebe Belinda,
Du wirst es merkwürdig finden, daß ich Dir schreibe, obwohl wir immer noch im selben Haus leben – wenn auch getrennt. Niemand könnte die Entfremdung zwischen uns mehr bedauern als ich, um so mehr, als wir in Hongkong so gut miteinander ausgekommen sind. Da das in London nun nicht mehr der Fall ist, und Du außerdem unsere kleine Lilian unfreundlich behandelst, wäre es vernünftig, uns zu trennen. Dieser Vorschlag kann kein Schock für Dich sein, denn Du versicherst mir ja immer wieder, daß man mit mir nicht unter einem Dach leben kann.

Selbstverständlich wirst Du weiter in diesem Haus bleiben, und Lilian und ich werden bei meiner Mutter wohnen, bis ich etwas Passendes für uns finde. Mama und Miss Potter wissen noch nichts von ihrem Glück, aber sie werden sich freuen. Glücklicherweise haben sie Lilian gern.

Natürlich wird auch mein Buch über die »Letzte Kaiserin« nach Eaton Place wandern. Das große Haus ist ja beinahe leer. Meine Sekretärin wird fürs erste hier

in Hampstead bleiben. Miss Hoffmann ist ja überall zufrieden.
Verzeih mir, wenn Du kannst!
Timothy

Timothy Hall las den Brief an seine Frau zweimal. Dann zerriß er ihn und verbrannte die Papierschnitzel im Aschenbecher. Heute feierte man in Hongkong das Drachenbootfest, und er hatte Belinda bei einem Drachenbootfest in Peking kennengelernt. Da schrieb man nicht solche Briefe ... Damals war er ein junger Journalist gewesen, und sie eine englische Blüte in einem chinesischen Rahmen ... Sie waren jung, heiter und verliebt, und seine Zeitungsartikel aus Hongkong und Peking fanden daheim in England bereits Beachtung.

Dieses Haus hier in Hampstead gehörte ihm. Und Lilian war seine Tochter. Aber Belinda war nicht mehr seine Frau. So einfach war das. Wenn also jemand dieses Haus in der Nähe der Heide von Hampstead verlassen müßte, dann würde es Belinda sein.

Er blickte auf seine Uhr. Höchste Zeit, mit Lilian das Drachenbootfest bei seiner Mutter zu feiern!

Einen Augenblick betrachtete er das Bild über seinem Schreibtisch. Tzu Hsi, die letzte Kaiserin von China, an deren Biographie er gerade schrieb. Es war übrigens weniger der Lebenslauf, der ihn interessierte, der war schon oft geschildert worden, vielmehr war es die Anwendung und der Mißbrauch uneingeschränkter Macht im damaligen »Reich der Mitte«: ein Diskurs über Glanz und Elend politischer Tyrannen. Ein bißchen Macht verdirbt den Charakter nur ein bißchen. Aber die uneingeschränkte Macht, die die letzte Kaiserin von China besessen und verloren hatte, hatte ihn wirksamer verdorben als alles Gold im kaiserlichen Peking.

Wäre er lieber in Hongkong? Im Augenblick sprach Belinda nicht mit ihm. Nigel Hunter, sein Jugendfreund und heute ein bekannter Psychiater, behauptete, Belindas Schweigen wäre hysterisch und müßte irgendwie gebrochen werden. Sollte Nigel sich damit amüsieren!

Timothy starrte die Letzte Kaiserin an. Sie war bedeutend klüger gewesen als er und hatte mit lästigen Personen kurzen Prozeß gemacht. Ob Lilian jemals kurzen Prozeß mit unerwünschten Personen machen würde? Noch war sie scheu und etwas verwirrt in London. Er und Miss Hoffmann wurden damit gut fertig. Aber Belinda behandelte die arme Kleine schlecht, unglaublich, wie sie sich verändert hatte.

Immer wieder dachte er an die prachtvollen Drachenbootfeste im Fernen Osten. Diese Farbenpracht, diese festliche Stimmung und die demütigen Künstler, die vergängliche Ornamente in monatelanger Arbeit schufen! Jeder Drache eine farbige Sensation. Ja, Tuan Wu war ein großes Fest. Nur das chinesische Neujahr konnte sich mit diesem Legendenfest messen. Damals hatte Belinda noch blondes Haar gehabt. Jetzt hatte sie es rot gefärbt, was weder zu ihrem Teint, noch zu ihrem Temperament paßte. Er mochte sie einfach nicht ansehen, das flammende Rot irritierte ihn. Wenn er an Lilians glänzendes schwarzes Haar dachte ... Wirklich ein angenehmer Anblick!

Die Augen der Letzten Kaiserin über seinem Schreibtisch starrten ihn an – tief, unergründlich, etwas grausam und spöttisch.

Frauen, dachte Timothy, was wissen sie schon von uns? Sie erzählen einem nur Dinge, die man nicht hören will. Wenigstens ist das offenbar eine Spezialität von Ehefrauen. Trotzdem bleiben absurde und unzerstörbare Träume.

Timothy hielt das Leben, das er im Schlaf führte, für genauso wichtig wie sein Tagesleben. Vielleicht sogar für bedeutungsvoller. Ob Lilian träumte? Von der Heimat? War die Verpflanzung dieses chinesischen Kindes nach England falsch oder richtig gewesen? Er wußte nicht, warum er hier in ständiger Sorge um seine Tochter lebte. In Hongkong war alles so einfach gewesen. Vielleicht weil Belinda noch angenehm, heiter und zufrieden mit ihm gewesen war.

Allerdings war er seit einiger Zeit nicht gerade angenehm, aber er gab die Schuld daran seiner Frau. Manchmal schüttelte er über sich selbst den Kopf. Eigentlich war er doch ein freundlicher, mildgesinnter Mann, und doch fühlte er nur noch Härte und Bitterkeit für Belinda. Er vergaß manchmal, daß er von seiner Familie geliebt wurde und viele Freunde hatte. Belinda hatte niemanden. Und ihn hatte sie auch verloren. Er hatte sich bewußt und unbewußt immer mehr seiner jungen, ergebenen Tochter zugewandt. Und Nigel Hunter behandelte Belinda besorgt und gewissenhaft. Alle drei hatten bereits vergessen, oder Nigel tat vielleicht nur so, daß er Belinda eigentlich hatte heiraten wollen, als sie sich bei ihrem Besuch bei Verwandten plötzlich auf Timothy Hall konzentrierte. Heute lebte der Psychiater allein mit seiner aus Saigon geflüchteten Haushälterin und dachte nicht mehr ans Heiraten. Er hatte seine Praxis in der Harley Street und wohnte privat, ein paar Häuser von ihnen entfernt, in Hampstead, sehr angenehm für Belinda, die ihn oft brauchte.

Timothy Hall liebte Hampstead auf eine andere Art, als er Hongkong geliebt hatte. Hier wehte ein milder, schöpferischer Wind, und er sah auf grünes, idyllisches Parkland inmitten einer lärmenden, staubigen Großstadt. Aber Timothy gab zu, daß er Hongkong entbehrte. Vielleicht lebt kein Mann des Westens ungestraft in jener einzigartigen Welt, in der man über andere Dinge lacht und weint.

Ob Hampstead der jungen Lilian wirklich gefiel? Niemand konnte ihr ein einfaches Ja oder Nein entlocken. Sie übte keine Kritik an irgendwem und irgend etwas. Bescheidenheit? Oder etwa doch chinesische Vorsicht? Sollte man ihr nicht sagen, daß sie in ihr eigenes Land zurückgehen könnte, wenn London ihr mißfiele? Timothy wußte nie, was hinter ihrer glatten Stirn vorging. Aber er meinte immer noch, er werde es eines Tages herausbekommen.

Chinesen lassen es nicht gern zu folgenschweren Auseinandersetzungen kommen. Nicht mit den eigenen Leuten und fast niemals mit Engländern, die nicht ahnen, wie wenig ihre Ansichten ihre chinesischen Freunde interessieren. Niemand kann aufmerksamer zuhören, niemand verständnisvoller nicken, wenn die Langnasen merkwürdige Ansichten äußern. Die Chinesen in London lauschen ehrfurchtsvoll gutgemeinten englischen Ratschlägen, befolgen aber keinen einzigen. Ihre angeborene Abneigung gegen Ratschläge sitzt tief verborgen in ihren Seelen. Allerdings geben Chinesen selbst genauso gern Ratschläge wie alle anderen Leute. Aber sie wollen eben ungern erfahren, was Mr. Black oder Mrs. White an ihrer Stelle täten. Das alles hatte Timothy Hall auch bei seiner Tochter Lilian erlebt. Und doch fand er viel Positives im Verhalten der Chinesen. Lilians Landsleute waren in London weder östliche Trauerweiden, noch japanische Dauergäste und erst recht keine afro-karibischen Feuerfresser. Sie lebten in Soho in ihrer eigenen Siedlung im Herzen der Riesenstadt, und man konnte sie in ihren Restaurants und Läden besuchen. Sie waren so anspruchslos wie daheim, und wenn sie keine Arbeit hatten, genügten Tee und eine Schale Reis bei Verwandten. Lilian Hall, seine Tochter, gehörte dort nicht hin, aber Cheng Jinghua, die sie einmal gewesen war, würde sich in Soho mühelos einleben.

Die Menschen in Soho, Londons Klein-China, lebten entschieden ihr eigenes Leben, das zweifellos hinter den

Regeln und Vorschriften der chinesischen Volksrepublik zurückgeblieben war. Hier machte niemand Anstalten zur Politisierung. Schon Konfuzius hatte neue Methoden beargwöhnt und belächelt, und die Chinesen in Soho machten es nicht anders. Heute feierten sie natürlich das Drachenbootfest. Monate vorher hatten sie mit Geduld und Kunstverstand die entsprechenden Drachen fabriziert.

Wenn Timothy Hall ganz ehrlich mit sich war, hätte er dieses Fest lieber mit Lilian in Soho gefeiert, aber das konnte er seiner Mutter nicht antun. Lady Springfield und »ihre« Miss Potter erwarteten sie zum Lunch. Auch Lady Springfield war so lange in Hongkong gewesen, mit vielen Aufenthalten in Peking, daß sie sich auf Tims Tochter ehrlich freute. Sie liebte die Kleine und verstand nicht, warum Belinda nicht mit ihr auskommen konnte.

Manchmal fragte Timothy seine Adoptivtochter, ob sie glücklich wäre in London. »Hampstead ist sehr schön.«

»Ich fragte dich, ob du hier glücklich bist?«

»Ich bin hier glücklich.«

Er kam nicht weiter mit ihr. Wußte sie immer noch nicht, daß sie ihm alles sagen, ihm alles anvertrauen konnte? Daß er alles tat und tun würde, nur um sie lächeln zu sehen. Nur hergeben würde er sie nicht mehr. Timothy konnte sich ein Leben ohne seine Tochter kaum mehr vorstellen. Ein altchinesischer Dichter hatte seine Geliebte »Licht meiner Augen« genannt. Lilian war das Licht seiner Augen. Aber sie war nicht seine Geliebte. Sie war eben achtzehn geworden und hatte noch keine Erfahrung mit Männern. Dazu fand Timothy sie auch zu kindlich, obwohl ihr kleines Elfenbeingesicht gelegentlich besorgt und erfahren aussah. Aber das konnte man genauso schon bei chinesischen Babies beobachten. Die ganz alten und ganz jungen Chinesen sind eben weise oder wirken jedenfalls so. Belinda schlief oder war im Halbschlaf. Timothy verließ ihr Schlafzimmer, erleichtert, daß er nicht mit ihr reden oder ihre Vorwürfe anhören mußte. Pflichtgemäß rief er, bevor er zu seiner Mutter abfuhr, Dr. Hunter an.

»Alles in Ordnung, Nigel! Sie schläft.«

»Sie soll aber am Tag nicht schlafen, Tim.«

»Soll ich sie wecken und mir ihr Geschrei anhören?«

Einen Augenblick herrschte Stille. Dann sagte Dr. Hunter ruhig, daß Belinda krank sei, und fragte, wer sich eigentlich um sie kümmere.

»Meine Sekretärin. Miss Hoffmann. Und natürlich Mrs. Shrimp, die ihr was zu essen kocht.«

»Und Lilian?«

»Wenn Lilian nur erscheint, sagt Belinda: ›Verschwinde!‹ Heute brachte Lilian ihr Blumen zum Drachenbootfest mit, und was tat Belinda? Sie warf die Blumen aus dem Fenster. Wie findest du das?«

»Ich sage dir doch, sie ist hochgradig nervös. Sie schläft schlecht, und sie scheint nicht sehr glücklich zu sein.«

»Sie hat alles, was sie braucht.«

»Vielleicht ist das nicht ganz genug, Tim.«

»Vielleicht nicht. Ich kann es nicht ändern. Und ich werde nicht dulden, daß meine kleine Tochter von Belinda ständig vor den Kopf gestoßen wird.«

»Dein kleines Mädel hat einen harten Schädel, mein lieber Tim! Spar etwas von deinem Mitleid für deine Frau auf! Es scheint mir, als wendetest du deine ganze Aufmerksamkeit deiner Tochter zu.«

»Hast du etwas dagegen?«

»Nicht das geringste. Aber mir kommt Lilian nicht wirklich scheu und bescheiden vor.«

»Sag mal, hat Belinda dir das eingeredet?«

»Ich lasse mir selten etwas von meinen Patienten einreden«, sagte Hunter kühl. »Aber wenn ich deiner Frau helfen soll, dann muß ich ihr zumindest genau zuhören.«

»Auch wenn sie dir etwas vorlügt?«

»Mein lieber Tim! Du ahnst nicht, wieviel Wahrheit sich in jeder Lüge verbirgt.«

»Glücklicherweise bin ich kein Seelenschnüffler, alter Knabe.« Timothy lachte.

Nach einer Pause sagte der Arzt sehr ruhig, daß auch Belinda etwas Beachtung von ihrem Ehemann brauche.

»Es ist keine Ehe mehr, und du weißt es«, sagte Timothy schroff. »Übrigens – wann immer ich einen Vorschlag zur Güte mache, wird Belinda noch unangenehmer. Sei du mal mit so etwas verheiratet, Nigel.«

»Ich bleibe Junggeselle.«

»Haben deine Patienten dich soweit gebracht?«

»Nicht ausgeschlossen.«

Beide lachten, dann sagte der Arzt wieder ernst, daß ihm Belindas Magenvergiftung gerade noch gefehlt hätte.

»Wir alle aßen denselben Fisch, Nigel! Und wir sind gesund. Unser Fischhändler war ganz empört.«

»Wer hat den Fisch gekocht?«

»Mrs. Shrimp natürlich. Es war direkt unbegreiflich. Nur Lilian half in der Küche. Das Mädchen ist die Gefälligkeit in Person.«

»Zugegeben«, sagte Nigel. »Wenn ich einen Vorschlag machen darf, geh mit Belinda gelegentlich in ein Restaurant. Ich glaube, die Abwechslung würde ihr guttun.«

»Soll ich sie im Nachthemd hinschleppen? Was machst du mit einer Frau, die sich nicht anziehen will?«

»Das erzähle ich dir ein anderes Mal, mein Lieber! Ein nettes Drachenbootfest bei deiner Mutter! Bitte grüße Lady Springfield und ihre Miss Potter von mir.«

»Mein lieber Nigel, wie kann ich dir danken, daß du Belinda so viel Zeit und Aufmerksamkeit schenkst. Ich weiß ja, wie belagert deine Praxis ist.«

»Also übermorgen im Club, mein lieber Tim! Hättest du

etwas dagegen, wenn Oberst Sanderson zum Dinner mitkäme? Er war endlose Jahre in Singapore und Malaysia. Er kennt auch Hongkong wie seine Westentasche.«

»Sehr gut! Also bis übermorgen!«

Timothy hielt immer noch den Hörer in der Hand, als seine neue Sekretärin, die er von Lord Frobisher geerbt hatte, mit seinem Tee erschien. Hanne Hoffmann war blond, blauäugig, dick und schlesisch. Sie sah ihren Chef mit einem Blick an und fragte gleich: »Etwas nicht in Ordnung, Sir?«

»Vielen Dank für den Tee, Hannah! Waren Sie oben bei meiner Frau?«

»Sie schläft immer noch.« Tim dachte, das wäre das Beste, was sie tun könnte.

»Ich wünsche Ihnen ein angenehmes Fest, Sir. Ganz Soho soll Ihr Drachenbootfest feiern.«

»Es ist nicht mein Fest«, sagte Tim milde, »es ist eher Lilians Fest.«

Aus dem oberen Stockwerk ertönte ein Schrei. Vielmehr ein Heulen. Beide liefen nach oben. Belinda stand am Bett mit dem Telefonhörer in der zitternden Hand. »Ein anonymer Anruf! Jemand will mich ermorden.«

»Unsinn!«

»Ein gräßlicher Ausländer. Er sagt, er wird nachts kommen, wenn ihr alle schlaft.«

Timothy Hall ging nach unten und telefonierte mit Nigel Hunter. »Wir brauchen sofort eine Krankenschwester, die Belinda nicht aus den Augen läßt. Hast du eine?«

»Schwester Richards, falls sie frei ist. Sonst Schwester Drummer aus Richmond. Beide erstklassig. Hör zu, Tim, gib Belinda eine von den blauen Beruhigungspillen! Aber nur eine! Kann Miss Hoffmann bei ihr bleiben, bis die Schwester kommt?«

»Ich werde sie bitten.«

»Wo ist Lilian?«

»Schon bei meiner Mutter.« Timothy blickte auf die Uhr. »Ich muß rasen. Danke, Nigel.«

Belinda hatte die Augen geschlossen, als Hannah an ihr Bett trat. »Ich weiß, wer dahinter steckt, Hannah.«

»Aber, Lady Hall! Wahrscheinlich war es ein dummer Junge, der Telefonspäße macht. Das ist augenblicklich an der Tagesordnung. Jetzt nehmen Sie hier die Tablette.«

»Es ist kein Spaß. Es war nie ein Spaß.«

»Entschuldigen Sie mich einen Augenblick, Lady Hall. Das Telefon im Arbeitszimmer klingelt.«

Lady Springfield fragte, wo ihr Sohn bliebe.

»Er ist auf dem Weg zu Ihnen, Lady Springfield. Wir hatten eben eine Aufregung mit Lady Hall. Es handelt sich um ...«

»Vielen Dank, Hannah, mein Sohn wird mir alles erzählen. Was macht Belinda?«

»Jetzt schläft sie wahrscheinlich wie eine Tote.«

»Das Vernünftigste, was sie tun kann«, sagte Lady Springfield ungerührt. »Und wie geht es Ihnen, meine Liebe?«

»Vielen Dank, gut.«

»Das hört man gern«, sagte Lady Springfield ohne Überzeugung. »Nett, wenn es auch noch stimmen würde. Sie müssen mich bald zum Tee besuchen, Hannah!«

»Vielen Dank, Lady Springfield, wenn ich mich frei machen kann. Sir Timothy Hall hat gerade mit dem Buch über die Letzte Kaiserin angefangen.«

»Die war ein Biest. Aber interessant. Zu schade, daß die meisten guten Leute so langweilig sind.«

Timothy Hall liebte seine Mutter, aber Miss Potter war immer ein bißchen zuviel für ihn. Seit dem Tode seines Stiefvaters regierte sie das Haus. Die Tafel war bereits festlich mit einigen Papierdrachen geschmückt. Natürlich war es nicht wie in Peking oder Hongkong, aber es war schön und erinnerte an alte, glückliche Zeiten.

»Ah, da bist du ja endlich, Junge!« Lady Springfield reckte sich, um Timothy zu küssen. Er fragte gleich nach Lilian.

»Da ist sie«, sagte seine Mutter. Sie beobachtete mit halbgeschlossenen Augen, wie ihr Sohn dieses Mädchen begrüßte, als hätte er Lilian jahrelang nicht gesehen. Diese Sache wird in Tränen enden, dachte sie und meinte natürlich die Tränen des »Weiblichen Fisches«, die Tränenströme der Mädchen und Frauen über ihre Männer oder Liebhaber. »Männer«, dachte Patricia Springfield, »keine Ahnung von Treue.« Sie konnte Belinda nicht gut um sich haben, aber Tims Vernarrtheit in Lilian gefiel ihr auch nicht.

Lilian reichte ihrer »Großmutter« einen selbstgeschnitzten Holzdrachen, so liebevoll und sorgfältig bemalt, wie von einem alten Meister. Lady Springfield bedankte sich herzlich für das kleine Kunstwerk. Ihre Hoffnung, daß dieses Familienleben nicht in Tränen enden würde, war nicht mehr sehr groß.

Zweites Kapitel

ALLGEMEINE MENSCHENLIEBE

> Ein freundliches Wort
> wärmt das Herz
> für drei Jahre
>
> (Chinesischer Spruch)

DR. NIGEL HUNTER:

Englische Männer verstehen es recht gut, mit Enttäuschungen fertig zu werden. Sie richten sich sozusagen häuslich mit ihnen ein. Keine Szenen, keine Arien, aber eine Flasche Whisky. Am besten helfen alle drei zusammen.

Philosophie hilft auch und natürlich Spaziergänge. Wie gesagt, man richtet sich häuslich mit Schicksalsschlägen ein.

Übrigens sind wir nicht ganz so kühl, wie aufgeregte Ausländer uns einreden möchten. Wir halten nur unsere Gefühle unter Verschluß. Wenn zum Beispiel eine unerwiderte Liebesgeschichte im Sand der Zeit verrinnt, wie meine mit Belinda Hall, dann verordne ich mir eine vernünftige Unterhaltung mit meinem Hund, reite übers Wochenende in Surrey und lese Kriminalromane. In keinem Fall schrieb ich oder schreibe ich Briefe an die geliebte Person. Viele Ehen meiner Patienten sind durch die prompte Arbeit des Postamts beim Scheidungsanwalt gelandet. Und hätte ich im Hochsommer meiner Liebe an Belinda geschrieben, wäre meine Freundschaft mit Timothy wahrscheinlich in die Brüche gegangen. Heute schreibe ich ihr Rezepte für Beruhigungspillen.

Anstatt mich wegen meiner hoffnungslosen Liebe aus meinem Gleichgewicht zu schaukeln, habe ich der ganzen Angelegenheit schließlich einen Fußtritt verpaßt. Darin war ich immer gut. Außerdem verließ ich Macao, sobald es ging, und kehrte nach London zurück, während Tim das Waisenhaus besuchte, Belinda ihn liebte und Lilian auf die Gipfel von Hongkong übersiedeln sollte. In diesem Trio war niemand so überflüssig wie ich. Übrigens blieb Tim weiter mein bester Freund. Ob man es mir glaubt oder nicht, meine Liebe zu Belinda hatte nichts mit dieser Freundschaft zu tun. Und heutzutage ist Belinda so verstört und hysterisch, daß ich mir gratulieren muß, noch einmal mit heiler Haut davongekommen zu sein. Natürlich ist ein Verzicht auf das eigene Glück nicht die einfachste Sache der Welt, und manchmal mußte ich mir eine Menge Whisky verordnen. Glücklicherweise kommt es aber fast nur in Romanen vor, daß jemand vierundzwanzig Stunden hintereinander todunglücklich ist. Reiner Blödsinn! Es gibt eine Menge Auswege, und jeder vernünftige Bursche kennt sie.

Nachdem ich Belinda für mich abgeschrieben hatte, war alles in Butter. Wie gesagt, ich richtete mich mit meiner Enttäuschung ganz gut ein. Ich wollte nicht einmal eine Bardame in Soho heiraten oder von Belinda träumen – beides hätte mich in der Praxis gestört. Heute bin ich mit Thérèse, meiner aus Saigon geflüchteten Haushälterin, in jeder Beziehung bestens bedient. Thérèse benimmt sich nicht wie eine chinesische Konkubine, die sie tatsächlich ist, sondern wie meine Haushälterin, die nicht auf dumme Gedanken kommt, wenn ich sie gelegentlich in mein Bett mitnehme. Die asiatische Fügsamkeit, hinter der sich Starrsinn verbirgt, ist sehr angenehm, wenn man, wie ich, abgearbeitet und nicht zu schönen Reden aufgelegt, aus der Harley Street nach Hause kommt und Entspannung braucht. Natürlich habe ich Thérèse besonders gern, aber sie wird mir nicht das Herz brechen, wenn sie mal abschwimmt. Vielleicht ist es ein besonderer Reiz, daß man nie weiß, was in Chinesinnen vorgeht. Für Timothy Hall trifft das wohl besonders zu.

Timothy macht mir Sorgen. Mehr Sorgen, als Belinda und Lilian zusammen. Denn welcher Mann zwischen vierzig und fünfzig verschwendet schon so viele Gedanken an ein junges Ding mit chinesischem Lächeln? Hat er in den ganzen Jahren in Hongkong nicht gelernt, daß diese entzückenden jungen Frauen so berechnend sind wie Kalkulatoren? Sie kommen und gehen mit den Jahreszeiten. Ein reifer Mann vergißt diese asiatischen Schmeichelkatzen, diese süßen Mädchen im Frühlingswind. Wenn mir heute ein Patient von seiner »ewigen Liebe« erzählt, dann weiß ich doch, wie schnell sie durch die nächste ewige Liebe abgelöst wird.

Belinda ist in ihrer augenblicklichen Verwirrung und ihrer Gleichgültigkeit gegen ihr Aussehen nicht gerade begehrenswert. Mich berührt das sehr, wogegen ich natürlich ankämpfe. Sie braucht jetzt meine Hilfe, und ich kann so wenig tun. Die wirkliche Lösung ihres Eheproblems wäre Lilians Rückkehr nach Hongkong oder zu ihrer Familie am Pearl River, wo sie kaum mit Begeisterung begrüßt werden würde. Natürlich kann ich nicht einmal Tim diesen Vorschlag machen. So muß ich auf den günstigen Augenblick warten, der Lilian, vielmehr Cheng Jinghua, aus Hampstead entfernt. Und der wird kommen, denn für jeden Chinesen ist und bleibt die eigene Familie eine gewaltige Größe. Und es gibt keinen Chinesen, der nicht früher oder später damit rechnet, mit dieser Größe konfrontiert zu werden. Und zwar so gründlich, so glatt, so unbarmherzig, wie wir im Westen es einfach nicht fertigbringen.

Niemand paßt weniger zusammen als Timothy und Cheng Jinghua. Ich sage »niemand« und meine »niemand«, denn ich kenne Tims Menschenfreundlichkeit und seine scheue Herzlichkeit sehr genau. Darum erstaunt mich seine Haltung gegenüber Belinda. Es liegt eine Spur Grausamkeit in seiner steinernen Gleichgültigkeit – etwas, was seiner sanften Natur immer fern war. Wann immer ich Timothy in Hongkong oder London beobachtete, fiel mir auf, daß er ein hohes Maß einer Tugend besaß, die die Chinesen »Allgemeine Menschenliebe« nennen. Es ist dies eine Form von Humanität, die Konfuzius als Grundlage menschlicher Würde bezeichnet. Kurzum, es ist das unübersetzbare, ungreifbare Yen, was dem chinesischen Alltagsmenschen wesensfremd ist. Dessen Menschenliebe beginnt und endet bei der eigenen Familie.

Ich denke häufig darüber nach, was es wohl ist, das Timothy Hall so eng an seine Adoptivtochter bindet, und ich glaube, es erkannt zu haben. Bedeutete Tims Bindung an Lilian wirklich nur eine gewisse väterliche Vernarrtheit, wie man sie tagtäglich in Familien findet, dann wäre die Sache einfach. Aber sie ist komplizierter. Was Cheng Jinghua wirklich für ihn bedeutet, ist nur mit dem Wissen um die *anima* zu erklären. Sie sitzt tief in der Seele des Mannes – ein Urbild, eine Traumfigur, die ihn seit seiner Geburt bewußt oder unbewußt begleitet und ihn nicht losläßt. Er kann sich vor der *anima* nicht die Ohren verstopfen, wie Odysseus es vor den Sirenen tat, denn sie ist keine Sirene. Sie lebt in ihm, sie ist ein Teil von ihm, ob er es weiß oder nicht. Timothy weiß es nicht, und das könnte ihn vielleicht retten. Denn Lilian, seine chinesische *anima*, ist nicht einfach dieses Mädchen, das wir alle täglich sehen, sie ist ein chinesisches Wesen. Sie ist Hongkong, das Tim nie aus seinem System bekommen hat. Sie ist jung und schön und trotzdem eine alte weise Urmutter, wie man sie in der reinsten Inkarnation immer wieder in China findet.

Ich würde Tim gern helfen, sich von diesem Urbild zu befreien, aber meine lange psychiatrische Erfahrung warnt mich davor, die *anima* beim Namen zu nennen. Sie hockt in jenem Winkel der männlichen Seele, den nicht einmal Engel zu betreten wagen.

Ich möchte auch gerecht sein gegen Lilian, ob sie mir nun gefällt oder nicht. Tatsächlich mißfällt sie mir. Beim ersten Blick auf diese zarte Anmut war ich sehr beeindruckt, aber beim zweiten faßte ich eine stumme Abneigung gegen sie, die sich leider täglich verstärkt. Kurz gesagt, ich mag sie nicht. Der Grund dafür ist nicht, daß sie in Timothy vernarrt ist, sondern daß sie so schlecht für Belinda ist. Ich gebe zu, es war auch nicht besonders nett, daß Belinda Lilians Blumen zum Drachenbootfest aus dem Fenster warf, aber Belinda war wenigstens immer ehrlich, und das könnte niemand von Lilian behaupten. Ich meine nicht, daß sie häufig lügt. Ich meine nur, daß sie ihren Haß gegen Belinda sehr geschickt verbirgt. Vor allem vor Timothy, dem sie die gekränkte Unschuld vorspielt. Um gerecht zu sein: auch ich kann Lilian keine Verbrechen gegen Belinda nachsagen, sie ist unverändert höflich und hilfsbereit. Aber alles spielt sich hinter Lilians glatter Stirn ab, dieser schönen, leicht gewölbten, chinesischen Stirn, wie man sie auf kostbaren alten Rollbildern sieht. Ich kann Lilian so wenig greifen und begreifen wie die *anima*.

Der Fall ist so besonders schwierig, weil Timothy keine Zeichen von Verliebtheit zeigt. Und natürlich ist sein Entzücken an diesem Mädchen ein Teil seiner Begeisterung für alles Chinesische – angefangen beim Taoismus, den Tim und ich bei einem alten Professor in Macao ohne viel Erfolg studierten. Lilian lebt in den seidenen Gewändern und der unvergleichlichen Liebeslyrik des klassischen China, obwohl ihr Geist dem Realismus verschrieben ist. Und Timothy hat sich mit seiner Heimat gefährlich auseinandergelebt und sehnt sich so tief und wortlos nach Ostasien zurück, daß Lilian tatsächlich einen Symbolwert für ihn darstellt: Sie verkörpert China. All das bedeutet so viel für ihn und versetzt ihn in eine Rastlosigkeit, die seiner stillen Natur wesensfremd ist, und die mir Sorgen macht. Denn, wenn Timothy mir eines Tages erzählt, daß er mit Lilian einen Besuch in Hongkong macht, weiß ich, daß er nicht wiederkommen wird. Vielleicht bin ich zu sehr daran gewöhnt, alle Möglichkeiten und Unmöglichkeiten einer Situation zu erforschen, aber in diesem Fall muß man mit allem rechnen. Und es wäre nicht nur verfehlt, sondern beruflich unentschuldbar, wenn ich Lilian die ganze Schuld, oder auch nur die halbe zuschieben würde. Im übrigen sollte ich den Begriff der Schuld nicht so leichtsinnig benutzen; ganz abgesehen davon, daß dieser Begriff tief ins Religiöse reicht. Und die *anima* hat nichts mit Glauben und Glaubensübung zu tun. Sie ist und bleibt ein mythisches Wunschbild des Mannes im Urgrund seiner Seele. Der Haken ist nur, daß Tims *anima* nicht nur diese Vision, sondern ein greifbares, junges Mädchen ist, gelegentlich bezaubernd, in jeder Weise zur Liebe bereit, und gefährlicher als die Schlange in Paradiesen jeder Preislage.

Ich möchte wirklich helfen, aber Timothy zu helfen, ist so unmöglich, wie einen Ozean mit einer Teetasse auszuschöpfen. Nie würde er die Hilfe eines Psychiaters, der zufällig sein bester Freund ist, in Anspruch nehmen, seine angeborene Zurückhaltung würde jedes Bekenntnis, und wäre es noch so bescheiden, verhindern.

Übrigens betrachtet Lilian auch mich jetzt mit verstohlenem Haß, was mich nicht im geringsten stört. Ich würde sogar darüber lachen, wenn die Situation nicht so ernst wäre. Natürlich hat Lilian vieles, was ein Mädchen anziehend macht: Jugend, Schönheit, Intelligenz und vor allem die chinesische Kunst stummer Resignation – zweifellos ein Pluspunkt. Kein Schmollen, keine Tränen, keine große Oper! In dieser jungen Chinesin lebt der Stoizismus, der ihre Landsleute gegen Schicksalsschläge, weiße Teufel und chinesische Schwiegermütter wappnet. Was ihr fehlt, ist ganz einfach die alte, klassenlose »Allgemeine Menschenliebe«.

Einen Augenblick schloß ich die Augen. Als ich sie öffnete, stand Lilian vor mir. Unangemeldet. Sie war durch meinen Privateingang hereingeschlüpft, wo meine Nurse sie nicht sehen konnte. Lilian sah entzückend aus in ihrem hellen Kleid und mit der goldenen alten Kette, die Timothy ihr zum Drachenbootfest geschenkt hatte. Er hat offenbar zuviel Geld. Nicht nur ist er von Haus aus vermögend, sondern er hat sich auch durch seine Bücher und seine journalistische Arbeit einen Namen gemacht. Jetzt schreibt er ein Buch über »Die Letzte Kaiserin«. Und falls er chinesische Anregung braucht, liefert Cheng Jinghua sie lächelnd und gratis. Ich muß zugeben – sie ist ihm in einer Weise nützlich, die keine Frau des Westens nachahmen könnte oder wollte.

Lilian entschuldigte sich äußerst höflich, weil sie mich, unangemeldet, entsetzlich belästige, was durchaus stimmte, und leitete die Unterhaltung nach chinesischem Brauch mit Betrachtungen über den Zustand der Welt, Hongkong und Macao und die Nützlichkeit von selbstgezogenen Kräutern für Gemüsesuppen ein. Ich hatte zu lange im Fernen Osten gelebt, um sie zu unterbrechen. Ich wußte, sie würde, wie jeder chinesische Besucher, zum Thema kommen, wenn es ihr, nicht wenn es mir, paßt.

»Wir sind eine glückliche Familie«, sagte Lilian zu meinem stummen Erstaunen. »Vater, Mutter, Tochter. Kein böses Wort, Onkel Nigel! Glaubst du es mir?«

»Was möchtest du mir sagen, Lilian?«

»Ich bitte wegen Saumseligkeit um Verzeihung«, sagte Lilian förmlich. Kein Mandarin der Peking-Oper hätte es besser machen können. Ich wartete, ohne ein Trommelkonzert auf meiner Schreibtischplatte. In dem Fall hätte Lilian ihre Eröffnungen um eine weitere Kunstpause verzögert. Das ist chinesische Tradition, die westliche, manierenlose Ungeduld schweigend zu bestrafen. Lilian erzählte mir eine Geschichte von einer Frau in der Halle eines Untergrundbahnhofs, die sich mit ihrem Hab und Gut in vier Plastikbeuteln häuslich für die Nacht auf den Steinen, irgendwo weit von Hampstead, eingerichtet hatte. »Mein Herz blutete für sie. Oh, dieses unbarmherzige London.«

Ich konnte mich beim besten Willen nicht entsinnen, daß vagabundierende Bettler besonders liebevoll in Hongkong und Macao behandelt worden wären. Ich wartete ab. Nach diesen zeremoniellen Vorreden mußte Lilian ein wirkliches Anliegen haben. Als ich es endlich erfuhr, war ich nicht gerade erfreut.

»Es handelt sich um unser Familienleben«, sagte Lilian langsam.

»Was ist mit eurem Familienleben?«

»Weißt du es nicht, Onkel Nigel?«

»Nein.«

»Wir können nicht länger zusammenleben«, sagte Lilian so unverblümt, daß ich glaubte, sie müßte am Ende ihres Lateins sein.

»So bald es geht, werde ich eine Unterkunft für dich beschaffen, mein Kind! Am besten bei einer netten Familie mit Töchtern. Du brauchst Altersgenossinnen.«

Lilian überhörte diesen wohlgemeinten Rat.

»Ich bedaure, daß ich mich so armselig geäußert habe«,

sagte sie noch förmlicher. »Ich meine, daß Belinda in ein Sanatorium geschickt werden sollte.«

Ich starrte sie an, was man in diesem Land nicht tut. Lilian starrte zurück – ein chinesisches Geburtsrecht. Übrigens starrte kein Dämon in meine Augen, sondern ein respektvolles, junges Mädchen in einem sportlichen Kostüm, mit Augen von unergründlicher Tiefe. Sie war so anmutig und bescheiden, trotz des ungeheuerlichen Vorschlags, daß ich leider Timothy verstehen konnte. Schließlich bin ich auch nur ein Mann. Um ihre zarten, ungeschminkten Lippen spielte ein schwaches Lächeln. Unser Gespräch schien sie zu erheitern oder das Gegenteil zu bewirken. Wer konnte das sagen? Nur ein Chinese, vermutlich!

»Hast du den Verstand verloren, Mädchen?« fragte ich heiser. Am liebsten hätte ich sie geschüttelt und geohrfeigt. Aber da ich noch nie eine Frau tätlich angegriffen hatte, beherrschte ich mich auch jetzt. Meine arme Belinda. Was sollte ich nur tun in dieser unerfreulichen Situation? Ich würde nicht vorsichtig genug vorgehen können, denn Timothy vermied neuerdings jedes Gespräch unter vier Augen.

Da ich glaube, Lilian nur mit praktischen Informationen beeindrucken zu können, sagte ich ihr, daß die Hampstead-Villa zur Hälfte Belinda gehörte, und las Lilian an einem flüchtigen Zucken der Mundwinkel ab, wie gut ihr diese Information gefiel. Einen Moment starrte sie mich an, wie ein Kind mit offenem Mund, das gleich anfangen möchte zu weinen. Ich sagte besonders freundlich, daß ich leider einen Patienten erwartete.

»Vielen Dank für große Geduld und Nachsicht mit dummem Störenfried«, erwiderte Lilian höflich.

Ich blickte ihr hinter der Gardine nach. Es war mein freier Mittwochvormittag, an dem ich Korrespondenz aufarbeite und offensichtlich Besuche von der Familie Hall empfange.

Fünf Minuten später stand nämlich Belinda im Sprechzimmer. Sie hatte sich zur Abwechslung frisiert und korrekt angezogen. Ihr Gesicht war rosig und trotzdem verfallen. Ihre blauen, nie mehr strahlenden Augen waren halb geschlossen.

»Wenn Lilian nicht fortgeschickt wird, passiert etwas«, stammelte Belinda und blickte mich nicht an.

»Aber Belinda! Was soll denn passieren?«

»Weißt du es nicht, Nigel?«

»Offengestanden, nein.«

Belinda sagte mir im Flüsterton, der einer Shakespeare-Schauspielerin Ehre gemacht hätte, was passieren würde.

Drittes Kapitel

SPINNE UND SEIDENRAUPE

Die Seidenraupe webt ihre
Hüllen um sich herum und
bleibt eine Gefangene.
Die Spinne webt ihr Netz
und bleibt draußen. Darum
ist sie frei.

(Chinesischer Spruch)

Wann immer Belinda über ihre Ehe nachdachte, fiel ihr nicht mehr ein, wann der Verfall begonnen hatte. Sie wußte nur noch, wie ihr Glück mit Timothy damals in China angefangen hatte. Oft fragte sie sich, ob sie noch dieselbe Person wäre, die von Timothy geliebt und umsorgt worden war. Ewigkeiten lagen zwischen der besonnten Vergangenheit in Peking und Hongkong und dem Leben in der Hampstead-Villa, wenn man das überhaupt als Leben bezeichnen wollte.

Selbstverständlich betrachtete Belinda ihre Ehetragödie nur als »Pech« – bloß keine Oper – und selbstverständlich wußte sie, daß es auch beim Pech Nuancen, Höhepunkte und Tiefpunkte gibt. Nach dem Drachenbootfest hatte Belindas Beziehung zu ihrem Ehemann einen Tiefpunkt erreicht, war das ekelhafteste Pech über sie gekommen, das sie sich vorstellen konnte. Und sie hatte glasklar begriffen, daß sie nur dann eine Chance mit Timothy hätte, wenn Lilian von der Bildfläche verschwände. Daß sie das freiwillig tun würde, war so wahrscheinlich wie die Möglichkeit, daß der Regen aus London verschwindet. Also dachte Belinda, die Timothy für sich als denkfaul bezeichnete, ernsthaft darüber nach, wie man Lilian entfernen könnte, ohne sie zu töten. Belinda hatte keine Mordgelüste und beabsichtigte nicht, den Rest ihres Lebens wegen einer kleinen Chinesin hinter Gefängnismauern zu verbringen. Es müßte etwas geben, was Lilian vertreiben könnte, und sie würde es herausfinden. Jetzt hatte sie Timothy verloren; aber es gab wenig Männer, die man nicht früher oder später zurückgewinnen konnte. Männer hingen nun mal an ihren Gewohnheiten, und Belinda war viele Jahre seine Lieblingsgewohnheit gewesen.

Belinda vermutete nicht, daß Tim zu radikalen Maßnahmen in der Lage wäre. Sie lebten schließlich in Hampstead und nicht auf einer Shakespeare-Bühne, und im täglichen Leben war Mord kein bequemer Ausweg, sondern eine Dummheit. Belinda war zu sehr Engländerin, um ein auffallendes Verbrechen, das entweder einen Mangel an Urteilskraft oder ungezügelte Leidenschaften verriet, akzeptieren zu können. Nur nicht übertreiben! Das hatte Belinda schon im Kinderzimmer von ihrer Nanny gelernt. Es müßte viele Schleichwege zur Erreichung ihres Zieles geben, einige hatte Belinda bereits verworfen. Mit einem gewissen Bedauern, denn sie liebte Schleichwege. Aber würde denn Timothy, selbst wenn Lilian außer Reichweite wäre, zu ihr zurückkehren? Er könnte doch in diesem überfüllten London jeden Tag ein Mädchen treffen. In Hongkong hatte sie das nie bekümmert, denn Tim liebte Gedanken und Bücher mehr als Mädchen. Damals.

Belinda war es ziemlich unbegreiflich, wie man Lilian, ganz zu schweigen Cheng Jinghua, überhaupt begehren oder lieben konnte. Noch unbegreiflicher war ihr, daß dieser kleine dürre chinesische Eindringling Tims Gedanken beschäftigen konnte, wenn er doch lange Unterhaltungen mit der Letzten Kaiserin führte.

Belinda interessierte sich nicht für chinesische Geschichte und wußte nur, was alle Leute wissen – nämlich, daß Chinas Letzte Kaiserin eine äußerst schwierige Dame gewesen war. In keinem Fall so sanft und fügsam wie Lilian.

Warum eigentlich hatte sie nicht Nigel Hunter geheiratet? Sie hätte ihm nur einen Antrag zu machen brauchen, und alles wäre programmgemäß verlaufen. Heute wußte sie, daß man in den mittleren Jahren anderes braucht als in der schönen, etwas idiotischen Jugend. Wahrscheinlich hätte sie mit Nigel Hunter eine glückliche, etwas eintönige Ehe geführt – vor allem, wenn er so geblieben wäre, wie damals in Macao. Dort war er gut gelaunt, nicht unvermögend und von der Sonne braungebrannt gewesen. Damals war er noch praktischer Arzt. Die Ehe mit einem Seelenschnüffler, wie Timothy die Psychiater nannte, hätte sicher auch ihre Schwierigkeiten gehabt, aber Nigel hatte sie in Macao geliebt und tat es wahrscheinlich heute noch. Wenigstens war Belinda dieser Meinung. Sie gehörte zu den Frauen, die nicht einsehen, daß Männer mit Phantasie ihre Gefühle, ihren Geschmack, ihre Träume, ja, ihr reales Leben mit brutaler Sorglosigkeit ändern. Dabei brauchte sie nur an Timothy zu denken. Ein kürzlich noch glücklicher, ja begeisterter Ehemann behandelte sie jetzt wie einen billigen Hausdrachen.

Belinda runzelte die Stirn. Plante auch Timothy ihren Untergang oder war es nur Lilian? Freuten diese beiden sich, daß Belinda ihre stumme Periode überwunden hatte? Sie sprach jetzt wieder mit Tim und Miss Hoffman, ignorierte aber Lilian.

Trotz ihrer Nervenkrise hatte Belinda sich soweit erholt, daß sie wieder im Westend überflüssige Einkäufe zu erschreckenden Preisen machte. Nun wollte sie zum Lunch zu ihrer Schwiegermutter fahren, die, obwohl sie so bestürzend aufrichtig war, ihr verwundetes Selbstbewußtsein so ganz nebenbei immer wieder heilte.

Belinda ahnte nicht, daß sie ihrer Schwiegermutter mißfiel. Dafür aber konnte Belinda nichts, und Lady Springfield wäre die letzte gewesen, die das nicht eingesehen hätte, also versuchte sie fair zu sein. Auf Lilian ließ sie nichts kommen. Wann immer Belinda versuchte, das junge Mädchen ins Unrecht zu setzen, wechselte Patricia Springfield so geschickt und unauffällig das Thema, daß die Schwiegertochter nichts mehr über Lilian sagen konnte. Wie ihr Sohn, duldete Lady Springfield keine Kritik an chinesischen Adoptivtöchtern. Belinda hätte gern gewußt, ob ihre Schwiegermutter dieses gräßliche Mädchen wirklich gern hatte oder nur so tat.

Belinda verdankte ihre bessere Laune hauptsächlich dem Umstand, daß sie es vermied, in einen Spiegel zu blicken. Denn wer hätte ihr daraus entgegengestarrt? Eine unbekannte, vorzeitig verblühte Person, mit Tränensäcken unter den Augen, schlaffer, geschminkter Haut und einem kecken Jägerhütchen, das sich stumm über seine Trägerin amüsiert. Ein Jägerhut ist eben niemals angebracht, wenn man sich in einer Pechsträhne befindet. Belinda mußte es vergessen haben. Bevor sie Lady Springfields Halle betrat, hatte sie den Hut in ihrer riesigen Handtasche verstaut und sich ein rosa Kopftuch umgebunden, was lächerlich optimistisch wirkte. Lilian sah hübsch aus in so einem Fetzen.

Belinda stopfte das Kopftuch ebenfalls in ihre geduldige Krokodiltasche. Sie hatte sich leicht verspätet, was Lady Springfield haßte. Sie begrüßte Belinda kühler als sonst, und Miss Potter freute sich darüber.

»Du kommst spät«, sagte Lady Springfield.

»Es tut mir wahnsinnig leid, Mama, aber meine Uhr geht nach.«

»Wie entsetzlich«, sagte Miss Potter.

Sie waren schon beim Fisch angelangt, als Lady Springfield bemerkte, daß Belinda so gut wie nichts aß.

»Ich habe keinen Appetit, Mama.«

»Wie bedauerlich«, sagte Miss Potter, der es nie an Appetit mangelte.

Lady Springfield fragte nebenbei: »Wie geht's zu Hause, Belinda?«

»Wie immer«.

»Wie nett«, sagte Miss Potter.

Beim Roastbeef mit zwei Gemüsen wurde Belinda bereits unruhig, aber sie beherrschte sich, weil Lady Springfield keine unruhigen Tischgäste duldete. Belinda hatte nie herausbekommen, mit welchen Zaubermitteln ihre Schwiegermutter ihren Willen durchsetzte, während sie selbst nicht den geringsten Einfluß auf Timothy oder Lilian ausüben konnte. Vielleicht wäre sie besser mit allen Hindernissen fertiggeworden, wenn sie nicht vorher in Hongkong und Macao ein so angenehmes und problemloses Leben geführt hätte. Jedenfalls lag es nicht daran, daß sie älter geworden war. Lady Springfield war in keinem Fall ein junges Küken und setzte durch, was sie wollte. Es mußte an etwas liegen, was weder sie noch Nigel Hunter bisher herausbekommen hatten. Obwohl Nigel in dem Ruf stand, hoffnungslose Fälle mit Erfolg zu behandeln. Oder spottete ihr Fall jeder Behandlung? Nicht anzunehmen! Belinda hielt sich nicht für so bemerkenswert.

Nur mit Mühe hielt sie das Essen bis zum Schluß durch, und obwohl sie wußte, daß sie noch eine Weile mit Lady Springfield hätte plaudern müssen, verabschiedete sie sich hastig, sie wollte nur noch nach Hause, in ihr warmes Bett.

Hier, wieder allein mit ihren Gedanken, fühlte sie Schwindel und Kopfschmerzen. Hatte Timothy bereits mit Lilian geschlafen oder spielte er noch den Vater? Belinda dachte plötzlich, daß sie ihren Mann nie wirklich gekannt hatte, tröstete sich aber mit ihrer Überzeugung, daß fast keine Frau die Träume ihres Ehemannes erraten konnte. Schon gar nicht, wenn man in getrennten Zimmern schlief. Kein Zweifel, Tim war ungern in sein eigenes Zimmer ausgewandert. Er hatte Belinda zuerst fassungslos angesehen, als sie ihm das vorschlug, aber dann war das Ende ihres Ehelebens damit eingeläutet worden. In Asien galt eine unfruchtbare und dazu noch frigide Ehefrau als leere Reishülse und wurde vom Ehemann in ihr Dorf zurückgeschickt. Belinda hatte eine Dienerin aus Kowloon beschäftigt, die dieses Schicksal erdulden mußte. Heute begannen zwar auch die Frauen in Ostasien, sich auf etwas zu stürzen, das ihre Mütter und Großmütter nicht gekannt hatten: Auflehnung gegen männliche Tyrannei. Aber der Gehorsam und die stumme Befolgung männlicher Befehle saßen ihnen tief im Blut und bewirkten vorerst nur Schattenspiele der Befreiung.

Belinda fragte sich zum ersten Mal, ob Lilian es auf eine Heirat mit Timothy anlegte und verwarf den Verdacht. Tim war zwar in seiner knappen Freizeit ein unzufriedener Romantiker mit sexueller Ruhelosigkeit, aber er war nicht total übergeschnappt. Er kannte seinen und Belindas »Platz« im Leben und in Hampstead, und sein Abscheu vor einem Skandal würde ihn von drastischen Dummheiten zurückhalten. Oder hoffte sie das nur? Belinda grübelte, allein in dem leeren Haus, wieder darüber nach, wie sie, eine Seidenraupe in ihrem Kokon versponnen, diese bewegliche Spinne erledigen könnte, ohne daß jemand Verdacht schöpfte. Mit List und Hinterlist wäre es sicher möglich. Nur war Belinda nie hinterlistig gewesen. Dazu durfte man nicht denkfaul sein und nicht zuviel Alkohol trinken. »Ein klarer Kopf«, dachte Belinda verschwommen und machte sich an ihren dritten Whisky.

So angenehm und tröstlich der Alkohol für sie war, so

brachte er andererseits gewisse Schrecken mit sich. In letzter Zeit sah Belinda nach dem dritten Whisky schwarze Tiere, die aus allen Ecken ihres Schlafzimmers auf sie zuliefen. Diabolische Ratten-Kreaturen, vor denen sie schon einmal in ihren Kleiderschrank geflüchtet war und erst nach langem Suchen dort entdeckt wurde. Von Fräulein Hoffmann, die alles fand. Die Schlesierin war nicht erstaunt gewesen über Belinda im Schrank, sie hatte genügend gesehen und gehört und fand die meisten Engländer leicht verrückt. Aber heute abend war Hanne Hoffmann bei ihren alten Freunden in Earls Court, und Belinda mußte allein mit den Tieren fertig werden. Wieder nahm sie einen Schluck aus ihrem Glas. Manchmal flüsterten die schwarzen Tiere ihr Dinge zu, die Belinda nie vorher gedacht oder geplant hatte. Diese Geschöpfe waren nicht immer feindlich. Aber Belinda fürchtete ihre Geschenke und Flüstertöne...

Lilian mußte verschwinden. Sie würde nicht einfach tot umfallen. Das gab es nur in Romanen und primitien Fernsehdramen. Sie mußte Lilian, die Timothy planmäßig in Unruhe versetzte, und das war milde gesagt, sie mußte Lilian unschädlich machen, ohne den Rest des Lebens hinter Gefängnismauern zu verbringen! Oder aufgehängt zu werden! Belinda wußte nicht genau, ob man in diesem Land Mörder wieder aufhing oder nicht. Sie mußte Nigel fragen!

Ob Nigel Hunter sie nun noch liebte, ob er es sich erfolgreich ausgeredet hatte oder ob er wirklich abgekühlt war – er war der Einzige, der ihr half, wann immer sie Rat und Hilfe brauchte.

Belindas Blick fiel auf die alte Elfenbein-Arbeit, die er ihr einmal geschenkt hatte. Eine feingeschnitzte Brücke auf Ebenholzpfeilern. Auf dieser Brücke stand ein kleines Paar in klassischen Gewändern – eine Vision von hohem künstlerischem Rang und trotzdem realistisch, wie viele alte chinesische Kunstwerke. Das Paar stand in aller Ewigkeit zusammen auf der Brücke – elegant und geheimnisvoll miteinander verbunden ... Vorbei. Wie alles andere.

Belindas Gedanken kehrten zu Timothy zurück. Würde er sie in einer Anstalt verschwinden lassen, wo sie höchstens Regenwürmer zerstören könnte? Belinda begann zu zittern. Sie mußte Nigel Hunter sprechen. Er war und blieb ihr einziger Freund in der Londoner Steinwüste. Ob er diesen leeren Abend mit ihr verbringen könnte? Die Wirtschafterin sagte Belinda am Telefon, daß Dr. Hunter sich plötzlich entschlossen hätte, seine Ferien in Macao zu verbringen. Er würde ihr schreiben. »Männer«, dachte Belinda. »Ekelhafte Geheimniskrämer«. Jetzt wußte sie, daß sie nur noch die Erinnerung an den jungen Nigel Hunter in Macao liebte, und den Londoner Seelenschnüffler nicht wirklich kannte.

In diesem Punkt hatte Belinda recht. Sie kannte den Mann heute so wenig, wie sie Cheng Jinghua kannte, die niemals Lilian Hall geworden war. Wurden alle Chinesen in London immer chinesischer? Timothy hätte es ihr sagen können. Oder Cheng Jinghua ...

Belinda fand auf ihrem Nachttisch eine Nachricht von Timothy, die ihr nicht besonders gefiel. »Esse mit Lilian bei *Rules*. Wenn du Lust hast, komm bitte um acht Uhr dort hin. Gruß, Timothy«. So schrieb man an eine gute oder schlechte Bekannte – nicht an die eigene Frau! Dieses Restaurant war in den Tagen der Brautzeit ihr Stammlokal gewesen. Tim wanderte auf Londoner Erinnerungsstraßen herum!

Wann hatte er ihr gesagt, daß seine Liebe zu ihr alles überdauern würde? Natürlich bei *Rules*, dem 1788 gegründeten Restaurant in der Maiden Lane, wo Dickens und Thackeray gespeist und Lily Langtree den damaligen Prinzen von Wales verzaubert hatte. Bezauberte Lilian in diesem Augenblick ihren sogenannten Vater? Die Umgebung gefiel Timothy wie kein anderes Londoner Restaurant. Viktorianische Gemälde, antike Uhren, Bildnisse berühmter Schauspieler.

Belinda schloß die Augen vor Ermüdung oder Überdruß. Jetzt war sie ganz allein. Sie hatte Zeit zum Grübeln. Etwas mußte geschehen, um Lilian schmerzlos aus Hampstead zu entfernen. Aber was?

»Wir müssen gehen«, sagte Timothy Hall in dem fast leeren Restaurant. Lilian blickte ihn an. Seine seltsamen Augen leuchteten. Für gewöhnlich war sein Blick verhangen wie die Themse bei Regen.

»Liebst du mich noch ein kleines bißchen?«, fragte Lilian verloren. Er blickte sie so erstaunt an, daß es sie schmerzte.

»Wie könnte ich meine Tochter nicht lieben? Sonst noch Fragen, kleines Schaf?«

Viertes Kapitel

GOLDSTAUB UND ASCHE: MACAO

Sterne des Morgens enden
langsam versinkend im Nichts
(China – Tang-Dynastie)

In Macao dachte Nigel Hunter mehr an Belinda als in den langen Londoner Jahren. In Macao hatte er sie geliebt und zwar so hoffnungslos, daß sie beständig in seinen Gedanken gewesen war. Eine beneidenswerte Position für eine Frau, die nichts weiter zu tun hat, als ihrem Anbeter alles zu zeigen, was nicht für ihn bestimmt ist. Belinda war unerfahren, geschmeichelt und gleichgültig gewesen, und der junge Nigel Hunter hatte es gewußt. Trotzdem hatte er ständig an sie gedacht. Er war buchtstäblich nie allein in seinem Haus in Macao gewesen, überall tanzte Belindas Schatten herum. Wann immer sie kam, hatte er den Tisch auf der Veranda mit Blumen geschmückt und kostbare chinesische Kissen in ihren Korbsessel gelegt. Selbstverständlich hatte das alles nichts genützt, und Belinda hatte sich hinter seinem Rücken mit Timothy verlobt. Heute, als erfahrener Psychiater, wunderte sich Nigel Hunter, warum er Belinda niemals über seine Gefühle aufgeklärt hatte. Aber da er jung und schüchtern gewesen war, hatte er nur Goldstaub geschluckt und seinem Freund Timothy das Küssen überlassen. Nigel Hunter dachte oft an ein kleines französisches Sprichwort: »Wenn die Jugend wüßte, und wenn das Alter könnte!« Dem hatte er nichts hinzuzufügen.

Da jeder Ort, an dem man besonders glücklich oder besonders unglücklich gewesen ist, eine magische Anziehungskraft behält, wandelte Nigel Hunter wie ein Schlafwandler in dem alten portugiesischen Macao herum. Die tropische Kulisse hatte unter dem fremden Einfluß etwas von dem Geist des fernen Europa angenommen. Nigel fragte sich versonnen, wer jetzt wohl in seinem Haus, auf der mit Tropenpflanzen umrankten Veranda lebte. Wahrscheinlich Chinesen. Sicherlich vermögende Chinesen, die früher bedeutend bescheidener gelebt hatten. Er sah kein englisches Gesicht in seiner Straße, die damals mit Vorliebe von europäischen Familien bewohnt gewesen war. Jetzt hatten noch viele Hongkong-Chinesen ihre Sommerhäuser hier in Macao. Er konnte sich vorstellen, wie leer Hongkong und Umgebung werden würden, wenn die chinesische Volksrepublik ihre Herrschaft im Jahre 1997 beginnen würde. Im Augenblick lag alles im tropischen Mittagsschlaf; nur er wanderte ruhelos in Macao herum.

Du lieber Himmel! Wie lange war das alles her? Heute war Belinda seine Patientin und sonst gar nichts. Falls ihr eigensinniges Gedächtnis Liebesgefühle bei ihm vermutete, so war das ihre eigene Sache. Eine ganz private Sache – wie seine historische unerwiderte Liebe. So privat wie Magenverstimmung. Und wenn doch noch ein Tropfen Bitterkeit zurückgeblieben war, so verbarg er sie, wie alle seine bitteren Gefühle so geschickt vor sich selbst, daß er manchmal über seine gute Laune staunen mußte.

Auch über Timothy dachte er in Macao gründlicher nach als in London, wahrscheinlich weil er endlich Zeit dazu hatte. Tim war immer ein Wolkensegler gewesen, nur mit einem Fuß auf dem Boden der Tatsachen. Deswegen war er schwer verletzt, wenn er aus allen Wolken fiel.

Nigel starrte sein altes Haus an, als ob er es nie zuvor gesehen hätte. Suchte er etwa seinen Lotusteich, der die herrliche Katastrophe mit Belinda gesehen hatte? Der Teich war nur durch die hintere Veranda zu erreichen, und natürlich konnte er nicht in einem fremden Grundstück herumstrolchen. Daß er es für sich immer noch als sein Haus betrachtete, war einfach albern und entsprach nicht mehr den Tatsachen. Er war doch nicht Timothy, mit seiner grandiosen Verachtung für Tatsachen...

Nigel kannte den Weg zum Lotusteich Schritt für Schritt und ging nun im Geiste dorthin. »Ein altes Pferd kennt den Weg«, sagten die Chinesen. Wann hätten sie jemals Unrecht gehabt.

Vor der verführerischen Kulisse von Lotusteichen und Flammenbäumen sah er Belinda. Hatte er sie denn wirklich geliebt? Er hatte jede Gelegenheit gehabt, sie an sich zu ziehen. Warum hatte er es nicht getan? Er starrte vor sich hin. Waren seine Wünsche und Ziele Lotusblüten gewesen, die sich zu bestimmten Tageszeiten prachtvoll öffneten und sonst verschlossen im Teich herumtrieben? Er mußte über sich selbst den Kopf schütteln. Wie Timothy war er sorglos in seine mittleren Jahre geraten, aber im Gegensatz zu seinem Freund, der in seine chinesische Tochter vernarrt war, sehnte Nigel sich nicht nach Liebe. Er vermied Konflikte, die der Liebe folgen, wie ein Fischgericht der Suppe. Vielleicht hatte er manchmal zu tief in die Seelen seiner Patienten geblickt. Tim schien seine Adoptivtochter zu lieben, weil sie in Hampstead Seltenheitswert besaß – wie die Kuriositäten und die Fremden in Soho. Dort wäre Lilian als Cheng Jinghua eine Alltagsfigur gewesen: Kellnerin, Friseuse, Verkäuferin von Liebe oder chinesischen Kleinigkeiten. Noch eine weitere entwurzelte Chinesin in Soho... So war's eben.

In diesem Augenblick trat eine Chinesin aus seinem Haus, die ihm bekannt vorkam. Natürlich! Seine ehemalige Wirtschafterin und Bettgenossin. Sie hatte sich sehr verändert, und er erkannte sie nur an ihren leuchtenden Augen, mit denen sie ihn ungeniert anstarrte. Das schlanke Mädchen war in die Breite gegangen und eine bebrillte mürrische Matrone geworden. Dicke Hüften, ein Busen, der beinahe den geblümten, seidenen Kittel sprengte und fette Schenkel, die barmherzig von der schwarzen chinesischen Hose verhüllt wurden. Um die vollen Lippen hatte sie den typischen tyrannischen Zug und zwischen den Augen eine tiefe Falte, die Mißmut und Starrsinn verriet. Nigel fragte sich, warum viele Frauen so ohne jede Anmut altern. Vernachlässigten sie sich bewußt oder zerstörten Enttäuschungen die letzte Spur von Schönheit und Reiz? War das Leben für viele Chinesinnen auch in diesen Tagen so eintönig und von Ärgernissen erfüllt, daß sie vorzeitig die Waffen strekken? Wenn man ihre Begabung zur Resignation bedachte, dann mußten Nigels Vermutungen stimmen. Es hieß zwar, daß niemand auf der Welt so bezaubernd lächelt wie eine Chinesin, aber niemand ist auf der anderen Seite so mürrisch wie manche chinesische Hausfrau. Andererseits täuschen ihre harten Stimmen Kampflust vor, die sie durchaus nicht immer fühlen. Nigel war fest überzeugt, daß diese unangenehme Chinesin daheim tat, was der Ehemann ihr befahl. Gewohnheiten von Jahrtausenden lassen sich nicht über Nacht verändern. Nigel fragte sich, wo die Poesie geblieben war, die aus dem Lotusteich wie Goldstaub zum Mond geflogen war. Wo war das chinesische Lächeln geblieben, das alles versprach und wenig hielt? Die schlanke Grazie, die ihn entzückt hatte?

Oder täuschte er sich? War diese fette, noch junge Person nie sein »Jademond« gewesen? Er wunderte sich über nichts mehr. Es war einer der Dienstage, wo alles schiefging. Wo das Gleichgewicht der Seele ins Schwanken gerät. Wenn er nicht so verstört gewesen wäre, hätten ihn die finsteren Blicke der Dame belustigt. Aber es war ja gut, daß er nicht vor Freude über das Wiedersehen strahlte, denn nach chinesischer Ansicht kündigt unbegründete Freude nur Ärger oder Kummer an.

»Was wollen Sie hier«, fragte die Dame grob.

»Ich wollte meinen Garten sehen.«

»Es ist *mein* Garten.«

Wie früher schob Hunter sie einfach beiseite, wenn sie ihn störte. Und diese chauvinistische Geste, diese Arroganz, diese verhaßte und beneidete Sicherheit des Auftretens ließ sie die Gartentür öffnen. »Bitte einzutreten, Dr. Nigel, Sir!«

Die Zeit rollte zurück. Er hatte nur Augen für seinen Garten. Wie Lotus aus feuchtem Grund aufspringt, so sprangen ihn jahrelang unterdrückte Erinnerungen an. Die sorglose tropische Schönheit verursachte ihm Herzklopfen. Er schloß die Augen. Die Geheimnisse des Todes schienen einfach im Vergleich mit den Geheimnissen der Liebe und Sehnsucht, wo nichts war, wie es zu sein schien und nichts schien, wie es war. Wenigstens war das Nigels Erfahrung der unerwiderten Liebe. Es mußte Jahrhunderte her sein, daß er Belinda geliebt hatte. Vielleicht liebte er sie immer noch in irgendeiner resignierten Art, die außer ihm niemand als Liebe bezeichnet hätte. Im Prinzip hatte er nichts gegen die sogenannte unglückliche Liebe. Man war wunderbar beschäftigt, während jede Erfüllung die Gefahr der Gewohnheit und Eintönigkeit barg.

Wie so oft in diesen Tagen, dachte er an Timothy. An Belinda. An Lilian. Ein unbehagliches Trio! Tim war ein Träumer, Belinda seelisch verstört und Cheng Jinghua eine Realistin mit lyrischen Anfällen. Explosivstoff. Es gab nicht den geringsten Zweifel, daß die Kleine ihren Adoptivvater anbetete. Und Tim? Bis jetzt lebte er in maßvoller Euphorie. Lilian war zu jung und unerfahren, um diesen Zustand korrekt zu analysieren.

Nigel dachte an sein Lieblingsgedicht aus der späten Tang-Periode. »Gebrauche keine scharfen Worte! Geh nicht zu nahe an ein liebliches Mädchen heran! Ein scharfes Wort wird dich selbst verwunden. Weibliche Schönheit wird dein Leben verwunden. Die Gefahr der Liebe besteht nicht darin, zu oft zu lieben. Ein einziger Abend kann eine Wunde in deiner Seele hinterlassen.«

Er kannte jeden Seitenweg in seinem Garten, jeden Stein, jeden Ruheplatz unter tropischen Bäumen. Er hätte nicht kommen sollen. Wenn er es gestattete, könnte dieser Garten sein Herz brechen. Aber natürlich erlaubte er seinem Herzen keinen Hochsprung. Das war alles Vergangenheit. Nigel hörte entfernes Gelächter und die harte Stimme seiner Wirtschafterin. Warum nur war sie so fett geworden? Nachlässigkeit? Eine unglückliche Ehe?

Plötzlich stand sie neben ihm und starrte ihn wieder durch ihre riesigen Brillengläser an. Selbstverständlich mußte sie die finanzielle Sicherheit ihres Ehemannes genießen. Und das Haus. Und den Lotusteich im Garten! War ihr Leben so eintönig, so von Ärgernissen erfüllt, daß sie die Waffen gestreckt hatte?

»Sind Sie glücklich hier?« fragte er.

»Nein.« Die Matrone zuckte in uralter Resignation die Achseln und fragte Nigel, warum er nach Macao zurückgekommen wäre.

»Ich kam nur zu einem Besuch. Und wie geht es Ihnen?«

»Darüber denke ich nie nach. Das ist etwas für die Ausländer«, sagte sie grob. »Mein Mann ist meistens in Hongkong. Ich habe meine Katzen. Ich sehe ihn fast nie. Er will nach Australien auswandern. Der Fuchs maßt sich die Autorität des Tigers an.«

»Was tut Ihr Mann?«

»Was alle tun. Er kauft und verkauft.«

»Ich wünsche Ihnen Glück, meine Liebe.«

»Vielen Dank, Dr. Hunter, Sir!«

Einen Augenblick blickte ihn das Mädchen, das früher die Arme um ihn geschlungen hatte, groß an. Dann war auch das vorbei.

In seinem Hotel fand Nigel Hunter einen Brief von Timothy vor. Sein alter Freund bat ihn um die Adresse der Familie Cheng, die sich nie um Lilian gekümmert hatte. Würde Nigel so gut sein, ins Waisenhaus nach Kowloon zu fahren, wo man vielleicht noch Dokumente der Familie Cheng aufbewahrte? Dr. Hunter las den Brief zweimal, weil er einfach seinen Augen nicht traute. Wollte Timothy, undurchsichtig wie Londoner Nebel, seine Adoptivtochter etwa nach China schicken? Hatte er sich unverhofft mit Belinda versöhnt?

Nigel fuhr nach Kowloon. Niemand wußte, wo die Familie Cheng heute wohnte und ob sie überhaupt noch am Leben war. Da waren nur Jinghuas Tante und ihr Sohn gewesen, soweit Nigel sich erinnern konnte.

Was ging in London vor?

Fünftes Kapitel

EIN CHINESISCHES VERBRECHEN

Wer seine Vorfahren vergißt,
begeht ein schweres Verbrechen.

(Chinesische Sittenlehre)

»Weine nicht, Belinda«, sagte Timothy. »Sei ein Mann!«

»Gott sei Dank bin ich keiner.« Belinda trocknete ihre Tränen. »Sonst wäre ich wahrscheinlich so gefühllos wie du.« Sie nahm ihre Puderdose und betrachtete mit Abscheu die Tränensäcke unter ihren schönen Augen. Zeichen der Verzweiflung, dachte sie, das muß ein Ende haben, Lilian verdient meine Tränen nicht. Zu ihrem Mann gewandt, sagte sie: »Lilian muß endlich aus diesem Haus verschwinden. Übrigens ist sie in dich vernarrt, Tim! Weißt du das wirklich nicht?«

»Du wirst doch nicht erwarten, daß ich auf diesen Blödsinn antworte«, sagte Timothy Hall kalt. »Die arme Kleine ist ganz verstört, weil du sie so unfreundlich behandelst.«

»Die arme Kleine denkt nur darüber nach, wie ihr mich loswerden könnt. Wie ich in einer Anstalt verschwinden könnte.«

»Bitte, beruhige dich, Belinda! Du siehst Gespenster.«

»Und du merkst nicht, wie die kleine Person dir auf der Nase herumtanzt.«

Timothy schwieg. Wenn Belinda in dieser Laune war, dann war Schweigen seine einzige Waffe. Was sollte er auf den Unsinn auch antworten? Daß Lilian noch ein Kind war? Mit achtzehn ist man kein Kind mehr. Aber Lilian brachte ihm nur die scheue Zärtlichkeit einer Tochter entgegen. Wie als Kind legte sie ihren kleinen Kopf mit dem glänzenden schwarzen Haar an seine Brust – wie damals im Waisenhaus in Kowloon. Diese Geste bedeutete chinesische Ergebenheit, Gehorsam und Vertrauen und verdiente Belindas Mißtrauen in keiner Weise.

Der geduldige Tim unterdrückte einen Seufzer der Ungeduld. Warum verschwand Belinda nicht endlich in ihrem Zimmer? Warum ging sie nicht auf der Heide von Hampstead spazieren, dort, wo sie früher Arm in Arm gewandert waren. Timothy sah Lilian vor sich. Gestern hatte sie ihm etwas aus ihrer Kunstschule berichtet, was ihn noch immer tief bedrückte. Sie wollte nicht dorthin zurückgehen. Vielmehr konnte sie nicht zurückgehen, und Timothy verstand es. Ein Mitschüler hatte sie im Scherz »Schlitzauge« genannt. Timothy war so angewidert davon, als hätte dieser Scherz, den er unverzeihlich fand, ihn selbst betroffen. Seine Tochter brauchte Hilfe.

Belinda war immer noch da und starrte ihn feindselig an. Endlich sagte sie, daß es höchste Zeit wäre, in diesem Hause ein normales Leben zu führen.

Timothy, der das Leben hier durchaus normal fand, sprach nun doch mit ihr über seine Gedanken, seine chinesische Tochter betreffend.

»Es ist höchste Zeit, daß Lilian ihre Familie und die Geschichte ihrer Vorfahren kennenlernt.«

»Blödsinn«, sagte Belinda. »Sie ist nicht im geringsten an der Familie Hall interessiert.«

»Ich meine natürlich Lilians chinesische Familie. Wir müssen herausfinden, was ihre Tante Cheng und der Sohn in Kanton treiben.«

»Bist du verrückt geworden, Tim? Du erzählst diesem

Mädchen jahrelang, daß sie Lilian Hall ist, und jetzt soll sie plötzlich Cheng Jinghua sein. Noch dazu in Hampstead.«

»Natürlich nicht in Hampstead. Ich werde mit Lilian nach Kanton reisen und von dort aus die Familie Cheng am Pearl River suchen. Professor Lin, mein alter Freund in Hongkong, stellt bereits Nachforschungen über diese Familie an. Sie kann ja nicht vom Erdboden verschwunden sein. Das erlauben schon die Vorfahren nicht.«

»Und das alles hinter meinem Rücken?«

»Hinter Lilians Rücken. Ich will sie in keinem Fall unnütz aufregen. Sie hat es schwer genug.«

»Wenn du mir nur einen Bruchteil dieser zarten Fürsorge angedeihen ließest, wäre alles zwischen uns in Ordnung.«

»Es ist alles in Ordnung, Belinda! Ich will nichts mehr darüber hören.«

Timothy drehte sich um und setzte sich an seinen Schreibtisch, um sich weiter mit der Letzten Kaiserin zu unterhalten. Belinda ging in ihr Zimmer und betrachtete sich wieder im Spiegel. Selbst mit diesem bleichen Gesicht fand sie sich nicht reizlos, aber für Timothy war sie wohl nur eine überflüssige Person in diesem Haus. Die Bitterkeit dieser Erkenntnis verursachte ihr Übelkeit.

Obwohl ich so glücklich mit Timothy gewesen bin, dachte sie, war es offensichtlich nur das kleine Glück, das eines Tages glanzlos und sinnlos wird. Da kann man nichts machen.

Timothy saß an seinem Schreibtisch, und die Letzte Kaiserin lächelte auf ihn herab. Ein sehr chinesisches Lächeln – reizend und ein wenig hinterhältig. Aber Timothy sah nur Lilian vor sich – klein, zartgliedrig, das Elfenbein-Gesicht in stummem Schmerz in den Händen geborgen. »Schlitzauge«! Timothy hätte den jungen Dummkopf gern verprügelt. Aber er wußte, daß er in diesem Fall nichts unternehmen konnte. Lilian war zu sehr Chinesin, um diesen üblen Scherz auf der Stelle mit gleicher Münze heimzuzahlen. In Hongkong hatten Chinesen oft genug über die englischen »Langnasen« gespöttelt und gelacht, aber in London herrschte ein anderes Klima, hier gingen sie mit Beleidigungen anders um. Sie registrierten sie und gingen zur Tagesordnung über. Sie hatten nichts gesehen und gehört.

Lilian hatte ihre Sachen gepackt und die Kunstschule in Chelsea ohne Erklärung verlassen. Timothy mußte einen Brief schreiben und die Reise nach China als Erklärung für Lilians Fehlen vorschieben. Nach dieser Reise würde alles anders sein. Das wußte er. Timothy dachte an ein altes chinesisches Lied: »Frag mich nicht, wohin ich wandere. Ich will zu meinen Ahnen.« War es ein Fehler gewesen, dieses Kind nach England zu verpflanzen? Timothy mußte es sich selbst gegenüber, wenn auch widerwillig, zugeben. Die Erkenntnis schmerzte ihn wie ein Schlangenbiß. Aber er durfte Lilian nichts sagen, bevor er nicht die Familie Cheng, wahrscheinlich in einem Fabrikdorf am Perlenfluß, gefunden hatte. Wenigstens vermutete Timothy, daß Lilians Angehörige, die letzten Hüter des Stammes, als Fabrikarbeiter oder Farmer in der Volksrepublik lebten. Was taten die Chengs wohl? Was dachten sie? Und warum hatten sie Lilian vergessen? Vielleicht galt der chinesische Grundsatz, daß alles, was man nicht über seine Familie weiß, zum Seelenfrieden beiträgt, ja auch für Timothy Hall in London?

Hinter seinen geschlossenen Augen sah er seine Adoptivtochter: Lilian schritt langsam, mit gesenktem Kopf, über eine Brücke. Aber zu seiner Bestürzung war es eine Wolkenbrücke, die sich jede Sekunde auflösen konnte. Er öffnete die Augen, und sein Blick fiel auf das kleine Geschenk, das Lilian ihm kürzlich zu seinem Geburtstag gegeben hatte. Eine auf Seide gemalte Landschaft – ein Teich, Weidenbäume, ein silberner Mond über den Wiesen. Kein menschliches Wesen störte die taoistische Ruhe der Komposition, die Timothy immer wieder Ruhe gab. Das liebe kleine Mädchen wußte eben, was ihr »Daddy-Tim« brauchte. Woher wußte sie es eigentlich? Er war doch viel zu bescheiden, um Wünsche zu äußern.

Er mußte ihre Familie finden! Ahnentafeln waren schließlich auch in der Volksrepublik kein leerer Wahn, die chinesische Familie überlebt alle politischen und sozialen Wandlungen. Sie war vielleicht die stärkste emotionelle und soziale Einheit der Welt. Vielleicht würde Lilian in China die Ruhe und Stärke finden, die er ihr zu seinem Kummer nicht geben konnte. Doch Timothy dachte keinen Augenblick an die Möglichkeit, daß seine Tochter ihn verlassen, daß ihr chinesisches Blut sie zur Übersiedlung in die Volksrepublik veranlassen könnte. Dazu war sie zu eng mit ihm verbunden. Oder etwa nicht?

Timothy saß reglos an seinem Schreibtisch. Alle liebten dieses ruhige, bescheidene, künstlerisch begabte Mädchen. Bis auf Belinda, Nigel Hunter und die verschollenen Chengs am Perlenfluß. Ja, er mußte diese rituelle Pilgerfahrt mit Lilian unternehmen. Der Gedanke gab ihm eine gewisse Ruhe.

Belinda telefonierte mit ihrer Schwiegermutter.

»Tim will mit Lilian nach Kanton fahren, Mama.«

»Was in aller Welt will er in Kanton?«

»Warum fragst du ihn nicht? Mir hat er es nicht verraten. Vielleicht will er die Sprüche von Mao Tse-Tung auswendig lernen. Oder Lilian in eine waschechte Chinesin verwandeln.«

»Vielleicht tut eine Luftveränderung dem lieben Mädchen gut.«

»Mir täte sie auch gut. Aber ich bin nicht eingeladen.«

»Bitte beruhige dich, Belinda! Miss Potter und ich sind auch nicht eingeladen.«

»Glaub mir, Mama, es gibt ein Unglück, wenn Tim mit Lilian nach China fliegt. Ich fühle es.«

»Meine liebe Belinda, das Unglück kommt fast nie aus der erwarteten Richtung. Wie wäre es, wenn wir, später im Jahr, nach Venedig fliegen würden?«

»Das wäre wunderbar, Mama! Venedig liegt mir viel mehr als die rote Republik.«

»Also Kopf hoch!«

Belinda lachte. »Das klingt wie der Rat meiner Mutter vor der Hochzeit!«

Lady Springfield lachte. »Ich hatte keine Töchter, und Söhne brauchen da keinen Rat.«

»Du meinst, sie überhören jeden Ratschlag?«

»Genau das«, sagte Lady Springfield. »Was macht Lilian?«

»Sie will nicht in die Kunstschule zurückgehen.«

»Ist etwas vorgefallen?«

»Timothy wird dir alles erzählen, Mama! Ich gehöre nicht mehr zur Familie.«

»Ich will diesen Unsinn nicht hören, Belinda! Sag mal, wollen wir morgen abend alle zusammen chinesisch essen?«

»Vielen Dank, Mama, aber im Augenblick esse ich nur Roastbeef mit zwei Gemüsen. Vielleicht ein anderes Mal.«

Ein anderes Mal oder nie, dachte Belinda. Aber vielleicht kam alles ganz anders als Timothy es plante. Im Augenblick allerdings konnte ihn wohl nichts von seiner Reise nach Kanton zurückhalten. Was um Himmelswillen gingen Tim eigentlich Lilians chinesische Ahnen an? Er hatte sich doch nie um seine eigenen Vorfahren gekümmert. Vielleicht, weil so etwas wie chinesisches Familiengefühl in England selten blühte. Nicht, daß man es hier schlecht mit seiner Familie meinte, aber man konnte sie hin und wieder entbehren. Das war sehr englisch, sehr bequem, und es verhinderte die lauten, leidenschaftlichen Szenen der chinesischen Familien.

Belinda betrachtete die blauen Schatten unter ihren Augen aufmerksam. Nie hätte sie Tim getrennte Schlafzimmer vorschlagen sollen! Aber damals hatte sie ja keine endgültige Trennung geplant. Wollte ihm nur eine Lektion erteilen. Eigentlich hätte sie wissen müssen, wie negativ Ehemänner auf Lektionen reagieren. Zu ihrem Pech gehörte Belinda zu den Ehefrauen, die ihren Partner erst richtig schätzen lernen, wenn sie ihn wie einen Regenschirm verloren haben. Aber hatte sie Tim verloren? Sie fürchtete es. Sie hatte total versagt, hatte auch die Kinder, die er von ihr erwartete, zu ihrem Bedauern nicht produzieren können. Dabei war es nicht so, daß Tim den Familiennamen durchaus vererben wollte. Er war doch kein Chinese! Aber Kinderlosigkeit schien auch ein westliches Verbrechen zu sein. Belinda seufzte. Was konnte sie wieder gutmachen, was nicht? Wer das wüßte, der wüßte alles über das Eheleben, dachte sie und begann plötzlich zu zittern. Schon immmer, selbst in ihrer sorglosen Jugend hatte sie an Vorahnungen gelitten. Und jetzt, auf einmal, schien es ihr, als falle ihre Ehe endgültig wie ein Kartenhaus zusammen. Jemand war zuviel in diesem Haus.

Belinda starrte in ihren Spiegel. Je länger sie in das Glas blickte, desto älter wurde ihr Spiegelbild, bis sie eine gräßliche, verwahrloste Greisin mit bösen, aufgerissenen Augen erblickte, verwittert und verprügelt, Augen, die ins Leere starrten. Der seidene chinesische Mantel hing von spitzen Schultern herunter. Belinda schrie und löschte das Licht. Wenn sie über diese Visionen auch nur ein Wort verlöre, dann verfrachtete Timothy sie in ein Irrenhaus.

Aber sie hatte ihren Verstand beisammen. Sie lag einsam auf ihrem Doppelbett und dachte wieder darüber nach, wie man Lilian aus ihrem und Tims Leben möglichst schmerzlos entfernen könnte. Man mußte Geduld haben. Das sah selbst die ungeduldige Belinda ein.

Ob sie den großen Spiegel verhängen sollte? Sie erschrak manchmal vor der alten Hexe, die eine fatale Ähnlichkeit mit ihr hatte. Ob sie Nigel Hunter von der dämonischen Greisin erzählen sollte? Lieber nicht! Psychiater waren ungewöhnlich schreckhaft.

Belinda lächelte merkwürdig. Ob Männer die leiseste Ahnung davon hatten, was ihre Frauen aushalten mußten, ohne das Haus in Brand zu stecken oder chinesische Töchter zu vergiften? Männer! Sie dachten nur an ihr verdammtes Vergnügen. Selbst Timothy, der so viel Selbstbeherrschung besaß, war jetzt in diese chinesische Puppe vernarrt – auch wenn er es vielleicht nicht wußte. Oder noch nicht wußte ... Es würde alles in Tränen enden, wie seine Mutter zu sagen pflegte. Belinda hatte kein Mitleid mit ihm. Er hatte sich seine chinesische Suppe eingebrockt und würde sie auslöffeln müssen.

Timothy wartete auf Lilian, als das Telefon läutete.

»Wo bist du, Kleines? Ich warte schon auf dich.«

»In Soho. Kannst du gleich kommen? Ich warte in unserem Restaurant auf dich. Ist dir das recht?«

»Natürlich, aber warum in Soho?«

»Ich habe große Neuigkeiten, Daddy! Ich werde Lackarbeiten machen.«

»Das ist eine schwierige Kunst, Kleines! Du brauchst einen Lehrer.«

»Ich habe einen gefunden. Hier ist ein alter Mr. Wong. Er will mich unterrichten. Kannst du jetzt kommen und mit ihm sprechen?«

»Selbstverständlich. Wir essen eine Kleinigkeit und dann werde ich mir deinen Lehrer ansehen. Also bis gleich.«

Timothy war ganz aufgeregt vor Freude. Wenn seine Kleine diese uralte chinesische Kunst erlernen würde, dann könnte sie sich damit einen Namen machen. Und sie würde eine Ehre für ihre Vorfahren in China sein, selbst wenn diese strengen Greise nichts von ihr wußten oder wissen wollten.

Weder Timothy noch Cheng Jinghua wußten, daß ein Ahnherr der Familie Cheng ein Meister in der Kunst der Lackmalerei gewesen war; eine Kunst, älter als die Han-Periode. Und so wußten sie auch nicht, daß Cheng Jinghua mit der Ausübung dieser Kunst ihre Vorfahren so ehrte, wie chinesische Familien es zu allen Zeiten erwarten.

Sechstes Kapitel

FRÄULEIN HOFFMANNS ERZÄHLUNGEN

... aus wildgestrichnen, schwarzen Tannenwäldern ist's, als wenn die Toten brausend rätselhafte Chöre sängen.

(Carl Hauptmann, 1858-1921)

Manchmal weiß ich nicht, ob ich über das Ehepaar Hall lachen oder weinen soll.

Es muß doch auch glückliche Ehen in London geben, selbst wenn die Engländer am liebsten unter sich heiraten. Mir macht es Spaß, wie die Burschen den unzähligen Ausländern in der Themsestadt geschickt und höflich aus dem Weg gehen. Sie wollen keinen beleidigen – Gott bewahre! Aber sie sind und bleiben eine geschlossene Gesellschaft. Sie reden ungern mit Ausländern, zeigen aber nicht, wie weh ihnen unsere Aussprache tut. Sie werden nur unangenehm, wenn Fremde sich über Londoner Sitten beklagen. Sofort fragen sie, warum der Kritiker nicht in sein eigenes Land zurückgehe, wenn dort alles soviel besser sei. Das würde auch Sir Timothy Hall mich fragen, wenn ich dämlich genug wäre, mich zu beklagen. Er hat keine Ahnung, daß mein Breslau heute eine polnische Stadt ist. Es interessiert ihn auch nicht. Das habe ich allmählich verstanden, wenn's auch schwer fiel. Wer will schon was über versunkene Städte hören.

Ich lebe nun seit vielen Jahren in London und bin nicht unzufrieden. Man richtet sich ein, auch wenn alles anders ist, als es daheim war. Ich glaube, wir Schlesier sind schlecht zu verpflanzen, weil wir bockbeinig sind und an der Heimat kleben.

Meine Arbeit für Sir Timothy macht mir Laune, weil die Letzte Kaiserin mich an die kleine Lilian erinnert. Ich meine, wie sie einen anblickt und was sie alles nicht sagt. Eigentlich heißt sie Cheng Jinghua. Sie läuft ihrem sogenannten Vater auf Schritt und Tritt nach. Einmal fragte ich Belinda Hall, warum Lilian nicht nach China gehe, wo sie doch hingehöre. Belinda bat nur um eine dritte Tasse Tee. Sie übersieht und überhört alles, was ihr nicht paßt. Wenn ich mir das Fragen abgewöhnen könnte, wären wir sicher nette Bekannte ...

Ihre Freundin trifft Belinda nicht hier, sondern im Westend. Manchmal kommt sie mir wie ein Gast in ihrem eigenen Haus vor. Aber ich kann mich täuschen, ich kann nicht mehr nachzählen, wie oft ich mich in englischen Leuten getäuscht habe. Nicht etwa, daß sie lügen, sie hassen Lügner. Sie haben nur mindestens fünfundzwanzig Arten, die Wahrheit zu sagen. Das war bei uns in Schlesien anders. Wen man nicht leiden konnte, der merkte es.

Belinda ist nur am Telefon redelustig. Übrigens mag ich ihre Schwiegermutter wirklich gern, habe aber den Eindruck, daß Lady Springfield oft vergißt, wer ich bin und urkomische Anstrengungen macht, es in der Unterhaltung herauszufinden. Wenn ich von Tim oder Lilian rede, weiß sie natürlich Bescheid. Ich würde gern wissen, was sie von Belinda hält. Aber selbst ich frage nicht.

Mein einziger Freund, der immer weiß, wer ich bin, ist Dr. Nigel Hunter. Aber das ist eine andere Geschichte und lange, lange her. Bevor er sich mit seiner Thérèse aus Saigon häuslich einrichtete, war ich seine Haushälterin, sein Tippmädchen und seine Freundin. Ich wollte ihn heiraten, und er wollte mit mir schlafen, bis er genug davon hatte. Ich heulte und tippte und siedelte endlich zur Familie Hall über, weil einer zuviel in Nigels Haus war. Er schlug mir die alte Kastanie »Freundschaft« vor, und ich hielt ausnahmsweise den Schnabel. Wenn einer nicht will, dann will er nicht. Selbst ich sah das ein.

Vielleicht habe ich kein Talent, Nebenrollen zu spielen, obwohl mir in London nie eine Hauptrolle angeboten wurde. Aber Sir Timothy benimmt sich nett und freundlich, weil er mich für die Letzte Kaiserin braucht. Er diktiert wahnsinnig schnell und ist innerlich todbeleidigt, wenn er einen Tippfehler entdeckt. Er entdeckt alles, nur die Tippfehler bei seiner Lilian nicht. Ich finde sowieso, diese chinesische Lerge ist hier überflüssig, aber was Miss Hoffmann findet, ist nicht wichtig. Die Kleine ist recht hübsch, wenn man wie Timothy und Nigel auf Chinesinnen abonniert ist. Sie ist schlau, und ich bin vorsichtig mit ihr, habe sie aber recht gern. Keine Ahnung, warum sie mir manchmal leid tut. Ich sollte *ihr* leid tun, aber davon kann keine Rede sein. Chinesisches Mitleid muß sich anders äußern als unseres. Zu komisch, aber die Lilian erinnert mich manchmal an die Frau Kattowitz aus Oberschlesien im Berliner Exil. 'Ne Freundin von der Muttel. Nicht so ein Heftpflaster wie die Hedel Hopfensack, aber schlesisch genug, um der Muttel zu gefallen. Es war nie leicht gewesen, meiner kleinen, herrschsüchtigen Mutter zu gefallen.

In letzter Zeit denke ich viel an meine Toten. »Wie grauslich!« hätte die Hedel Hopfensack gesagt. Aber mir tut es gut. Ich weiß, woran ich mit ihnen bin. Wir haben lange Unterhaltungen. Nachts, wenn Lilian schläft, Belinda säuft und der Hausherr seine eigenen Gedanken denkt. Es scheint ihm nicht besonders gut zu bekommen, denn beim Frühstück schweigt er sich aus. Er ißt so gut wie nichts. Kein Wunder, daß er so schlank ist. Mir schmeckt es großartig – leider!

Belinda geht jetzt zu einer Hellseherin und kommt in so düsterer Laune zurück, daß die Frau wohl sehr schwarz gesehen haben muß. Lilian bekam es zufällig heraus und wollte auch zu dieser Dame in der Finchley Road, wo man dunkle Treppen bis zur Dachkammer heraufklimmen muß. Ich hatte Lilian begleitet, weil sie doch zu schüchtern war, um Mrs. Harris allein aufzusuchen. Ich blieb im Wartezimmer, denn ich bin nicht neugierig darauf, was mir blüht. Im übrigen weiß ich es besser als Mrs. Harris.

Lilian kam bedrückt ins Wartezimmer zurück, und da man sie ja etwas fragen darf, fragte ich nach dem Verlauf der ziemlich kostspieligen Sitzung. »Alles Unsinn«, sagte sie mit einer so harten Stimme, daß ich sie ganz verblüfft anstarrte. Also Mrs. Harris hatte der Kleinen mitgeteilt, daß sie ziemlich schwarz für Lilian in Hampstead sehe. Zum Schluß hatte die Hellseherin gesagt, daß das »Gras der Harmonie« für Lilian nicht in London oder überhaupt in England grüne.

Ich fand das auch nicht sehr ermutigend, sagte aber, das käme davon, wenn man die Zukunft wissen wolle.

»Nie wieder«, sagte Lilian. »Ich wollte Mrs. Harris ein Lacktablett schenken, aber sie ist meine Feindin und bekommt nichts. Ich werde das Tablett Daddy-Tim zum Mondfest schenken.« Eins muß ich der Kleinen lassen. Sie findet immer einen Ausweg, wenn sie ihn sucht. Ist das nun chinesisch oder ist es Lilian? Ich weiß nicht, warum ich ihr nicht über den Weg traue. Sie ist wirklich nett mit mir und schenkte mir neulich sogar eine kleine Lackschale. Sehr hübsch, obwohl die Farben etwas ineinander gelaufen waren. »Schlechtes, elendes Geschenk«, sagte Lilian, »aber gut gemeint.« Sie entwaffnete mich so, daß ich ihr einen Kuß geben wollte, woraufhin sie entsetzt zurückwich. Ich merkte es gerade noch zur rechten Zeit. Nee, nee, aus der Lilian werde ich auch nicht klug.

Sir Timothy gibt manchmal so merkwürdige Weisheiten von sich, daß Belinda gähnen möchte, aber zu höflich dazu ist. Sie verschluckt den Gähnkrampf wie eine Stachelbeere. Zu komisch! Sir Timothy belehrte uns beim Tee über die Art, wie man Schicksalsschlägen begegnen sollte. Er sagte, die alten weisen Chinesen betrachteten solche Störungen nicht als Resultate dunkler Gewalten, sondern als Ergebnis irrigen Denkens und Handelns.

»Ich werde verrückt«, sagte Belinda. Eine Bemerkung, die Sir Timothy ohne Wimperzucken registrierte. Er ist wirklich kein einfacher Mann, und ich muß bewundern, wie Lilian mit ihm fertig wird. Aber vielleicht ist das nicht so schwierig, weil er in seiner zurückhaltenden Art völlig vernarrt in sie ist.

Niemand könnte sagen, was Timothy Hall sich wünscht – es ist alles möglich, angefangen bei einer Tasse grünen Tees mit der chinesischen Lerge, bis hin zu komplizierten Wunschträumen. Nigel Hunter erklärte mir, daß diese Träume ihr Fundament in der Wirklichkeit hätten, woher sie ihre Kraft bezögen. Er muß es ja wissen. Damit verdient er sein Geld.

Sir Timothy ist manchmal netter, als man es für möglich hält. Er schenkte mir neulich einen zerlesenen Band Gedichte aus der späten Tang-Periode in englischer Übersetzung. Bei einem bestimmten Gedicht hatte er einen Zettel hineingelegt. Er murmelte: »Das ist meine Übertragung dieses Gedichtes, aber Sie brauchen sie nicht zu lesen, Hannah!« Er war rot geworden wie ein Knabe.

In diesem Augenblick zeigte er etwas, was mein Vater in seinen Tagebüchern als »edle Bescheidenheit« bezeichnet hatte. In seiner Hütte im Riesengebirge, wohin der Vater vor seinem Familienleben mit Fräulein Hopfensack geflüchtet war, las er unsere alten Dichter und Denker. Auch den mystischen Schuster, und Martin Opitz und den Herzog Heinrich von Breslau aus dem dreizehnten Jahrhundert.

Als Timothy Hall mir seine kleine Übersetzung zeigte, und vor Bescheidenheit am liebsten gestorben wäre, begriff ich zum erstenmal, warum Belinda und Lilian ihn liebten. Immer, wenn ich mich später über ihn ärgerte, und das war nicht allzu selten, dachte ich an diesen Augenblick, und verzieh ihm Rücksichtslosigkeit, Kühle und Gleichgültigkeit mir gegenüber. Vielleicht meinte er es gar nicht so. Ich kann nur sagen, wie sein Wesen auf mich wirkt. Noch heute, wo manches sich geändert hat, finde ich es zum Steinerweichen traurig, daß er damals nur Augen und Ohren für Lilian hatte. Man denkt so oft: »Wie kann ein so intelligenter Mann so einfältig in der Liebe sein?« Bis man sich daran erinnert, daß Liebe wenig mit Intelligenz zu tun hat. Mir scheint, man liebt jemanden nicht, weil er klug ist, sondern man liebt ihn trotzdem.

Manchmal hab ich richtig Angst. Angst vor der Helligkeit, die Lilian für Timothy Hall ausstrahlt. Ihr kleines Gesicht verändert sich so bestürzend bei seinem Anblick, daß jeder merken muß, was die Glocke geschlagen hat. Eins muß ich der Kleinen lassen: sie labert nicht. Sie schweigt und blickt zu Boden, damit man sie nichts fragen kann.

Wenn ich wüßte, wovor mir manchmal in diesem schönen Hause graut, dann wär mir wohler. Selbstverständlich geht Familie Hall mich nichts an – aber ich lebe nun mal in diesem Haushalt. Ich hab das eklige Gefühl, daß sich im Hause Hall etwas anbahnt, wogegen eine griechische Tragödie harmlos ist.

Gestern sagte Sir Timothy, daß er und Lilian nach alter Gewohnheit das kommende Mondfest bei Freunden in Blackheath verbringen würden. Ich habe nie von dieser alten Gewohnheit und diesen Freunden gehört und habe das Gefühl, daß Sir Timothy sich das ausgedacht hat. Wahrscheinlich will er mit ihr dorthin gehen, weil Belinda mit seiner Mutter nach Venedig fliegt, und ich ihn und die Kleine bei seinem Mondfest stören würde.

Wie immer, werde ich im alten London allein in den Mond sehen.

Siebtes Kapitel

KUHHIRT UND WEBERIN

Eine alte chinesische Legende schildert das Mondfest als das Fest der Liebenden. Am siebten Tage des siebten Mondes treffen sich der Kuhhirt und die Weberin als Sterne in der Milchstraße.

In seiner irdischen Gestalt war der Schäfer ein Waisenknabe, der schlecht von seiner Familie behandelt wurde. Sein treuer Büffel war sein einziger Freund. Als sein Bruder und seine Schwägerin den Plan faßten, den jungen Kuhhirten zu vergiften, rannte er mit seinem Büffel davon. Sein Hund, der die für den Kuhhirten bestimmten Nudeln gegessen hatte, lag tot am Boden.

Der Kuhhirt und sein Büffel wanderten und wanderten, bis sie eines Tages an einem wunderbaren See Halt machten. Hinter dem See erhob sich ein großer Berg, so daß der Kuhhirt nicht sehen konnte, ob er mit seinem Büffel ein Dorf für die Nacht finden würde. In dem See schwammen schöne Mädchen, die ihre Kleider am Ufer gelassen hatten. Beim Anblick des jungen Mannes ergriffen die Mädchen ihre Kleider und rannten davon. Aber das schönste Mädchen war weit hinausgeschwommen. Als es zum Ufer kam, sah der Kuhhirt ihre himmlische Schönheit. Er schwenkte ihre Kleider in der Luft und sagte, sie bekäme sie nur zurück, wenn sie ihn heiratete. So begann eine der ältesten chinesischen Liebesgeschichten.

Das schöne Mädchen war der »Stern der Weberin«, die im Paradies lebte, wohin der Schäfer ahnungslos gewandert war.

Das junge Paar heiratete heimlich und lebte in der Nähe der Milchstraße im Sternenhaus der Weberin. Sowie der Himmelskaiser von der heimlichen Heirat der Göttin mit einem Menschenmann erfuhr, geriet er in einen furchtbaren Zorn und plante den Untergang des Paares. Doch auf die Bitten der Himmelskaiserin, die Mitleid mit den Liebenden hatte, machte der Himmelskaiser den Jüngling zum »Stern des Schäfers». Aber das junge Paar steht am Himmel weit voneinander entfernt und darf sich nur an einem einzigen Tag des Jahres sehen: am siebten Tage des siebten Mondes.

Belinda in Venedig an Timothy in London

Lieber Tim,

wie immer, ist es sehr schön in Venedig, obgleich Miss Potter natürlich an allem etwas auszusetzen hat. Was ihr am meisten an dieser Stadt mißfällt: sie hat nicht die geringste Ähnlichkeit mit London. Aber wenn das der Fall wäre, könnten wir alle ja viel billiger daheim leben. Die Preise sind entsetzlich. Glücklicherweise hat Deine wundervolle Mutter mich eingeladen. Mama amüsiert sich köstlich über Miss Potter. Leider fällt sie mir fast so auf die Nerven wie Lilian. Ich bitte um Entschuldigung. Ich vergaß, daß in Deinem Haus jede Kritik an Chinesinnen verboten ist.

Es geht mir jetzt viel besser, wozu Deine Mutter viel beiträgt. Sie ist die fabelhafteste Person, die mir jemals begegnet ist, und sie raucht ihre kleine Opiumpfeife mit derselben maßvollen Vorsicht wie jeder alte Chinese. Ich fragte sie, ob sie bei dem bißchen Opium denn wunderbare Träume hätte, und sie verneinte. Ich kann den Geschmack nicht ausstehen. Und was wunderbare Träume anbelangt, so gehören die bei mir seit Jahren ins Reich der Fabel. Aber wem sage ich das? Ich kann mich nie genug wundern, wie Mutter und Sohn so verschieden sein können wie Mama und Du. Entschuldige vielmals, aber der Kontrast ist wirklich auffallend. Du bist ja nun auch über vierzig und wirst Dich wohl nicht mehr ändern. Nur ich ändere mich beständig, was Mama amüsant und Miss Potter gräßlich findet. Miss Potter möchte, daß alles im Umkreis von zwanzig Meilen so bleibt wie es immer war. Dabei ändert sich alles die ganze Zeit, und vielleicht änderst Du Dich doch noch einmal, Tim?

In unserem Hotel wohnt eine junge Chinesin aus Singapore, die mir neulich anvertraute, daß ihr Phantasiename »Weiße Wolke« wäre. Sonst redet sie mit niemandem, und ich muß es als Kompliment betrachten. Es beweist mir, und vielleicht auch Dir, daß ich immer gut mit Chinesinnen ausgekommen bin, meine vielen Freundinnen in Hongkong vermissen mich noch heute. Lilian hat sich eben so verändert und ist so unaufrichtig geworden, daß ich es aufgegeben habe, sie zu mögen, ob Du Dich darüber wunderst oder nicht. Aber kein weiteres Wort über Lilian, sonst zerreißt Du den Rest des Briefes, ohne ihn zu lesen. Übrigens lächelt »Weiße Wolke« genauso süß und etwas hinterlistig wie Deine Tochter.

Natürlich feiern wir nicht das Mondfest oder andere Feste in der Lagunenstadt. Der Mond ist immer da, ob Kuhhirten und Weberinnen sich in der Milchstraße treffen oder nicht. Ich habe diese Legende immer albern gefunden. Warum verließ das Paar die Erde? Was hatte es in der Milchstraße zu suchen? Die Weberin mußte doch wissen, wie unangenehm der Himmelskaiser reagiert. Na ja, Schwamm drüber!

In Hongkong glaubte ich natürlich an Kuhhirten und Weberinnen und an sämtliche Feste von Liebenden. Damals waren wir alle jung und glücklich und brachen uns an den steinharten Mondkuchen den Eckzahn aus. Das ist mindestens hundert Jahre her. Heute finde ich diese Art Romantik verlogen und etwas schäbig. Genau wie Venedig, die Königin des Mittelmeers. Trotzdem ist die Stadt immer noch unwahrscheinlich schön, wenn man sich auskennt. Es gibt noch verborgene Winkel und Kanäle.

Lieber Tim! Alles Gute von uns allen. Du weißt ja, wie ungern Mama schreibt. Und natürlich einen schönen Gruß an die Letzte Kaiserin. Wann wirst Du sie wohl endlich begraben? Aber Du sagst immer, sie muß Dich behexen, sonst bleibt sie Papier und Druckerschwärze. Du brauchst es mir nicht zu erklären! Vielleicht erinnerst Du Dich zufällig, wie sehr ich Erklärungen verabscheue. Man weiß wichtige Sachen oder man weiß sie nicht. Und man versteht seine Liebsten und Nächsten oder man versteht sie nicht. Von dieser Tatsache leben, glaube ich, fast alle Liebesgeschichten der Welt. Mama behauptet, daß nur eheliche Liebe ganz ohne Romantik auskommt. Natürlich auch ohne Mondfeste. Aber Mama verriet mir nicht, wie man eheliche Liebe bewahren kann, obwohl sie es weiß.

Ich bin nicht mehr neugierig. Mach's gut, Timothy!

Belinda

Lilian arbeitete schon eine ganze Woche an der kleinen bemalten Lackschale, die sie Timothy zum Mondfest schenken wollte. Und Timothy hatte bereits ein Mondkaninchen aus Elfenbein in einem Antiquitätenladen in Soho für Lilian gefunden, denn das Waisenkind Cheng Jinghua, das ihm in Kowloon das Mondkaninchen aus Pappe geschenkt hatte, lebte in seinem Herzen. Nie würde er vergessen, wie das Kind mit den zarten Händchen und dem glänzenden dunklen Haar ihm das Kaninchen gegeben hatte! Wann immer er heute ärgerlich über sie war, sah er dieses Kind in der Reinheit und Unschuld seines Herzens.

Lilian machte in aller Verschwiegenheit ihre Vorbereitungen zum Mondfest. Sie hatte bereits besondere Kerzen, die runden, harten Mondkuchen aus Soho und *Joss Money*, Geistergeld, besorgt. Da Miss Hoffmann gegen ihre eigene Erwartung von Nigel Hunter zum Mondfest eingeladen worden war, blieben Lilian und Tim im Garten und auf der Veranda des Hauses und brauchten nicht nach Blackheath zu fahren. Das junge Mädchen mochte keine fremde Umgebung, weil es sich immer unsicher und beobachtet fühlte, ob es stimmte oder nicht.

Timothy hatte ihr eine der leeren Bodenkammern als Arbeitszimmer eingerichtet. Und da saß sie nun und arbeitete mit Geschick und Kunstverstand an ihrem Mondgeschenk für ihn. Eine mittelgroße Lackschale, nach klassischem Muster, außen schwarz und innen rot. Lilian hatte unter Aufsicht ihres alten Lehrers in Soho die Holzschale makellos lackiert und malte nun das mythische Liebespaar in die Mitte: Kuhhirt und Webermädchen, jeder mit einem Stern auf der Stirn. Chinesische und trotzdem allgemein gültige Liebe! Lilian verzichtete auf goldene Ornamente, aber das Liebespaar stand umschlungen in einer Art von Silbernebel, den sie mit großer Aufmerksamkeit aufgetragen hatte – nicht zu dünn und nicht zu dick, die Farben sollten ihre eigene Leuchtkraft behalten. Sie schien diese uralte chinesische Kunst – Lackmalerei und eingelegte Ornamente – tatsächlich im Blut zu haben, und der alte Lehrer in Soho, der noch über Methoden der Han-Periode Bescheid wußte, hatte sie neulich gelobt. Timothy würde Augen machen, dachte sie. Er hatte sich in Hongkong auch mit der Geschichte der Lack-Technik und Malerei beschäftigt und darüber für englische Zeitungen geschrieben. Einen Augenblick schloß Lilian die Augen. Gab es Besseres auf der Welt, als ihm eine Freude zu machen?

Mondfest in Hampstead! Ein blumengeschmückter Tisch, Kerzen, Geistergeld und Lilians strahlendes Gesicht! Timothy war gerührt und begeistert über Lilians Geschenk und strich ihr über ihr glänzendes schwarzes Haar. »Ein Kunstwerk, mein Kleines«, murmelte er. Hohes Lob von einem so kritischen Kenner wie Timothy Hall. Lilian war glücklich.

Später gingen sie im Mondlicht Arm in Arm im Garten spazieren, und Timothy erzählte ihr von Mondfesten in Peking. Wann immer er aus dieser Vergangenheit berichtete, wurde Lilian klar, wie wenig sie über ihn und sein Leben mit der jungen Belinda wußte. Er konnte es an Verschlossenheit mit jedem Chinesen aufnehmen. Sie hätte ihn gern geküßt, aber sie wagte es nicht. Seine Zurückhaltung war so echt und so englisch, daß Cheng Jinghua sich eingeschüchtert zurückhielt. Sie war schon achtzehn Jahre, was sie keineswegs jung fand, und verstand noch nichts von Männern. In der Kunstschule hatte sie sich nicht einmal in Gedanken einen Boyfriend ausgesucht. Falls es einen Unterschied zwischen chinesischen und englischen Männern gibt, falls ihre Art zu lieben oder abzulehnen verschieden ist, kenne ich den Unterschied nicht, dachte sie. Aber wo soll ich auch einen chinesischen jungen Mann kennenlernen? Ja, wenn wir in Hongkong geblieben wären! Es sind ja noch Jahre, bis Hongkong an China zurückfällt. Warum eigentlich hat Daddy-Tim das glückliche Leben in Hongkong aufgegeben? Sie hatte sich vorgenommen, ihn nach dem Dinner zu fragen, und nachdem sie eine ganze Flasche Sekt statt Reiswein getrunken hatten, faßte Lilian Mut.

Timothy blickte sie so erstaunt an, daß ihr ganz unbehaglich wurde. Dann sagte er ruhig, daß die Zeit gekommen wäre, die Ernte zu sammeln. Kein Chinese hätte es bestimmter und dabei unbestimmter ausdrücken können. Ihm jetzt zu sagen, daß sie ihn liebte wie die Weberin den Kuhhirten, war undenkbar. Aber wer von Kindheit an dazu angehalten wird, seine Gefühle zu verbergen und »Unpassendes« im Keim zu ersticken, kann eben kein Romeo für eine unreife und unschuldige Julia sein. Der Mond in diesem träumerischen Garten in Hampstead goß sein mildes Licht über die beiden aus, und sie gingen in leisem Gespräch durch die magische Nacht. Der Mond hatte für Timothy immer eine besondere Anziehungskraft gehabt.

»Liebst du mich, Daddy-Tim?«

»Selbstverständlich.«

Wieder klang es etwas erstaunt, und Lilian preßte die

Lippen zusammen. Plötzlich fühlte sie wieder diese Angst, die ihr wesensfremd war. Ihr Herz schlug lauter, ihr Puls ging schneller, und sie wußte, daß ihre Stimme heiser klingen würde, wenn sie redete. Es war, als ob der trügerische Mond sich spaltete und silbrige Scherben auf sie rieselten. Die Scherben verletzten sie so sehr, daß sie mit Mühe einen Schrei unterdrückte. Aber ihr Zittern konnte sie nicht unterdrücken.

»Komm ins Haus, Lilian! Ist dir kalt?«

Sie nickte. Dieses Kältegefühl war ihr neu. Sie gab Timothy einen einzigen, stumm verzweifelten Blick. Er hatte nichts gefühlt, nichts geahnt, nichts verstanden. Sie würde aufpassen müssen, daß sie ihn nicht eines Tages im Mondlicht haßte. Eines Tages, wenn selbst ihr starker Geduldsfaden reißen würde...

»Ich habe genug vom Mond«, sagte sie heiser.

»Ich auch«, Timothy lachte. »Du bist ja ganz heiser, Mädchen!«

»Es ist nichts.«

»Du brauchst heiße Milch mit Honig.«

Du hast eine Ahnung, was ich brauche, dachte Lilian. Aber sie sagte höflich: »Du denkst wirklich an alles.«

»Dafür bin ich dein Vater. Und, Kleines, nochmals meinen Dank für die Schale.«

»Schlechtes, elendes Geschenk«, erwiderte Lilian im besten chinesischen Stil. »Ich finde den Kuhhirten und die Weberin ziemlich dumm. Warum meldeten sie sich überhaupt im Himmel? Warum liefen sie nicht zusammen weg, als noch Zeit war?«

»Ich habe keine Ahnung, mein Kind! Zerbrich dir deinen hübschen Kopf nicht mit diesen alten Geschichten! Alles reizende Lügen.«

»Wie traurig! Liebe muß schrecklich sein.«

»Manchmal. Marsch ins Bett, Kleine.«

»Gute Nacht, geehrter Kuhhirt!«

»Süße Träume, Webermädchen!«

»Ich bin so müde, Daddy! Bitte, trag mich in mein Zimmer! Wie früher in Hongkong.«

»Das kann doch nicht dein Ernst sein.« Timothy verschwand in seinem Arbeitszimmer. Der Teufel sollte den Mond, den Kuhhirten und die Weberin holen! Er gähnte ausgiebig und setzte sich an den Schreibtisch. Nachts schrieb er am besten. Wenn alles ringsum schlief, erwachte die Letzte Kaiserin zum Leben.

Vor ihm stand Lilians Lackschale. Er nahm sie in die Hände und betrachtete noch einmal den Kuhhirten und die Weberin – vom Vollmond beschienen und offenbar ohne Sorgen für die Zukunft. Wie muß es sein, wenn ein Paar sich nur einmal im Jahr lieben darf? Wie chinesisch resigniert waren Kuhhirt und Weberin! Sie waren im idealen Sinn Yang und Ying, das männliche und weibliche Prinzip, der Nährboden für Liebe und Haß.

Timothy hüllte die Schale in ein seidenes Tuch und verschloß sie in seinem Schreibtisch, wo niemand sie sehen würde. Er konnte sich die Fragen vorstellen, die Miss Hoffmann stellen würde. Zum ersten Mal dachte er, daß Geschenke zum Mondfest gewissermaßen Privatangelegenheiten wären. Ein liebes gutes Kind, seine kleine Lilian! Aber er wußte nun sicher, daß die Verpflanzung nach Hampstead nicht besonders geglückt war. Diese Einsicht bestärkte ihn in seinem Plan, die Vorfahren und lebenden Verwandten von Cheng Jinghua aufzustöbern. Und natürlich würde die Letzte Kaiserin auch mitfahren. Wieder betrachtete er das Bild über seinem Schreibtisch. Merkwürdige Person! Er wurde nicht ganz schlau aus ihr – er mußte noch viel gründlicher fragen und forschen. Timothy löschte das Licht. Der Mond beschien einen einsamen Mann. Die Sterne verdunkelten sich langsam, und Kuhhirt und Weberin spürten im Glück der Umarmung bereits den Abschied für ein ganzes Jahr und zitterten und bebten vor Kummer.

Wie wahr und wie unwahr, dachte Timothy Hall. Der Teufel soll die Liebe, und die Legenden dazu, holen! Je strahlender eine Liebesgeschichte beginnt, desto sicherer endet sie in totaler Finsternis.

Lilian! Wie wunderschön hatte sie ihn wieder beschenkt! Und er schlug ihr fast alle ihre Bitten ab. Was wäre schon gewesen, wenn er sie zum Spaß in ihr Zimmer getragen hätte? Eine federleichte Last.

»Nein«, sagte er laut, und er erschrak vor seiner eigenen Stimme. Aber er mußte der Kleinen irgendeine besondere Freude bereiten, das fühlte er. Aber was? Timothy Hall kam zu dem für ihn erstaunlichen Schluß, daß er buchstäblich nicht wußte, was Lilian ein wenig glücklich machen könnte. Vielleicht die geplante Reise nach Kanton? Oder vielleicht...

Zweites Buch

ZEUGEN UND ZUSCHAUER

Erstes Kapitel

LABYRINTH

Betritt den Weg* mit leeren Händen.
(Taoistische Vorschrift)

Lady Springfield, Venedig an Timothy Hall, London

Lieber Tim,

hoffentlich geht es Dir und Lilian gut! Du fühlst Dich zwar am wohlsten, wenn Du Dich mit oder ohne Kopfschmerzen in Deine Höhle verkriechen kannst, aber das wird Dir mit unserer kleinen Lilian in der Nähe nicht oft gelingen! Das liebe Kind braucht eben seinen Vater, ob Du es komisch findest oder nicht. Ich bin überzeugt, daß die neue Wirtschafterin und Hannah gut für Euch sorgen, und daß die beiden miteinander auskommen. Aber das interessiert Dich nicht. Belinda geht es gut, und sie läßt Dich grüßen.

Eigentlich wollten wir jetzt nach London zurückfliegen, aber meine Miss Potter hat sich das linke Bein gebrochen – sehr überflüssig und ärgerlich! Sie ist im Hospital, und wir besuchen sie, so oft ich dazu imstande bin. Du weißt ja, wie unmöglich ich in Krankenzimmern bin, und ich mache die arme Potter noch nervöser, als sie sowieso schon ist. Sie ist ja nie krank und ekelhaft mit Krankenschwestern undsoweiter. Das Bein ist nun in Gips, und sie muß liegen. Belinda will mich zum Glück nicht allein hier lassen, selbst

* TAO: Der Weg.

wenn sie sich häufige Besuche bei der Potter schenkt, weswegen ich sie aber nicht tadeln kann. Du kannst Dir keine ungeduldigere Patientin als Helen Potter vorstellen, mit Ausnahme Deiner Mutter. Natürlich ist es kein Spaß, bis zur Hüfte in Gips zu liegen, aber was ist schon Spaß? Mir haben sie schon als Kind viel vom Ernst des Lebens erzählt. Leider stimmt alles, was sie sagten. Ich habe oft nur soviel gelacht, um Deinem Vater eine Freude zu machen.

Wo war ich stehengeblieben? Richtig, bei Helen Potter! Und da bin ich nun am springenden Punkt angelangt, obwohl man das Wort Springen im Zusammenhang mit ihr nicht erwähnen sollte.

Lieber Tim! Du bist von Natur aus ja nicht gerade der Gefälligste und hast ja auch keine Zeit, mit Deinem Buch und Deinen endlosen Vorträgen über Hongkong. Andererseits bist Du nach Ansicht Deiner Freunde ein Menschenfreund. Ich wende mich also an den Menschenfreund und nicht an den Tim, der seine Ruhe haben will, denn leider muß ich Dich um eine Gefälligkeit bitten, die Du verabscheuen wirst! Kein Wunder, daß Menschenfreunde meistens besonders mürrisch und abgehetzt sind. Nichts ist anstrengender, als seine Zeit und Kraft Leuten zu geben, die uns aus natürlichen oder unnatürlichen Gründen gleichgültig sind. Vielleicht kannst Du Dir denken, daß es sich um die Familie Potter handelt, und zwar um Helens Schwester Hester, die als Dauergast im Pflegeheim »Happy Beach« in Hove lebt. Sie ist gewohnt, daß Helen sie jeden Monat besucht, sonst wird sie noch tobsüchtiger, als sie es sowieso schon ist. Da meine Potter ja nicht im Gipsverband diese lästige Schwester besuchen kann, wäre ich Dir sehr dankbar, wenn Du es tätest. Bitte, mach nicht so ein entsetztes Gesicht! Ich schlage nicht vor, daß Du mit Hester Potter stundenlang Tee trinkst – sie würde Dir wahrscheinlich die Tasse an den Kopf werfen – ich bitte Dich nur, sie ganz kurz, selbstverständlich in Gegenwart von Oberschwester Johnson, zu besuchen. So verrückt ist Hester P. noch nicht, daß sie nicht wüßte, wann ihre Schwester zu Besuch kommen müßte. Sie ist überhaupt manchmal ganz vernünftig, macht aber dann wieder, ohne Voranmeldung, die erstaunlichsten Sachen. Einzelheiten erspare ich Dir, weil ich weiß, wie sie Dich ermüden. Nur noch eins: Hester Potter ist vielleicht nicht verrückter als viele alte Mädchen, die ihre Familien daheim zur Raserei bringen, was Hester bestimmt getan hat, bis ihre Eltern es vorzogen zu sterben.

Da Du mir geschrieben hast, Du würdest Dich in nächster Zeit in Dein kleines Haus in Hove zurückziehen, um den Taoismus weiter zu studieren, dachte ich, ein Besuch bei Hester Potter wäre vielleicht nicht zu schwierig? Aber natürlich weiß ich nicht, was Du schwierig findest! Selbstverständlich darf ein junges Ding wie unsere Lilian keine Verrückten besuchen, und Hannah Hoffmann begäbe sich in Lebensgefahr, wenn Miss Potter keine Beschreibung von Breslau hören möchte. Aber was sie hören will, hat nicht einmal unser Nigel Hunter herausgefunden. Er besuchte sie ja auf meine Bitte hin und schweigt sich aus. Sie kann ihm nicht gefallen haben. Dabei ist Nigel doch an Verrückte gewöhnt. Vielleicht könnt Ihr ja zusammen hingehen! Die Oberschwester soll sehr nett sein, das gibt sogar meine Freundin Cornelia Osmond zu, die einen Neffen im selben Heim hat. (Linker Flügel, in sicherer Entfernung von Potter!)

Ich bin überzeugt, die Oberschwester wird Miss Potter schon erklären, warum Du statt ihrer Schwester kommst. Hoffentlich hat Miss Potter nicht ihren tobsüchtigen Tag und wirft Dir die Blumen, die Du ihr doch sicher mitbringen wirst, an den Kopf!

Das wäre alles für heute, mein lieber Junge! Ich bin sehr dankbar, daß die liebe Belinda mich hier nicht allein lassen will. Du weißt doch, wie ungünstig schlechte Laune auf mich wirkt, und Helen Potter ist dauernd in finsterster Stimmung. Aber Belinda, die ja auch nichts zu lachen hat, heitert mich etwas auf, wenn ich aus dem Krankenhaus zurückkomme.

Wenn Lilian uns hier besuchen will, ist sie sehr willkommen. Ich habe Sehnsucht nach dem Kind. Leider kleben Chinesen da, wo sie nun einmal sitzen, und Lilian ist auf Hampstead festgelegt. Aber Du kannst sie ja fragen. Ich habe übrigens keine Ahnung, warum Venedig Dir mißfällt. Du nanntest es einmal »ein wäßriges Labyrinth«, was ich unfreundlich fand. Dabei bist Du einer der freundlichsten Burschen, die es überhaupt gibt, mein Junge!

Also mach's gut, grüß Hester Potter von mir und sei umarmt und geküßt!
Mutter

Natürlich wollte Lilian nicht auf Venedigs Seufzerbrücke stehen, wenn Timothy aus dem Seebad Hove zurückkommen würde. Wie immer hatte er nur einen kurzen Abschiedsbrief hinterlassen und war mit der Letzten Kaiserin ausgerückt. Lilian sollte ihn nicht in Hove besuchen! Er hätte zu arbeiten und brauchte seine Ruhe!

Lilian hatte nur die Lippen zusammengepreßt, und als Fräulein Hoffmann sie fragte, ob sie nicht ihre Suppe essen wollte, rannte sie in ihr Zimmer und schloß die Tür besonders leise. Je aufgeregter dieses Mädchen war, desto lautloser war ihre Reaktion. Deswegen wußte Hanne nie so richtig, in welcher Stimmung Lilian sich befand.

Später warf Fräulein Hoffmann noch einen Blick in Lilians Schlafzimmer. Die Kleine wurde immer schwieriger und brauchte wahrscheinlich eine vernünftige Mutter.

Und niemand hätte Belinda Hall nachsagen können, sie wäre eine vernünftige Mutter. Hanne wußte, wie sehr Lilian auch den Vater brauchte, aber der, den sie hatte, war nicht das Richtige für sie. Hanne brauchte nur an ihren eigenen Vater zu denken, der niemals dagewesen war, wenn die Muttel und sie ihn gebraucht hätten. Männer! Sie brauchten weniger ihre Familien als ihre Freiheit. Wenigstens war Hanne durch ihre eigenen Erfahrungen zu diesem Schluß gekommen.

Arme Kleine, dachte Fräulein Hoffmann, als sie die schlafende Lilian betrachtete. Auf dem Kopfkissen lag Timothy Halls Photo in dem antiken Silberrahmen.

Timothy wollte den Besuch bei Helen Potters verstörter Schwester sobald wie möglich hinter sich bringen. Wahrscheinlich war sie wirklich nicht viel verrückter als sogenannte normale alte Mädchen. Tim konnte sich nichts Unerfreulicheres vorstellen. Sie redeten wie Bücher und kamen zu Besuch, wenn man sie nicht brauchen konnte.

Das Sanatorium »Happy Beach« lag in einem gepflegten Park – weit genug vom Meer entfernt, daß die Insassen sich nicht hineinstürzen konnten. Die Leiterin, die Matron, erklärte Timothy, man könnte nicht vorsichtig genug sein. »Wir passen auf, soweit es möglich ist, Sir Timothy! Aber manche Patienten sind viel schlauer, als man ihnen das zutraut. Vor allem an ihren guten Tagen.«

Auch die jüngere Miss Potter, die zwei Selbstmordversuche hinter sich hatte und an unheilbarer Abneigung gegen Besucher litt, hatte einen Restbestand ihrer angeborenen Schläue behalten. Sie war mißtrauisch wie ein Kriminalbeamter, musterte Timothy aus zusammengekniffenen Augen, als wittere sie, daß dieser Besucher nicht freiwillig erschienen war. Nur Matrons Gegenwart hinderte Hester Potter daran, ihn hinauszuwerfen.

»Was will der hier?« fragte sie schroff.

»Immer mit der Ruhe, Hester! Dies ist Sir Timothy Hall. Seine Mutter ist mit Ihrer Schwester in Venedig.«

»Hoffentlich fällt Helen in einen Kanal«, sagte Miss Potter und lachte herzlich.

»Nicht doch«, murmelte Matron. »Wir wünschen unseren Nächsten und Liebsten doch immer das Beste, nicht wahr?«

»Sie können nur für sich selbst sprechen«, sagte Miss Potter so vernünftig, daß Tim sich wunderte, warum sie in dieser idyllischen Irrenanstalt war. Erst als Miss Potter seine Blumen zerpflückte, die Blüten in weitem Bogen auf den Teppich streute und die Plastikhülle essen wollte, änderte er seine Ansicht.

Matron fragte mild, wer wohl die Papierfetzen aufsammeln würde, und Miss Potter bedauerte, daß sie es nicht wüßte.

Es folgte ein großer Lachanfall, der von hohlem Husten unterbrochen wurde. Matron klopfte ihr den Rücken, und Hester küßte unvermutet ihre Hand. Wieder sagte Matron: »Nicht doch!«

Timothy musterte Miss Potter verstohlen, aber sehr genau. Im Gegensatz zu ihrer Schwester mußte Hester in ihrer Jugend hübsch oder sogar schön gewesen sein. Die Krankheit hatte ihre Züge nur verwischt, aber nicht zerstört. Was war mit ihr passiert? Er wußte nichts von der verstaubten Tragödie, die nur noch Matron und Hesters Schwester in Venedig kannten. Hesters Zukünftiger war drei Wochen vor ihrer Hochzeit spurlos verschwunden. Das Mädchen hatte ihn bewundert und so angehimmelt, daß Familie und Freunde schon Gähnkrämpfe bekommen hatten. Ein Handlungsreisender. Heute hier und morgen weg. Hester sah ihn nie wieder, was in einem Labyrinth wie London kein Wunder ist.

Nun sind verlassene Bräute wohl nie erfreuliche Gefährtinnen, und auch die Familie Potter hatte nichts zu lachen. Hester suchte nicht wie die meisten Mädchen in ihrer Lage heimlich still und leise nach einem anderen Mann, der das Gegenteil des Treulosen ist: nett, ordentlich, zuverlässig und beruhigend langweilig. Hester Potter verlor lieber ihren Verstand, als sich mit dem Zweitbesten zu bescheiden. Sie gab nicht einmal sich selbst zu, daß sie halb London nach dem Geliebten absuchte. Zwei Jahre später verabscheute sie alle Männer ohne Ausnahme, was bereits ein Symptom von Geisteskrankheit ist. »Hester wird immer komischer«, sagte ihre Mutter mit typisch englischer Untertreibung.

Was bei der verlassenen Braut als Erregungszustand begonnen hatte, entwickelte sich, entgegen ärztlicher Erwartung, zu krankem Verhalten. Hester tobte, zertrümmerte Gegenstände, lieferte Schreikrämpfe oder saß starr und steif auf einem harten Stuhl, beantwortete keine Frage und brach unvermutet in schrilles, schreckliches Gelächter aus. Erst hielt ihr Vater sich die Ohren zu, später verschwand er sofort nach dem Abendessen in seinem Wirtshaus und ertränkte dort seinen Kummer. Glücklicherweise konnte er eine Menge vertragen und wußte, im Gegensatz zu der unglücklichen Hester, wann es des Guten genug war. Seine Tochter Helen wurde keineswegs ein Trost oder ein Ersatz. Sie wurde immer farbloser und etwas boshaft und schadenfroh.

Lady Springfield hatte sie dann buchstäblich gerettet, und Helen ging für sie durchs Feuer, soweit ihre Natur ihr das gestattete. Sie hatte ihre Schwester immer gehaßt und beneidet, und Hesters Einweisung in das Pflegeheim in Hove war ein Festtag für sie gewesen. Nach außen hin hatte Helen das erforderliche Mitleid mit der Schwester gezeigt, und sogar Lady Springfield war ihr auf den Leim gegangen und hatte jetzt ihren Sohn in das Sanatorium geschickt.

Und nun erfuhr Hester zu ihrer Freude von diesem wildfremden Timothy Hall, daß Helen in Venedig einen Unfall erlitten hatte. Sie fand nur, er sollte endlich gehen. Dies war ein Punkt, in dem Timothy und Hester Potter übereinstimmten. Timothy ging.

Sein kleines Haus in Hove war still und leer, und nur das Bild der Letzten Kaiserin hing über seinem Schreibtisch. Wie immer, lächelte sie ihn an – chinesisch, strahlend und dabei hintergründig.

Plötzlich dachte er, daß Lilian mit etwa zwanzig Jahren so lächeln würde. Aber jetzt mußte sie sich erst daran gewöhnen, daß er Perioden der Einsamkeit brauchte und sie sich verschaffte, ohne seine Tochter um Erlaubnis zu bitten.

Timothy hatte in Hongkong begonnen, sich mit dem chinesischen Taoismus zu beschäftigen, war aber nicht zu der geringsten Form von Erleuchtung gekommen. Nach westlicher Unsitte hatte er positive Resultate einer Bemühung erwartet. Das Tao der chinesischen Weisen aber belohnt nur den, der nichts erwartet, der sich um nichts bemüht und das Licht der Erkenntnis wie einen Blitz oder ein unverdientes Geschenk in tiefer Demut empfängt. Inzwischen wußte er allerhand über den Taoismus. Aber bis jetzt war es ihm nicht gelungen, sich in dem Labyrinth fernöstlicher Spekulation zurechtzufinden. Er hatte Lao-Tse mit lobenswerter Geduld studiert, und seine scharfe, westliche Logik am chinesischen Mystizismus erprobt. Aber je mehr er darüber nachdachte, je eifriger er sich um Verständnis bemühte, desto lautloser und endgültiger verflüchtigte sich der Geist des Tao.

Würde er jemals vollständige Wunschlosigkeit erreichen? Und wollte er das? Das Tao untersagt Wünschen und Wollen.

Das Telefon läutete. Tim sprang vom Lotussitz auf, nie würde er sich eingestehen, daß er sich bei der untersagten Bemühung um Wunschlosigkeit gelangweilt hatte. Natürlich war Lilian am Telefon und fragte, ob sie ihn über das Wochenende besuchen dürfe. Sie durfte nicht.

Timothy war so verstimmt, als hätte seine Tochter eine dämmernde Erleuchtung unterbrochen. Er würde sie in London ins Theater mitnehmen. Die Kleine konnte offenbar schlecht allein sein – wie alle Frauen. Timothy konnte wundervoll allein sein, er brauchte keine Abwechslung. Aber manchmal war Lilian eine entzückende Abwechslung.

Er hätte nicht erklären können, warum die Sittenlehre des Konfuzius und Lao-Tses Metaphysik ihn nicht losließen. Tatsächlich war das Prinzip christlicher Hoffnung, in dem er erzogen worden war, den Grundsätzen des Tao so entgegengesetzt, daß er keine Synthese erreichen konnte, und gelegentlich vor lauter vernunftbedingter Ungeduld an Depressionen litt, was ungefähr das Letzte ist, was ein Taoist auch nur in Betracht zieht. Natürlich bekämpfte Tim solche Abschweifungen vom Tao mit großer Energie und einem gewissen Erfolg. Übrigens war »Erfolg« ein verbotener Begriff im Taoismus, der den Mißerfolg als größten Erfolg feiert.

Timothy seufzte und legte sich endlich zum Schlafen nieder. Es war zwei Uhr nachts. Er hatte im Augenblick genug vom Taoismus.

Belinda fiel ihm ein und ihre lange Abwesenheit von ihren Pflichten. Wenn sie ihn schon behandelte, als wäre er in seinem eigenen Hause überflüssig, dann müßte sie, zum Kuckuck, wenigstens an die Pflichten gegenüber ihrer Adoptivtochter denken. Lady Springfield behauptete immer, daß eine Mutter unentbehrlich bei der Erziehung einer Tochter wäre. Na also! Wann kam Belinda endlich nach London zurück? Er mußte ihr morgen früh sofort schreiben.

Auf seinem Frühstückstisch fand er einen Brief von Belinda vor, der ihm den Appetit verdarb.

Zweites Kapitel

BELINDAS ULTIMATUM

Wer andere verletzt, schlägt
sich selbst die tiefste Wunde.

(Chinesische Sittenlehre)

Belinda Hall an die Baronin Edwina Thorne, Hampshire

Liebe Tante Edwina,
Dein Brief erreichte mich noch in Venedig, und ich danke Dir für Dein Verständnis! Daß ich jahrzehntelang oder für immer und ewig bei Dir leben könnte, ist eine Beruhigung. Aber das werde ich Dir nicht antun. In jedem Fall meinen herzlichen Dank!

Natürlich weiß ich, daß ich endlich vernünftige Verhältnisse in meinem eigenen Haus schaffen muß, aber das ist leichter gesagt als getan. Besonders, wenn man mit einem Mann wie Timothy verheiratet ist. Du weißt ja, wie schwierig er trotz seiner sanften Art ist, wenn es sich um Lilian handelt. Auch Nigel Hunter weiß das sehr genau, aber er kann mit Tim umgehen. Es ist ja sein Beruf, mit schwierigen Leuten Kontakt zu finden. Mit mir ist er auch sehr erfolgreich. Leider nützt es mir nichts für meinen Umgang mit Timothy, der mich augenblicklich abgeschrieben hat. Wenigstens muß ich das annehmen, da er meine Briefe nicht beantwortet. Dabei mache ich ihm nur klar, daß Lilian eine Person zuviel in unserem Haus ist. Darüber ist Tim so beleidigt, daß man lachen könnte, wenn es nicht zum Weinen wäre. Ich weiß, Du mochtest Tim niemals besonders gern, hast aber immer seine guten Seiten anerkannt. Das versuche ich jetzt auch, wenn es auch immer schwieriger wird.

Du fragtest am Telefon, warum ich nicht nach Haus fahre. Ich will versuchen, es Dir zu erklären. Wie würde es Dir gefallen, in Deinem eigenen Haus wie ein Gast zu leben? Timothy ist blind und taub gegen die Bedrohung, die Lilian für unsere Ehe bedeutet. Daß man ihn nicht drängen und belästigen darf, macht die Situation nur noch schwieriger. Er hat immer eine Menge Pläne für seine Arbeit im Kopf, und niemand wagt, ihn etwas zu fragen. Er bleibt natürlich höflich und milde, blickt einen aber an wie etwas, was die Katze auf dem Teppich gelassen hat. Daß er Lilian für eine sanfte und fügsame Tochter hält, ist einfach lächerlich. Sie ist so sanft und fügsam wie die Hexe von Endor und verhüllt ihre Pläne und Absichten so geschickt wie alle Chinesen. Du weißt, wie glücklich wir in Hongkong waren, und ich vermisse meine chinesischen Freunde noch heute. Die Schwierigkeiten haben eben nichts damit zu tun, daß sie Chinesin ist, sondern damit, daß sie Lilian ist. Sie ist ein Nachtgeschöpf, und ich liebe den Morgen und das Tageslicht. Was Tim liebt, hat er mir natürlich nicht verraten. Aber im Augenblick ist es Lilian.

In jedem Fall hat Dein lieber Brief mich etwas beruhigt. Er hat mir bestätigt, daß ich immer noch irgendwo willkommen bin.

Mit Liebe, Deine Belinda

Belinda Hall an Timothy Hall

Lieber Tim,

obgleich Briefe von mir eine unangenehme Störung für Dich geworden sind, schreibe ich Dir diesen letzten Brief aus Venedig und hoffe, daß Du endlich einsiehst, daß es mit uns so nicht weitergehen kann.

Es fällt mir nicht leicht, Dir gewissermaßen ein Ultimatum zu stellen, denn ich weiß, Du bist gegen die Entweder-Oder-Methode. Aber so geht es wirklich nicht weiter. Du kannst es zwar nicht ausstehen, wenn man sich wiederholt, und betrachtest es als Denkfaulheit, aber in diesem Fall ist die Wiederholung notwendig.

Lilian ist nicht nur ungehörig vernarrt in Dich – sie versucht vor allem, in ihrer eigenen hinterhältigen Art, mich aus Deinen Gedanken und aus unserer Häuslichkeit zu vertreiben. Wenn Du weiter so heftig den Kopf schüttelst wie in diesem Augenblick, dann wird er Dir abfallen!

Was Lilian anbetrifft, möchte ich Dich an Deinen Ausspruch in Hongkong erinnern: »Nimm alles, was Chinesen Dir sagen, mit einem Körnchen Salz.«

Übrigens wundern alle unsere Freunde sich darüber, wie Lilian Dir nachläuft und daß Du es ihr nicht verbietest. Merkst Du das nicht, oder willst Du es nicht merken? Es ist wirklich unverständlich, wie jemand mit Deinem Scharfsinn so blind und taub werden kann. Denn ich vermute immer noch, daß Du Lilians wahre Absichten und ihren eisernen Willen nicht einmal ahnst.

Lieber Tim, falls Du einsehen solltest, daß dieses Mädchen nicht mit uns leben kann, und daß schon viel Porzellan in unserem Haus zerschlagen worden ist, würde ich morgen zurückkommen. Ich werde fürs erste meine Tante Edwina in Hampshire besuchen und dort so lange bleiben, bis unsere häuslichen Verhältnisse geklärt sind.
Herzliche Grüße, Belinda

Timothy Hall, London an Belinda Hall, Venedig

Liebe Belinda,

bist Du vollkommen wahnsinnig geworden? Kein Brief von Dir hat mich so erstaunt! Du erwartest offenbar, daß ich nicht nur die gefühlsmäßige Bindung an meine Tochter aufgebe, sondern auch meine legalen Verpflichtungen ignoriere. Lilian ist unsere gesetzlich adoptierte Tochter, und das bleibt sie, ob es Dir gefällt oder nicht. Ich habe nicht erwartet, daß Du solche empörenden und völlig lächerlichen Bedingungen für Deine Rückkehr stellst. Aber falls Du auf Deinem Ultimatum bestehst, kann ich es nicht ändern. Meine Geduld mit unfairen Bedingungen hat ihre Grenzen, Belinda!

Wie Du Dir Lilians Vertreibung aus ihrem Elternhaus praktisch vorstellst, brauchen wir nicht zu diskutieren. Wie gesagt: Lilian bleibt. Du könntest genausogut einen jungen ahnungslosen Vogel aus seinem Nest werfen! Was ist mit Dir los, Belinda? Du warst nie hart und grausam; aber aus Deinem Brief spricht eine solche Gefühlskälte und soviel Unverständnis für dieses arme ahnungslose Kind, daß ich Dich kaum wiedererkenne.

Zugegeben, Deine Nerven sind immer noch angegriffen, aber den Zusammenbruch hast Du mit Nigels Hilfe überwunden, und darum finde ich keine Entschuldigung für Deinen Vorschlag. Nur eins: Du solltest mich gut genug kennen, um zu wissen, daß ich auf jedes Ultimatum ziemlich sauer reagiere. Das ist schlechte Ehepolitik, meine Liebe! Im übrigen lasse ich mir von niemandem Entschlüsse aufzwingen, die gegen jede Moral und den letzten Funken von Anstand sind. Ich kann mich nur über Dich wundern. Wenn ich Dir einen Rat geben darf: komm so schnell wie möglich zur Vernunft und nach Hause!

Übrigens lernt Lilian jetzt bei einem chinesischen Meister in Soho die alte Kunst der Lackarbeit und macht erfreuliche Fortschritte. Sie ist sehr fleißig und arbeitet, bis auf das Wochenende, jeden Tag bei diesem alten chinesischen Künstler. Die sterben auch langsam aus in Soho. Die Kleine hat noch einmal Glück gehabt. Außerdem hat sie Ehrgeiz und ist künstlerisch begabt, und Dein Unglück ist, daß Du nicht arbeitest. In dieser Beziehung bist Du ein Fossil in einer Zeit, in der fast alle Frauen arbeiten. Selbst wenn es bescheidene Arbeit ist, wie Fräulein Hoffmann sie für mich und dieses Haus leistet. Leider habe ich keine Zeit, um darüber nachzudenken, was Du machen könntest. Vielleicht denkst Du selber ausnahmsweise darüber nach? Aber das nebenbei.

Selbstverständlich werde ich Lilian Grüße und gute Wünsche von Dir ausrichten, da Du leider keinen Wert mehr auf Manieren legst. Vielleicht kann Nigel Hunter etwas Klarheit in Deinem hübschen Kopf schaffen, schließlich ist das sein Beruf. Ich habe es aufgegeben. Trotzdem alles Gute! Vergiß Dein Ultimatum!
Tim.

Dr. Nigel Hunter, London an Belinda Hall, Venedig

Meine liebe Belinda,

da Tim mich gebeten hat, Dich zu beruhigen, will ich es versuchen. Ich habe Dich oft beruhigt, und vielleicht gelingt es auch dieses Mal.

Mein liebes Mädchen! Ich hoffe, Du glaubst mir, daß niemand es besser mit Dir meinen kann als Dein alter Nigel! Darum möchte ich Dir ohne Umschweife und lateinische Floskeln sagen, daß Du Dir die Dinge viel schwerer machst, als sie es sind. Ich bin nicht Timothys Meinung, daß Lilian mit achtzehn Jahren ein Kind ist. Es gibt keine achtzehnjährigen Kinder. Aber Dein Verdacht, daß Tim und Lilian eine unerlaubte Beziehung unterhalten, ist einfach lächerlich, Belinda! Wenn er für eine Chinesin übermäßiges Interesse zeigt und von ihr redet, dann ist das die Letzte Kaiserin. Ich kenne Tim länger als Du und weiß, daß er niemals an eine engere Beziehung mit seiner Adoptivtochter denken würde.

Übrigens hat Tim mir, als Eurem alten Familienfreund, über Dein sogenanntes Ultimatum berichtet. Das kann doch nicht Dein Ernst sein! Und wie stellst Du Dir das praktisch vor? Schlag dir solche extremen Möglichkeiten aus dem Kopf!

Glaub mir, liebste Belinda! Du siehst Gespenster. Wie Du weißt, habe ich allerhand an der jungen Lilian auszusetzen, aber Dein Verdacht ist ohne Grundlage, und, entschuldige, Dein Ultimatum ist unmöglich. Lilian könnte Dich niemals ersetzen, und bis jetzt hat sie Tim lediglich töchterliche Zuneigung gezeigt. Übrigens ein Wort der Warnung: bring Lilian und Tim nicht auf Ideen! Im extremen Fall soll man schlafende Hunde niemals wecken. Wie Du auf Deine Ideen verfallen bist, kannst nur Du selber wissen. Es ist grotesk.

Vielleicht hilft Dir eine erste Einsicht in das Wesen der Eifersucht? Bring mich nicht um, Belinda! Es ist Eifersucht und nichts anderes, was eine entzückende Frau wie Dich zu einem Ultimatum treiben kann. Von Deinem Mißtrauen einmal abgesehen, solltest Du Dich daran erinnern, daß Du Tim getrennte Schlafzimmer vorgeschlagen hast und nicht umgekehrt. Meinst Du, daß ein solcher Vorschlag einen Ehemann in Jubelstimmung versetzt? Tim hat nie ein Wort dazu geäußert, dafür ist er Tim. – Du hast es mir erzählt, und ich war damals betroffen. Ich kenne Tim ziemlich gut und länger als Ihr alle und bin der ehrlichen Meinung, daß von Versuchungen abgesehen, Tim überbeschäftigt ist und seine Kräfte für seine vielseitige Arbeit braucht. Nur ein Beispiel: Lilian durfte ihn nicht in Hove besuchen, weil er so schwierige Arbeiten zu bewältigen hatte. Er hatte immer etwas von einem Einsiedler an sich, was bereits in Eton unangenehm auffiel.

Du tust ihm unrecht, liebste Belinda! Auch Lilian wird Dich nicht lieben, wenn Du so gereizt und ungerecht gegen sie bist! Also: bekämpfe jede Eifersucht mit Energie! Du besitzt genug von diesem kostbaren Stoff. Was aber immer noch am besten in einer Krise wie dieser hilft, ist etwas mehr Liebe. Ich weiß, man kann sich nicht zwingen, jemanden zu lieben, aber man kann versuchen, ihm seine Rechte zu lassen und ihn gerechter zu beurteilen. Es ist einfach die Bemühung, den Nächsten nicht zu hassen oder, selbst mit Grund, zu verabscheuen. Ob Du es einsiehst oder nicht: Liebe hilft.
Mit allen guten Wünschen, Nigel

Belinda Hall war nun bei ihrer Tante in Hampshire und wartete auf Post von Timothy. Er schrieb nicht mehr. Er rief sie auch nicht an und nahm auf diese Weise seiner Ehefrau jede Möglichkeit einer Annäherung oder Versöhnung.

Vielleicht schrieb Timothy Hall nicht, weil der Zikadenfänger sich in dem alten Haus in Hampstead eingenistet hatte?

Die einzige Post für Belinda kam von Hanne Hoffmann, die aber den Zikadenfänger nicht erwähnte. Und sie konnte ihn nicht erwähnen, weil sie ihn nicht zu Gesicht bekam, obwohl sie im selben Hause lebte.

Drittes Kapitel

DER ZIKADENFÄNGER

Kleine Zikade
nimm dich in acht!
Daß ich dich nicht fange
beim Anbruch der Nacht.

(Altchinesisch)

Obwohl Lilian nun achtzehn Jahre alt war, ging Timothy immer noch spät am Abend in ihr Zimmer, um zu sehen, ob sie ruhig schliefe. Als Teenager hatte sie oft schlecht geträumt, und ihr Schrei hatte Belinda und ihn manchmal aufgeweckt. Warum schrie die Kleine? Ihre Tage verliefen doch in ruhigem Gleichmaß, und die Eltern kümmerten sich beständig um sie. Belinda war zwar nie mütterlich gewesen, aber damals hatte sie ihr Bestes gegeben.

Timothy wußte um die große Rolle, die Träume und Vorahnungen in der chinesischen Seele spielen, und erklärte sich Lilians Geschrei mit Erinnerungsfetzen aus ihrer Waisenhauszeit. Aber Lilian war dort freundlich behandelt worden. Sie hatte glänzende Augen und steife Zöpfe und den treuherzigen chinesischen Kinderblick gehabt. Wann immer Tim an diese Zeit zurückdachte, vertiefte sich sein Gefühl für dieses junge Geschöpf, auch wenn Lilian ihm wesensfremd war und blieb. Doch das wollte er nicht wahrhaben.

Konnte Belinda in diesem einzigen Punkt recht haben? Sie hatte einmal gereizt und ungeduldig gesagt: »Um Himmels Willen, Tim! Du kannst kein englisches Mädchen aus ihr machen. Sie ist und bleibt Chinesin.« Damals hatte Belinda Chinesen geliebt. Jetzt, nach ihrem Verschwinden, bewachte Timothy wieder den Schlaf seiner Tochter.

Da lag sie – friedlich und entspannt, mit seinem Photo auf ihrem Kopfkissen. Sie mußte vergessen haben, es wegzuschließen. Einen Augenblick starrte Tim sein Photo an, als ob es das Photo eines Fremden wäre. Dann betrachtete er kopfschüttelnd Lilians schönes, ovales Gesicht, die zarten Schläfen, die vollen Lippen, das lange, schwarze, glänzende Haar, das nie einen barbarischen Lockenwickler gesehen hatte.

Tim verließ auf Zehenspitzen Lilians Zimmer. Das liebe Kind! Lilian hatte ihm wieder eine Lackmalerei geschenkt – den legendären Zikadenfänger, einer der Unsterblichen im chinesischen Götterhimmel. In der Abenddämmerung lockt dieser orientalische Don Juan die Zikaden mit seinem Gesang in sein goldenes Netz und tötet sie. Aber die Grausamkeit der uralten Legende war nicht in Lilians Lackbild zu sehen. Da war nur der schöne, junge Zikadenfänger, dem die Insekten tanzend ins Netz gingen – ein Schwarm silbriger, nichtsahnender Fabelwesen – berauscht vom Mondlicht und der Schönheit des Jünglings.

Timothy betrachtete die Lackmalerei nachdenklich. Lilian, ein Kind des ausgehenden zwanzigsten Jahrhunderts, liebte die alten Legenden von Liebe und Tod. Gab es noch ein Volk, das unter jeder politischen Regierungsform insgeheim oder in künstlerischen Äußerungen so konsequent an die Verwandtschaft von Liebe und Tod glaubt? War Lilian nicht viel zu jung für diese düstere Prognose? Oder hatte sie sich doch etwas von der alten chinesischen Seele bewahrt? Tim wußte es nicht. Irgend etwas mißfiel ihm an dem Zikadenfänger. Belinda hatte immer Lilians chinesische Wurzeln erwähnt. Verdammt! Da dachte er schon wieder an Belinda. Ihre Abwesenheit war lauter und dringlicher als ihre Anwesenheit. Dürstete denn jeder Mann nach dem Ungewissen? Tim wußte es nicht. Aber selbst wenn er milder über Belinda gedacht hätte, ihr Ultimatum war und blieb empörend. Lilian würde in diesem Haus in Hampstead leben, so lange sie wollte. Sie hatte jetzt nur noch ihn und seine Mutter. Tim seufzte. Warum hatte Belinda sich so verändert? Oder trug sie plötzlich eine Maske? Wer hatte jemals die Masken des Eros erkannt oder gelüftet? Der Zikadenfänger? Der Mörder der Unschuld, die dem lächelnden Jäger immer wieder vor die Flinte laufen würde?

Plötzlich dachte Tim, daß die Kluft zwischen den Geschlechtern hauptsächlich darin bestand, daß die Frau für gewöhnlich in der Ehe seßhaft wird, während der Mann ein polygamer Wanderer bleibt. Und daß der Kompromiß zwischen Klebstoff und Wolkensegeln schwerlich echte Harmonie erzeugen kann. Waren alle Männer Zikadenfänger, die bei Anbruch der Nacht ihr goldenes Netz schwangen?

Wieder betrachtete Timothy Lilians Lackbild. Bildete er sich ein, daß der Zikadenfänger seine eigene große schlanke Figur hatte? Er mußte ein Nordchinese sein. Und er hatte seine, Timothys Hände. Ja, der Daumen der linken Hand, die lose herunterhing, lag wie bei ihm über dem Zeigefinger. Merkwürdig! Tim blickte noch einmal durch sein Vergrößerungsglas auf die linke Hand des Zikadenfängers. Es war seine Hand. Timothy hatte zu lange mit Chinesen gelebt, um Zeichen und Symbole zu ignorieren. Aber er würde Cheng Jinghua niemals fragen, wieso der Zikadenfänger seine Hände hatte. Was immer Cheng Jinghua mit dem Zikadenfänger verband, seine kleine Lilian hatte nichts damit zu tun.

Am nächsten Morgen war Lilian bereits bei ihrem alten Lehrmeister in Soho, als Besuch für Timothy gemeldet wurde.

Es war Helen Potter, und sie war ihm nicht besonders willkommen. Was zum Kuckuck wollte sie bei ihm? Sehr einfach! Miss Potter, die nie ihre Manieren vergaß, wollte sich bei ihm dafür bedanken, daß er ihre verstörte Schwester Hester in Hove besucht hatte. Sie mußte wissen, daß dies kein Vergnügen war, denn sie bedankte sich mit mehr Herzlichkeit, als sie Tim jemals zuvor gezeigt hatte.

»Schrecklich nett von Ihnen, Sir Timothy! Es kann kein Vergnügen gewesen sein.«

Timothy lachte und sah plötzlich zwanzig Jahre jünger aus. »Ihre Schwester schien tatsächlich nicht erfreut über meinen Besuch zu sein.« Er lachte wieder, und Miss Potter stimmte zögernd ein. In ihrer Familie war Hester nie ein Gegenstand der Erheiterung gewesen. Männer, dachte Helen. Sie lachten über Tragödien, über Frauen und überhaupt über alles.

Timothy bestellte Tee, um die Atmosphäre ein wenig zu entspannen. Ein nettes Gespräch mit Helen Potter ist noch schwieriger, als ein Ausflug in den Taoismus, dachte er. Und sie wartet in aller Bescheidenheit darauf, von mir unterhalten zu werden.

Wieder betrachtete er das Lackbild auf seinem Schreibtisch, und Helen Potter folgte seinem Blick. Dann sagte sie, daß dies wirklich eine nette Arbeit wäre. Aber warum Lack? Warum nicht Leinwand, woran man gewöhnt war? Er antwortete ihr nicht, und sie lächelte so strahlend, als wüßte sie, daß sie Lady Springfields gräßlichen Sohn störte. Eigentlich hatte sie nie erlebt, daß ein Mann sich bei ihrem Anblick sichtlich belebte, schon ihr Dad hatte ein Gähnen unterdrückt, wenn er sie und Mum mit dem Strickzeug beschäftigt sah. Aber Helen hatte etwas, was sie vorteilhaft von vielen Frauen unterschied. Wenn sie nichts zu sagen hatte, schwieg sie. Timothy rechnete es ihr hoch an und gab ihr die dritte Tasse Tee.

Helen hatte sofort bemerkt, daß der Zikadenfänger Tims Hände hatte, den Daumen über dem Zeigefinger gekreuzt. Ob Sir Timothy diese Einzelheit auch bemerkt hatte? Wahrscheinlich nicht. Was merkten Männer? Sie waren blind und taub, wenn es sich nicht um ihr Vergnügen handelte. Oder um ihre Arbeit, von der angeblich Frauen, mit Ausnahme ihrer Sekretärin, nichts verstanden. Helen beneidete Miss Hoffmann nicht um diesen Chef. Sie hätte es keine drei Tage mit Sir Timothy ausgehalten. Trotz seiner milden Freundlichkeit war er ein hochnäsiges Ekel.

Da er nicht mehr mit ihr sprach, betrachtete Miss Potter ihren Höflichkeitsbesuch als beendet und verließ Sir Timothy. Das war nun auch geschafft. Sie würde Lady Springfield wahrheitsgemäß sagen, daß ihr Sohn besonders nett zu ihr gewesen wäre und ihr drei Tassen Tee angeboten hätte. Mehr konnte man nicht erwarten, und Miss Potter erwartete niemals zusätzliche Zerstreuungen.

Timothy und Nigel Hunter aßen an diesem Abend Hummer bei »Sweetings«, dem alten, berühmten Fischrestaurant. Die Hummerschalen waren so rot wie die spielerische Seidenschleife am Netz des Zikadenfängers. Jetzt dachte auch Timothy, genau wie Belinda in Hampshire, daß es so nicht weiterginge. Aber was ging so nicht weiter? Was stimmte nicht und konnte nicht in Ordnung gebracht werden, so sehr Timothy es vielleicht wünschte?

»Etwas nicht in Ordnung, Tim?«

Nigels ruhige Frage schreckte Tim aus seinen Gedanken auf. Er hätte gern gewußt, ob der Zikadenfänger, der sich in den Kreis der Unsterblichen eingeschlichen hatte, der chinesische Satan war.

»Nichts ist in Ordnung, Nigel! Bis auf meine Arbeit. Miss Hoffmann ist erstklassig.«

»Falls es dir paßt, würde ich sie gern zurücknehmen.«

»Wie bitte?«

»Thérèse ist gegangen und kommt nicht wieder. Die Neue ist unmöglich. Sie hat nichts im Sinn als Heirat.«

»Mit wem?«

»Mit mir natürlich. Warum keine Sekretärin einsehen will, daß ich lieber allein lebe, ist mir unbegreiflich. Offen gestanden, fiel auch Thérèse mir manchmal auf die Nerven.«

»Wenn ich dir Miss Hoffmann zweimal die Woche schicken würde, wäre das eine Hilfe? Lilian kann auch Schreibmaschine schreiben und könnte vielleicht aushelfen. Aber sie ist ja so viele Stunden in Soho, daß ich sie nicht zusätzlich anstrengen möchte.«

»Ich glaube, Lilian kann viel mehr vertragen, als du ihr zutraust. Du mußt sie nicht in Watte packen, Tim! Sie ist ein gesundes junges Mädchen und zäh.«

»Aber sie ist sehr empfindlich, Nigel! Du glaubst nicht, was sie mir manchmal übelnimmt.«

»Du wirst lachen, Tim! Ich glaube es.«

»Also soll ich dir Hannah zweimal die Woche schikken?«

»Ich wäre dir sehr dankbar, Tim! Immer vorausgesetzt, daß Hannah wieder für mich arbeiten will.«

»Soll ich sie fragen?«

»Wenn es dir recht ist, möchte ich sie selber fragen.«

»Aber selbstverständlich! Du, Nigel – ich möchte dich ganz gern etwas fragen ...«

»Und das wäre?«

»Nichts«, sagte Timothy Hall. Er wollte seine Beobachtung über die linke Hand des Zikadenfängers doch lieber für sich behalten. Aber was hatte das kleine Mädchen sich dabei gedacht. Es mußte ein Zufall sein. Tim sagte sich, daß alle Künstler ihre alltäglichen Beobachtungen verwenden und durch ihre Phantasie verändern, bis sie ihre endgültige Form finden. Es war das Alltäglichste auf der Welt. War der Zikadenfänger eine Schattenfigur in der chinesischen Geisterwelt? Ein dunkles Element im schillernden Kostüm? Tim blickte gedankenverloren auf seine linke Hand. Wie immer lag sein langer Daumen über dem Zeigefinger. War es eine Geste ungelöster Spannung? Timothy ergriff sein Glas. »Auf dein Wohl, mein Alter!«

Als Nigel Hunter am folgenden Tag bei Belindas Tante in Hampshire anrief, sagte ihm die Wirtschafterin, die beiden Damen seien ausgefahren. Gewiß, Lady Hall würde ihn nach ihrer Rückkehr anrufen.

Belinda rief nicht an. Endweder war sie abgereist, oder sie hatte nun auch die jahrelange Verbindung zu Nigel Hunter gelöst. Wie alle anderen Bindungen. Aber so lange Lilian diesen Vater hatte, machte Nigel sich keine großen Sorgen. Er wünschte nur, daß die Kleine wie andere Mädchen ihres Alters leben könnte. Sie war schön und intelligent – warum hatte sie keinen jungen Mann, der mit ihr tanzte und scherzte? Tim schien sich keine Sorgen über diesen Punkt zu machen, er meinte, daß Lilian vielleicht langsamer erwachsen werde als die Mädchen des Westens, die Arm in Arm mit jungen Männern auf der Heide von Hampstead herumspazierten. Aber Nigel Hunter wußte, daß die meisten Verlobungen in seinem Kreis durch eine Verschwörung der Mütter zustande kommen. Und Belinda war verschollen, anstatt sich um Lilians Zukunft zu kümmern. Die Lösung dieser Aufgabe konnte niemand von Tim erwarten – ganz davon abgesehen, daß er nie auf einen solchen Gedanken gekommen wäre. Verdammt! dachte Nigel. Ich kann Belinda doch nicht zurückschleppen. Und Timothy kann seine Tochter nicht an die frische Luft setzen. Nein, so geht es einfach nicht weiter!

Aber es ging so weiter. Timothy erhielt keine Antwort auf seinen letzten Brief, und Belindas Tante sagte seinem Freund Nigel am Telefon, daß ihre Nichte nach Haus kommen würde, wenn Lilian woanders einquartiert werden könnte, vielleicht in Soho. Das wäre doch nicht so schwierig. Chinesen klebten doch immer wie Pech und Schwefel zusammen.

»Wer sagt das?« fragte Nigel Hunter.

»Belinda sagt es.«

Tim dachte manchmal, daß er sich selbst nicht genau kannte. Wie konnte alles nur so schiefgegangen sein, wo er es doch so gut mit Belinda und Lilian meinte. Hatte er etwa schuld? Tim hatte nie viel Kritik an sich geübt, und diese neue Übung machte ihn befremdlich reizbar, obwohl er nach außen hin derselbe blieb: milde, mit verborgener Schärfe und verträglich. Vielleicht etwas abwesend. Und chronisch mit der Biographie der Letzten Kaiserin beschäftigt und mit seinen Vorträgen über China. Warum er nicht einfach nach Hampshire fuhr und Belinda heimholte, war eins der Rätsel, um dessen Lösung Tim sich nicht bemühte.

Vielleicht gefiel ihm das Leben mit der jungen, fügsamen Lilian zu gut? Er wollte nicht darüber nachdenken. Jedenfalls würde er seine Tochter nicht ausquartieren! Darauf konnte Belinda sich verlassen. Und da er nichts ändern wollte oder konnte, lebten sie harmonisch zu dritt in dem alten Haus in Hampstead: Lilian, Timothy und der Zikadenfänger.

Viertes Kapitel

HINTER DEN WOLKEN DER URNENBERG

HUK KIU, der Urnenberg, ist einer der fünf Berge der Seligen im Ostmeer. Die Lehren des »Meisters vom Urnenberg« enthalten Anklänge an altindische Philosophie.

LILIAN HALL:

Wann immer der Wind und der Bambus miteinander flüstern, weiß ich, daß der Herbst wiedergekommen ist. Das Liebeslied des Goldpirols ist verstummt, und am Himmel ziehen die Wolken wie Trauerschleier dahin. Daddy-Tim ist noch schweigsamer als gewöhnlich. Er verbringt viel Zeit im Urnenberg. Dort kann ich ihn nicht erreichen.

Als ich noch ein glückliches Kind in Hongkong war, hat Timothy mir die alte Sage vom Urnenberg erzählt – einer der Ruheplätze der Unsterblichen im mythischen Ostmeer. Ich fand die Sage unheimlich, sagte aber, daß sie mir sehr gefiele, um meinen Daddy nicht zu kränken. Wem kann ein Berg in den Wolken gefallen, der nie an seinem Platz bleibt und mit den Wolken herumwandert? Timothy ist jemand, dem der Urnenberg gefällt. Wahrscheinlich weil er selbst gerne herumwandert und sich hinter Wolken versteckt... Wenn ich als Kind vom Urnenberg träumte und ihn zwischen den Wolken nicht finden konnte, schrie ich so laut, daß meine Amah mich in den Schlaf singen mußte. Belinda, die in Hongkong noch so nett war, sagte der Amah, daß ich lernen müßte, ohne Gesang einzuschlafen, und daß der Urnenberg eine blödsinnige Legende wäre und nichts weiter. Aber Daddy-Tim und ich wußten es besser.

Heute, in London, glaube ich weiter an den Urnenberg, weil Daddy-Tim immer öfter dort verschwindet. Ich glaube nicht, daß er mich nicht mehr leiden mag, aber er ist so gern allein, daß ich es fast denken könnte. Wann immer ich ihn in Hongkong bat, mich in den Urnenberg mitzunehmen, lachte er und sagte: »Kleine Mädchen sind dort nicht willkommen.«

Wo aber sind kleine oder große Mädchen willkommen? London ist und bleibt eine Stadt für Männer. Als ich es Daddy-Tim neulich sagte, nickte er. Dann verschwand er wieder im Urnenberg.

Bevor Belinda sich zu ihrer Tante nach Hampshire verzog und uns hier mit Fräulein Hoffmann und der Wirtschafterin in Ruhe leben ließ, sagte sie, Tim sollte mir keine Flausen in den Kopf setzen. Ich hätte sowieso zu viel überflüssige Phantasie. Ich weiß nicht, wie jemand Phantasie überflüssig finden kann. Ist sie nicht der einzige Trost der Einsamen? Wann immer das Alleinsein mich zu sehr bedrückt, denke ich an unsere alten Gedichte, die mir besser gefallen als alle Gedichte des Westens. Vielleicht, weil ich sie besser verstehe. Sie sprechen zu meinem Herzen. Leise, eindringlich, wunderbar! Meister Ho in Soho gab mir einen alten, halbzerfledderten Band mit Lyrik aus der späten Tang-Periode. Ich vergoß beim Lesen viele Tränen und vergaß darüber meine Einkäufe. Belinda hätte sich krankgelacht über mich. Timothy versteht natürlich was ich meine, sagt aber nichts.

Der Mond bescheint mein silbernes Kleid.
Die Pflaumenblüten besingen den Herbst.
O, Seligkeit!*

Belinda würde auch diese Poesie blödsinnig finden. In Hongkong war sie eine ahnungslose englische Rose. Hier in England aber ist ihre Blüte verwelkt, und sie zeigt alle Dornen. Timothy sollte froh sein, daß er sie los ist. Aber er ist nicht froh. Wenn er nicht so sanft wäre, könnte ich ihn unfreundlich finden. Warum sind eigentlich englische Ehefrauen so erstaunt, wenn ihr Mann regelmäßig am Abend in Soho oder im Urnenberg verschwindet? Eine Chinesin erwartet das. Wir sind nicht da, um unseren Ehemann zu unterhalten oder zu entzücken; wir sollen ihm einen schmackhaften Reis kochen und Söhne schenken. Niemand kann mir einreden, daß sich das in der Volksrepublik grundlegend geändert hat. Schließlich ist auch ein chinesischer Kommunist ein Mandarin in seinen vier Wänden. Wenigstens sagte Meister Ho in Soho das neulich zu Mrs. Slater.

Mrs. Slater ist eine alte, englische Freundin von Meister Ho und lebt mit ihren beiden Töchtern ganz in der Nähe. Meister Ho sagte mir, daß unser Schicksal von unseren Ursprüngen abhinge. Da ich die Ursprünge der Familie Slater nicht kenne, weiß ich nicht, was ihnen in Zukunft blüht. Vielleicht ist es auch besser so. Ich habe immer viel Trost gefunden in Dingen, die ich nicht genau weiß.

Daddy-Tim und Nigel Hunter sagen oft, daß ich zuviel allein bin, und fragen, warum ich keine Freunde hätte. Ich habe Freunde in Soho, aber die passen nicht nach Hampstead. Nicht nur Belinda würde Mrs. Slater und ihre beiden Töchter »unmöglich« finden. Vielleicht sind sie ja auch

* Mang Chiang, späte Tang-Periode

unmöglich, aber mir gefallen sie. Sie sind die einzigen Leute in London, mit denen ich lachen kann. Marina, die ältere Tochter, ist eine Zwergin. Sally ist eine fabelhafte Prostituierte, die ihrer Mum achtzig Prozent ihrer Einkünfte abliefert, was ich übertrieben finde. Schließlich hat Sally die Arbeit und Mum das Vergnügen. Beide gehorchen der Zwergin aufs Wort. Sie ist schlau, witzig, boshaft und tyrannisch – zu lustig! Meister Ho schreibt Zwergen besonderes Wissen zu und erweist Marina großen Respekt. Alle drei Slaters machen keinen Unterschied zwischen weißer und gelblicher Haut und hellblauen oder dunklen Augen. Ist das nicht wunderbar? Sie nennen mich niemals, auch nicht im Scherz, Chink oder Schlitzauge. Sie sagen nie, ich soll dorthin zurückgehen, woher ich gekommen bin.

Mit den Slaters bin ich wirklich jung. In Hampstead, wo ich nur meine unerwiderte Liebe zu Daddy-Tim habe, bin ich alt und traurig. Viel trauriger als Belinda, auch viel älter, obwohl ich soviel jünger bin. Wir werden mit alten Seelen geboren, und daran wird sich nie etwas ändern. Wir wissen bereits vom Ende, selbst wenn wir am Anfang einer Glücksperiode stehen. Meister Ho sagt, das sei sehr gut so. Und es ist urchinesisch.

Hampstead würde die Slaters als »niedrige Mittelklasse« bezeichnen. Aber was immer sie sind, sie haben ein Herz, auch wenn Mutter Slater zuviel trinkt und mit Sally schimpft, auch wenn Sally die Männer mit Unschuldsmiene ausbeutet und die Zwergin uns alle herumkommandiert. Sie klettert auf einen Stuhl, wenn sie ihrer Mutter die Meinung sagt, aber niemand lacht.

Ich möchte nicht wissen, wie die Familie Slater meinem Adoptivvater gefallen würde. Wahrscheinlich würde er sofort in den Urnenberg verschwinden und unsichtbar durch die Wolken segeln. Also schweige ich über meine

Freunde, genau wie er über alles schweigt, was ihn angeht. Nur spricht chinesisches Schweigen deutlicher und natürlich viel lauter.

Manchmal frage ich mich, wann Daddy-Tim, der in Hongkong immer Zeit hatte, mit Belinda und mir zu reden, zum erstenmal in London in seinem Urnenberg verschwand. Ich glaube, es war an meinem vierzehnten Geburtstag. Nigel Hunter sagte: »Du bist nun kein Kind mehr, Lilian! Du bist beinahe schon eine junge Dame.« Daddy-Tim unterbrach ihn sofort: »Unsinn!« Es klang so verstimmt, daß Nigel ihn erstaunt anblickte. An diesem Abend gab Timothy mir keinen Gute-Nacht-Kuß auf die Stirn, und die Vögel besuchten mich nicht in der Dämmerung. Ich weinte in meinem Zimmer, weil ich beinahe eine junge Dame war und mein Daddy mich nicht mehr liebte. Danach verschwand er immer häufiger im Urnenberg, und Belinda runzelte ihre Stirn auch immer häufiger. Meine Kindheit war vorbei, aber mein Geist war noch kindlich, denn ich konnte meine Gedanken noch nicht beaufsichtigen oder eigene Pläne schmieden. Doch ich weiß, eine Person ohne Disziplin ist ein Schiff ohne Steuer und zum Sinken verurteilt. Und das liegt nicht in meiner Absicht. Es ist das Schrecklichste, was einem Chinesen passieren kann.

Kürzlich habe ich entdeckt, daß ich ehrgeizig bin. Das ist nur vernünftig. Da Daddy-Tim sich kaum um mich kümmert, muß ich die Leere in meinem Herzen mit einer sichtbaren Leistung füllen, das hat Meister Ho mir geraten. Er scheint zu wissen, was in mir vorgeht, obwohl er uralt ist. Mindestens sechzig Jahre. Aber im Gegensatz zur westlichen Jugend, verehren wir das Alter und lauschen seinem Rat. Wie das Alter in London belächelt, beleidigt und mißverstanden wird, wie man Eltern in ein Altersheim verfrachten kann, wenn man sie selber noch beschützen kann, ist mir unbegreiflich. Ich sehe es immer wieder, und niemand findet etwas dabei. Dafür wird Sally Slater über die Achsel angesehen, weil sie ihre Mutter mit ihrem Sündengeld unterstützt. Aber die Slaters sind immer zusammen, während Timothy zwischen Wolken auftaucht, sich im Traum vor mir verbirgt, weiter auf der Sternenbahn wandert und von Zeit zu Zeit völlig unsichtbar ist. Ich bin es nun gewöhnt, daß er immer häufiger verschwindet und nur einen Zettel für mich hinterläßt: »Komme in einer Woche zurück.« Entweder ist er dann in Hove und starrt auf die Wellen, oder er ist in seinem verdammten Urnenberg. Unerreichbar!

Was soll ich tun? Wie kann ich ihn aus dem Urnenberg zurücklocken? Etwas muß geschehen!

Ich habe den Plan eines Planes – noch winzig, ohne Einzelheiten, ohne viel Hoffnung auf Erfolg; aber es ist ein Plan, den ich mit Vorsicht nähre und gelegentlich mit Tränen begieße, bis er eines Tages Blüten und Früchte tragen wird. Cheng Jinghuas Blüten, Cheng Jinghuas Früchte.

Fünftes Kapitel

DIE LETZTE KAISERIN

Weichheit und Schwäche sind
Gesellen des Lebens.

(Chinesische Weisheit)

Da Lady Springfield konventionelle Daten und Feste ignorierte, gab sie ihr jährliches Kostümfest im November statt zur Faschingszeit. Diesmal sollte das Fest hauptsächlich ihre Freundin Victoria aufheitern, die nach Hectors Tod »niemals mehr dieselbe gewesen war«, wie ihre Freunde behaupteten. Hector war ein Schäferhund gewesen, der seine Herrin überall hin begleitet hatte. Beide hatten sich nie darum gekümmert, ob Hector zu einem festlichen Abend willkommen war oder nicht. Er lag zu Victorias Füßen und tat sein Bestes, damit die Kellner über ihn stolperten. Helen Potter hatte das glückliche Paar nicht ausstehen können, behielt aber ihre Ansicht für sich, um Lady Springfield nicht zu verstimmen. Lilian hatte den Hund Hector geliebt, obwohl er bei ihrem Anblick immer knurrte. Der Hund liebte seine Herrin, duldete Lady Springfield und ihre Familie und erwiderte Miss Potters Abneigung. Für Lady Springfields Maskenbälle war Hector stets mit einem Pelzcape, das nach Mottenkugeln duftete, geschmückt worden. Er hatte feierlich und etwas absurd ausgesehen – genau wie seine Herrin, die stets als bejahrte Schäferin erschien.

Lilian bereitete sich jedes Jahr sorgfältig auf dieses Kostümfest vor. Timothy und Nigel Hunter trugen immer ihre blauen seidenen Mandarinmäntel aus Peking, die so viele Erinnerungen an ihre Jugend bargen. Die steife bestickte Seide würde sie sicher beide überleben, und der Gedanke daran war ihnen nicht fremd. Sie hatten zu lange in anderen Welten gelebt, um den Tod zu fürchten. Aber sie waren nicht, wie viele Kenner der chinesischen Mystik, begierig, schon jetzt die Welten zu wechseln.

Bei diesem Fest würde Daddy-Tim Augen machen, das hatte Lilian sich versprochen. Ihr Kostüm, ein Geheimnis im historischen chinesischen Stil, war von der Familie Slater in Soho, vor allem von der geschickten Zwergin mit Liebe und großem Geschick, nach alten Stichen von Meister Ho, angefertigt worden. Der Glanz und die Farbenpracht des Gewandes waren ein Protest gegen Timothys Art, sie immer noch als Kind zu betrachten und zu behandeln. Lilian hatte monatelang ihr Taschengeld für die Materialien gespart. Die Slaters wollten keine Bezahlung für ihre enorme Mühe annehmen – etwas, was Lilian so verrückt und englisch fand, daß ihr die Worte fehlten. Seide, Goldbrokat, Perlenschnüre, kostbare Untergewänder – alles hatten sie beschafft, um Cheng Jinghua in die Letzte Kaiserin von China zu verwandeln. Der hohe Kopfputz mit den Schnüren und funkelnden Steinen ließ Lilian größer erscheinen, als sie war.

Endlich fiel die Abenddämmerung über Hampstead, und Lilian, die Letzte Kaiserin, machte sich auf den Weg zu Daddy-Tims Studierzimmer. Timothy Hall sagte kein Wort. Er starrte auf die Erscheinung, die langsam und feierlich auf ihn zuschritt: Tzu Hsi – die letzte Kaiserin von China.

Träumte er? Seine kleine gehorsame Lilian war verschwunden, und die Letzte Kaiserin war in sein Zimmer getreten – bereit zu einem chinesischen Spiel, das in China oft mit Skandal und Giftmord endet.

»Gefalle ich Ihnen, fremder Teufel?« fragte die Letzte Kaiserin.

Er nickte. Plötzlich war seine Kehle wie zugeschnürt. Er mußte träumen. Er hatte sich so intensiv mit Tzu-Hsi beschäftigt, daß sie den Bildrahmen über seinem Schreibtisch verlassen hatte und langsam auf ihn zuschritt. Er fühlte, wie seine Stirn sich mit Schweißtropfen bedeckte. Gab es eine Verzauberung, die er noch nie erlebt hatte?

Ohne ein Wort zu sprechen, trug er die Erscheinung vorsichtig in den Wagen, damit die Brokatschuhe und die seidenen Säume der Gewänder nicht feucht oder fleckig würden. Er erntete ein hochmütiges Nicken als Dank.

Auf der Fahrt zu seiner Mutter sprach Timothy Hall immer noch kein Wort mit der Traumfigur neben ihm. Sein Fahrer hatte sie ebenfalls nur angestarrt, was für gewöhnlich verpönt ist.

Dann waren sie angelangt. Lilian verschwand in Lady Springfields Ankleidezimmer und ließ sich von Miss Potter beim Ablegen ihres englischen Mantels helfen. Helen fand das Kostüm zu auffallend, zu bunt und zu chinesisch. Aber sie sagte nichts. Lilian war ihr ganz fremd, und das hatte Helen Potter auch noch nie erlebt. Unwillkürlich dachte sie an ihre Schwester, die trotz befremdlicher Manieren und Reden doch immer die alte Hester war. Lilian war durch irgendeinen Trick verschwunden, und Miss Potter haßte Tricks. Gegen ihren Willen war sie beeindruckt, sagte sich aber sofort, daß es ja nur ein Kostüm wäre. Also fauler Zauber!

Lilian war die Kaiserin des Festes, und Lady Springfield, Miss Potter und Timothy verbargen ihren Stolz nur mühsam. Selbst Lady Springfield, die durch maßvolles Opiumrauchen an Visionen gewöhnt war, erkannte ihre Lilian nicht wieder. Sie ist es nicht, dachte sie beinahe verwirrt. Sie müßte es morgen mit Potter besprechen.

»Lilian sieht fabelhaft aus«, sagte Dr. Hunter zu Lady Springfield. Timothy strahlte, und sein Freund blickte ihn scharf an.

»Wach auf, Tim. Es ist nur ein Kostüm.«

»Selbstverständlich«, erwiderte Mandarin Timothy Hall heiser. »Morgen wird alles wieder seine gewohnte Ordnung haben.«

»Das wollen wir hoffen«, sagte Dr. Hunter mit einem gewissen Nachdruck. Timothy stürzte ein Glas Champagner hinunter und durchquerte den Saal, um mit der Letzten Kaiserin zu tanzen. Er hatte vorher nie mit seiner Tochter getanzt.

Sie waren allein in dem großem Raum, alle anderen beschäftigten sich mit dem kalten Buffet im Speisesaal. Sie waren allein auf der Welt.

»Müde?« fragte Timothy mit einem Rest väterlicher Fürsorge.

Sie schüttelte ihr Köpfchen, daß die Perlenschnüre in ihrer hohen Krone zitterten. Aber vielleicht war er müde. Oder hungrig? Er setzte die Erscheinung in den Sessel seiner Mutter und brachte ihr Speisen und Getränke. Es fehlte nur noch, daß er den klassischen Kotau vor der Letzten Kaiserin machte.

Um zwei Uhr nachts waren sie daheim und verschwanden stumm in ihren Zimmern.

Timothy schlief unruhig und schreckte plötzlich aus einem Traum auf.

Lilian stand an seinem Bett – nackt unter ihrem geöffneten Morgenrock. Er sprang so heftig auf, daß er sie beinahe umgestoßen hätte.

»Geh sofort in dein Zimmer zurück!« sagte er kalt. »Bist

du verrückt geworden?« Er hörte einen sonderbaren Laut – eher die Klage eines Vogels als eines menschlichen Wesens. Dieser Ton tiefen Jammers hätte sein Herz rühren müssen, aber er war zu empört.

Lilian drehte sich um und ging.

Timothy konnte nicht wieder einschlafen. Er war bis in die Tiefe seiner puritanischen Seele erschüttert. Sie durfte so etwas nicht tun. Er hatte sie zu nichts ermutigt. Doch plötzlich zog sein Herz sich vor Kummer zusammen. Er hörte noch den Klagelaut des kleinen Vogels ... Wie hatte er so hart zu der Kleinen sein können. Er schloß die Augen. Sie war das schönste Mädchen, das er je gesehen hatte. Aber das spielte keine Rolle. Er wollte nicht schlafen. Er mußte nachdenken. Mußte versuchen, Unvergeßliches zu vergessen. Was er eben gesehen hatte, war unschuldige Nacktheit gewesen – Eva vor dem Sündenfall. Ein von ungewohnter Bewunderung berauschtes, blutjunges Geschöpf, dem er selbst den Kopf verdreht hatte. Er mußte seine Bewunderung zu deutlich gezeigt haben. Nigels warnende Blicke hatte er bewußt ignoriert und Lilians Spiel mitgespielt. Kurzum, ihn traf die ganze Schuld. Er hatte Lilian oft genug in Hove im Badeanzug gesehen. Nie hatte die arme Kleine Ähnlichkeit mit der Letzten Kaiserin gehabt.

Was hatte sie denn verbrochen? Sie hatte eine einzige Nacht die Letzte Kaiserin gespielt und einen Augenblick den strahlenden Abglanz für die kaiserliche Sonne gehalten. Ein jugendlicher Irrtum, das konnte passieren.

Wie hatte er so grausam gegen seine Lilian sein können? Tim hatte Grausamkeit immer verabscheut und nicht geglaubt, daß er dieser Sünde schuldig sein könnte. Jetzt erschien es ihm, als wäre ihr einziges Verbrechen ein Übermaß an Zärtlichkeit und Phantasie.

Armes Kind! Klagelaut eines verwundeten Vogels! Timothy schlich an Lilians Tür, um sich zu überzeugen, daß sie nun ruhig schliefe.

Da lag sie – in ihrem hochgeschlossenen Nachthemd mit der Seidenschleife am Hals – zart, jung, leicht zu verletzen. Ihr Köpfchen lag auf einem tränenfeuchten Kissen.

Sie schlug die Augen auf und blickte ihn an.

Er nahm sie in die Arme und hielt sie einen Augenblick an seinem Herzen.

Er umarmte schmelzendes Elfenbein.

Als Lilian am nächsten Morgen erwachte, war Timothy längst gegangen. Da war nur eine kurze Botschaft auf ihrem Nachttisch. »Mußte plötzlich abreisen. T.H.« Lilian zerriß den Zettel und warf die Fetzen aus dem Fenster. Sie preßte die Lippen zusammen. Jetzt hatte sie wirklich Ähnlichkeit mit der Letzten Kaiserin. Was würde sie anfangen, wenn Timothy sich trotz des schlechten Wetters in Hove einrichtete? Es würde ihr etwas einfallen, wenn auch nicht in diesem Augenblick, wo sie sich völlig verlassen vorkam.

Timothy war nicht nach Hove gefahren. Er war auf dem Wege nach Hampshire, um Belinda sein Ultimatum zu stellen.

Sechstes Kapitel

FRÄULEIN HOFFMANNS ERZÄHLUNGEN

Es ist mir leid und bin betrübt
Daß ich so spät geliebt.

(Johann Scheffler [Angelus Silesius], 1624-1677)

Je älter ich werde, desto lebhafter erinnere ich mich an die Kindheit in Breslau. Zuerst war der Vatel noch da, später scherzte er mit Rübezahl in seiner Baude im Riesengebirge, und Hedel Hopfensack dachte, sie könnte ihn ersetzen. Sie hatte die Muttel schon oft besucht, und eines Tages kam sie mit drei Kartons und einem alten Koffer und blieb. Der Vatel wollte sie so gern in seiner Breslauer Wohnung haben wie Belinda die kleene, chinesische Lerge. Ich habe nichts gegen die Lilian, oder fast nichts, aber ich bin ja Gottseidank nicht mit Sir Timothy verheiratet. Ich weiß nicht, aber die Sache mit der Lilian sagt mir nicht zu. Entweder kümmert ihr Vater sich überhaupt nicht um sie, oder er tanzt mit der Letzten Kaiserin wie verrickt.

Jetzt schleicht Lilian herum wie ein verprügeltes Huhn. Warum? Nur weil der Vatel nicht zu Hause ist? Sir Timothy ist doch fast nie daheim, wenn er nicht Vorträge über das alte China hält oder im Fernsehen fast alle Leute bezaubert. Ich weiß nicht – mir gefällt er nicht. Belinda ist natürlich auch 'ne kalte englische Schnuppe; aber gelegentlich zeigt sie schon mal etwas Herz. Nur mit Lilian ist sie nicht sehr freundlich.

Als ich noch 'ne kleene Lerge in Breslau war, strafte der Vatel mich auf seine eigene Weise, wenn ich ungezogen gewesen war. Er beachtete mich nicht. So macht's Sir Timothy mit der Lilian, wenn sie ihm mißfällt. Dann ißt sie so gut wie nichts, was mir unter keinen Umständen passieren könnte. Mein Appetit ist immer in Ordnung – ob's regnet oder ob die Sonne scheint. Schrecklich!

Lilian ist nun achtzehn, aber man vergißt es immer wieder. Komisches Mädel! Abwechselnd ein Kind oder älter als ich. Was hat sie bei Lady Springfields Kostümfest angestellt? Miss Potter sagte noch, wie nett sie zusammen tanzten, so einen Vater hätte sie sich auch gewünscht. Kurz und gut – Daddy Tim und Lilian, vielmehr die Letzte Kaiserin, waren ein Herz und eine Seele und soffen Sekt, daß mir beim Zusehen schwindlig wurde. Und jetzt ist er weg.

Weil ich das Fragen nicht lassen kann, fragte ich Lilian, warum sie so miesepetrig wäre. Sie sagte sehr mürrisch, daß sie in glänzender Stimmung sei. Chinesen! Sie geben ums Verrecken nicht zu, wenn ihnen eine Laus über die Leber gelaufen ist. Darin haben sie 'ne gewisse Ähnlichkeit mit Engländern. Ich rief etwas besorgt in Hove an, aber die Aufräumefrau sagte, Sir Timothy wäre nicht da.

Wo ist er? Doch nicht etwa bei seiner Ehefrau? Lilian tut jetzt, als ob es ihr schnuppe wäre, aber das ist alles Theater.

Obwohl man bei Chinesen nie ganz genau weiß, was sie spielen, erinnert die Lilian mich manchmal an »Die Waise von Lowood«. Sie ist genauso verloren. Es war das erste Buch, das ich in London auf englisch gelesen habe. Es rührte mich. Ich fuhr sogar nach Yorkshire, um zu sehen, wo die Familie Brontë lebte und schrieb. Dem Vatel hätte das auch Freude gemacht. Aber er las ja nur seine ollen Schlesier. Als ich Miss Potter auf die Ähnlichkeit zwischen Jane Eyre und der kleenen Lilian aufmerksam machte, sagte sie sofort, man könnte Lilian nicht mit einer englischen Waise vergleichen. Ausnahmsweise hielt ich den Mund. Immer das Beste, wenn sie über England labern.

Manchmal denke ich an alte Zeiten zurück, wie Frauen es leider tun. Zum Beispiel: als Nigel Hunter mich noch liebte. Das waren Zeiten! Da war er noch nicht auf Flüchtlinge aus Vietnam festgelegt. Ein Flüchtling aus Schlesien war gut genug. Wenn ich ihm heute gegenübersitze und ihn nach seiner Ansicht über Lilian frage, ist er so fremd und ärztlich, daß ich mir nicht mehr vorstellen kann, wie er... Im Augenblick bin ich wieder mit Nigel Hunter in eine Arbeitsliebe verwickelt. Er diktiert und ich liebe. Ich sorge auch dafür, daß er zwischen verrickten Patienten was Richtiges zu futtern bekommt. Es ist beinahe wieder wie früher. Mit dem kleinen Unterschied, daß er nicht mehr mit mir schläft. Thérèse rühmte sich immer, er wäre Tag und Nacht wild auf sie. Tag und Nacht is Bleedsinn. Aber ich liebte ihn damals, und kann nicht sagen, daß er mir heut mißfällt. Nur hab ich mit dem Bett längst abgeschlossen. Ich bin wohl doch wie mein Vater – am liebsten alleene.

Engländer sind komisch. Sie meinen mit denselben Worten ganz andere Dinge als wir. Zum Beispiel, wenn er sagt: »Wir müssen uns bald wiedersehen!« Daheim hieß das in den nächsten vierzehn Tagen. Hier meinen sie die nächsten vierzehn Jahre. Jeder soll jeden in Ruhe lassen. Das lernt sich schwer, wenn man es anders gewohnt war. Bei Lilian weiß ich nicht, was se wirklich denkt und fühlt. Aber daß se ganz verrickt nach Daddy-Tim is, das is klar. Zu drollig – diese kleene Lerge aus China. Aber irgendwie sind alle Mädel gleich. Se schnappen alles auf, was se nich hören sollen. Die Muttel und die Hedel Hopfensack sprachen oft über Dinge, die so ein kleener Pummer wie ich nich hören sollte. Und natürlich verstand ich kaum etwas von dem Ehekonflikt vor meinen Augen.

Vielleicht weiß Nigel Hunter so gut über das Eheleben Bescheid, daß er nicht heiraten will. Neulich fand ich in seinem Papierkorb einen zerknüllten Brief, den ich selbstverständlich glättete und las, da ich gerne weiß, was meine Brötchengeber denken. Brötchengeber Hunter schrieb an eine Dame: »Ich nehme Geschenke, wie sie kommmen. Und ich habe kein Bedürfnis mehr, den Liedern des Goldpirols zu lauschen.« Wer immer die Dame gewesen war, die er um diesen Liebesbrief brachte, sie wäre nicht erfreut gewesen. Vielleicht wird jeder Seelenschnüffler unlustig. Ich kann mir kaum noch vorstellen, wie erfreulich Nigel als mein Liebhaber gewesen ist. Aber auch damals schnüffelte er heraus, daß ich ihn heiraten wollte. Und neulich sagte er ganz freundlich: »Alle Frauen wollen alle Männer heiraten, ob sie es zugeben oder nicht. Gib es zu, Hannah, dear!«

»Ich will dich nicht heiraten, Nigel! Was für ein Unsinn.« Er war viel zu schlau, um die Unterhaltung fortzuführen und sagte: »Wie wäre es, wenn wir zur Abwechslung etwas arbeiten?«

Vielleicht hat das Eheleben seines lieben Timothy ihn abgeschreckt? Andererseits ist Nigel nicht schreckhaft. Er ist vorsichtig. Seine Thérèse verduftete bestimmt, weil sie 'rausfand, daß er sie nie heiraten würde. Thérèse war mit allen Wassern gewaschen – nicht wie die kleene Lilian –, aber gegen Nigel kommt man schwer an. Mit Belinda ist es längst aus. Das fiel sogar mir auf, obwohl ich eine Romantikerin mit Übergewicht bin. Beides unheilbar. Ich liebe die Liebe und esse zu gern. Ich glaube, Belinda liebt ihren Mann immer noch, tut aber in bester englischer Tradition ihr Möglichstes, daß er es nicht merkt.

Wenn se mich fragen würde, dann würde ich Lilian klarmachen, daß se keine Chance mit ihrem Daddy-Tim hat. Aber will se es hören? Nee, nee! Die Einzigen, die allerhand über diese Familie wissen, sind Lady Springfields Miss Potter und, wie gesagt, Miss Hoffmann. Aber wer würde uns fragen? Die Lilian setzt aufs falsche Pferd. Oder tut se nur so? Will se irgendwas von Sir Timothy, was keener ahnt? Ich kenn mich mit Chinesen nich aus. Aber gegen die Lilian kommt man noch schwerer an als gegen den lieben Nigel.

In jedem Fall wartet die kleene Lilian starrsinnig und in sagenhafter Ergebung auf Daddy-Tims Heimkehr, wann immer er verschwindet. Das is 'ne harte Nuß für die Kleene und nicht schön von ihm. Sein Buch ist halb fertig. Statt Lilian nimmt er die Letzte Kaiserin in sein Häusel nach Hove mit. Er ist eben gern allein und geistig so beharrlich wie mein Vatel.

Übrigens fand ich nach Vaters Tod in seinem Schlupfwinkel im Riesengebirge ein Bündel Liebesbriefe von einem Mädchen, das buchstäblich mit »Deine kleine Schwalbe« unterschrieb. Seitdem habe ich ein gewisses Vorurteil gegen Schwalben. Ich zerriß diese Liebesbriefe, bevor die Muttel sie lesen konnte. Ich war nicht erstaunt. Damals war mein Vater ein sehr gut aussehender Mann in den sogenannten besten Jahren gewesen. Und einsam und enttäuscht. Noch heute kann ich die Muttel nicht verstehen. Aber ich glaube, daß wenige Töchter ihre Mütter verstehen. Ich möchte es auch nicht. Sie hat mir immer ein schlechtes Gewissen gemacht. Was immer ich für sie tat, vor allem in London, war in ihren Augen zu wenig gewesen.

Ich fürchte, meine Mutter hätte Sir Timothy »ungemittlich« gefunden, und die Letzte Kaiserin hätte die Muttel noch ungemittlicher gefunden.

Ich habe die junge Kaiserin-Witwe schon überallhin begleitet: in den Palast, in die herrlichen Gärten, zur Musikstunde, zu ihren Besprechungen im Thronsaal, wo sie, die Lieblingskonkubine des Kaisers, zu seinen Lebzeiten hinter einem Vorhang seinen Besprechungen mit Staatsministern und ausländischen Würdenträgern lauschte und nebenbei das Regieren lernte. Außerdem erfuhr sie damals, wer den Thron gern besteigen würde, und schickte diese Herren sofort nach ihrem Regierungsantritt in die Verbannung oder in die Sterbekammer. Sehr »gemittlich« war die Letzte Kaiserin in der Tat nicht.

Sir Timothy soll sich vorsehen, daß er diese Persönlichkeit nicht mit einem kostümierten, jungen Ding wie Lilian verwechselt. Aber wer hört auf mich?

Siebtes Kapitel

LIEBER HERR, WER TROCKNET MEINE TRÄNEN?

Lieber Herr, wer trocknet meine Tränen?

(Anfrage einer Hofdame der Tang-Periode)

LILIAN HALL:

Ich bin allein im Haus. Daddy-Tim ist immer noch fort, und ich weiß nicht, wo er ist. Miss Hoffmann verschlingt ein Dinner, das sie selber kocht, bei Onkel Nigel. Sie kocht großartig, und Onkel Nigel weiß es. Ich glaube, sie wollte ihn vor langer Zeit heiraten, aber er muß sich gewehrt haben. In jedem Fall haben er und Hannah sich versöhnt oder wieder angefreundet, weil er sie als Sekretärin braucht. Mich geht es nichts an. Sie tut ihr Bestes für mich, aber ich will ihr Bestes nicht. Ich will Daddy-Tim. Wahrscheinlich ist es sehr einfältig von mir, aber Meister Ho in Soho sagte gestern, daß Liebe verdummt. Wahrscheinlich ist das so.

Ich sitze im Dunkeln auf dem Bett und sehe in den Mond. Schon in der Tang-Periode war der Mond ein hinterlistiges Gestirn. Er verführt und verspricht, was er nicht halten wird. Meister Ho sagt: »Der Mond lädt zu Liebesspielen ein, aber er vergißt sehr oft das Spielen.« Und die Spieler! Meister Ho sagt auch: »Hüte dich vor dem Mond, Cheng Jinghua!« Ein beachtenswerter Rat, aber er kam zu spät. Timothy hatte mich bereits umarmt, auch wenn er es wohl vergessen hat. Als Letzte Kaiserin habe ich sein englisches Fischblut erregt, und als Lilian Hall habe ich ihn nach unserer einzigen Liebesnacht verloren. Als Cheng Jinghua will ich nichts von ihm wissen. So einfach ist das.

Die Bäume in unserem Garten haben jetzt alle Blätter verloren. Der Wind heult wie tausend verlorene Seelen. Und ich habe jede Hoffnung verloren – wie die romantischen und weinerlichen Hofdamen der großen Tang-Dynastie, die dem Leben »feierlichen Glanz« gaben, wie Meister Ho sagt. Er fragte mich, warum ich lache. »Ich lache vor Freude über den feierlichen Glanz, alter Meister«, sagte ich.

»Geh an die Arbeit«, rief er streng, »Zügle deine Gedanken! Sonst wird nichts aus dir werden.«

»Was soll aus mir werden, Meister Ho?«

»Ich weiß es nicht«, sagte er mürrisch. »Marsch an die Arbeit! Der Lack trocknet aus.«

Wenn Meister Ho mürrisch ist, sieht er finster wie die Nacht aus. Welcher westliche Narr hat den ewig lächelnden Chinesen erfunden? Wenn Meister Ho wütend ist, dann ist er fürchterlich wie ein Tiger, und ich zittere vor Angst.

Der Jade-Tiger reißt an seinem Strick.
Entfliehe, Mädchen, fliehe schnell!
Niemals öffne dein Herz!
Ein Gramm Liebe ist ein Gramm Asche.

Meister Ho schrieb diesen alten Vers in kunstvoller Kalligraphie und schenkte ihn mir, weil er mich etwas rauh angefahren hatte. Er ist wunderbar, und ich verehre ihn. Ich bin noch Anfängerin in der Kunst der Kalligraphie, die Meister Ho den großen Tugenden gleichsetzt. Ich fragte ihn, ob bei ihm Kunst und Moral dasselbe wären, aber er antwortete nicht auf meine dreiste Frage. Ich entschuldigte mich in aller Form und er nickte. Wenn er eine Frage nicht beantworten will, tut er, als habe er sie nicht gehört. Sein Schweigen sagt alles. Daddy-Tim schweigt auch sehr ausführlich. Er muß es in Peking und Hongkong gelernt haben.

Neulich sagte Miss Hoffmann bei unserer einsamen Abendmahlzeit, es wäre wünschenswert, daß Belinda endlich nach Haus käme. Ich schwieg wie Meister Ho. Miss Hoffmann starrte mich an und fragte besorgt, ob ich die Sprache verloren hätte. »Du solltest dir einen jungen Mann anlachen«, sagte sie. »Das ist ganz einfach in deinem Alter!«

Ich verachtete diesen Ratschlag. Wenn ich Daddy-Tim habe, brauche ich keinen jungen Mann. Glücklicherweise kann niemand meine Gedanken lesen.

Ich habe wenig Freunde. Nur die drei Slaters in Soho, Miss Potter, Granny Springfield und Daddy-Tim, der fast nie daheim ist. Aber ich glaube nicht, daß er meinetwegen unser Heim meidet. Das wäre zuviel Ehre für eine so unbedeutende Person wie Cheng Jinghua. Lilian Hall existiert immer seltener und wird immer blasser. Ein unheimlicher Prozeß, den ich nicht aufhalten kann! Jeder sollte eine einzige Person sein – wie Daddy-Tim oder die Slaters, die niemand verwechseln könnte. Vielleicht ist auch Helen Potter so etwas wie eine Freundin, jedenfalls habe ich das Glück, sie als meine Gönnerin und Beschützerin ansehen zu dürfen. Es ist das Vorrecht der Außenseiter und Enterbten, die Glücklichen in der Sonne bewundern zu dürfen. Ich bewundere Miss Potter wie niemanden sonst und frage mich immer wieder, was sie wohl an Miss Hoffmann findet. Aber genausogut könnte ich fragen, was ich an Daddy-Tim finde, der sich nicht um mich kümmert.

Lieber Herr, wer trocknet meine Tränen?

Manchmal wundere ich mich, daß Meister Ho ganz ohne lebendige Freunde auskommt. Aber er hat natürlich Konfuzius, Lao Tze und die Tang-Dichter, deren Werke er auswendig kennt. Sein Leben ist Arbeit und Meditation. Darum ist er so trostreich wie ein dürrer Baum im Ostwind. Er muß vergessen haben, daß wir alle mit einem Herzen geboren werden. Vielleicht hat er sein Herz auf der Wanderung von seiner Geburt bis zum heutigen Tage verloren? Meister Ho hat nicht einmal einen Sohn, der ihn im hohen Alter stützen und ernähren könnte, wie ich es mit Daddy-Tim tun würde. Aber der braucht mich nicht, und das ist bitter für eine liebende Tochter.

Wenn es ans Sterben gehen wird, möchte ich so lautlos davongehen wie ein fallendes Blatt vom Stammbaum der Familie Cheng am Perlenfluß. Niemand wird um mich trauern. Niemand wird mir einen Ahnen-Altar errichten. Ich kann tatsächlich genausogut am Leben bleiben. Ich denke gern an den Tod – das macht mich wundervoll traurig. Leider kann ich keine Gedichte schreiben. Sonst würde ich in diesem Augenblick zu einer feierlichen Totenklage anheben und Daddy-Tim anlächeln, obwohl er es nicht verdient.

Der englische Meister Shakespeare sagt, daß jeder Prügel verdient, wenn es nach seinen Verdiensten ginge. Selbst Meister Ho gab etwas widerwillig zu, daß der Schwan von Avon allerhand von Liebe und Haß verstanden hätte. »Allerhand« ist bei Meister Ho hohes Lob und eigentlich nur für Li Tai Po reserviert. Gönnerin Potter nahm mich neulich mit ins Theater, in Hamlet. Mein Herz blutete zwar für Ophelia, aber ich fand sie ziemlich einfältig. Ich würde mich nicht für einen Mann umbringen, halte es aber für möglich, daß ich unter unerträglichen Umständen *ihn* umbringen würde, wenn das für uns beide das Beste wäre, und das Gleichgewicht zwischen Himmel und Erde wieder herstellen würde. Aber es wäre gefährlich. Ich glaube, daß Schnüfflerin Hannah Hoffmann jeden kleinen Mord herausschnüffeln würde. Sie ist ziemlich schlau.

Neulich sagte sie, Schlesien wäre die schönste Landschaft auf der Welt gewesen. Das kann nur jemand behaupten, der Hongkong nicht bei Sonnenuntergang gesehen hat. Aber ich sagte nichts, denn Hannah kann, allerdings selten, in deutschen Zorn geraten. Sie ist die einzige Deutsche, die ich kenne. Daher kann ich nicht sagen, ob alle Germanen so schnell in Wut geraten wie unsere Hannah. Ich zittere dann vor Entsetzen, und plötzlich lacht sie und klopft mir freundlich auf die Schulter, daß ich beinahe zusammenbreche. Ihre Kräfte sind erstaunlich. Onkel Nigel soll sich in acht nehmen! Aber wer bin ich, daß ich es wagen würde, ihn zu warnen? Daddy-Tim nennt ihn »Seelenschnüffler« – aber in liebevollem Scherz. Er mag diesen gräßlichen Burschen besonders gern, weil sie so viel zusammen erlebt haben: Schulzeit, das grimmige Oxford, Hongkong, Macao und Belinda.

Hoffentlich bleibt Belinda verschollen. Es ist das Beste, was sie tun kann. Aber wer hört auf mich? Das Schlimmste ist, daß sie beständig ihre Laune wechselt, und keiner weiß warum. Sie erinnert mich an eine gewisse, mythische Person in Ägypten, die sie die Sphinx nennen. Aber die ist tot, was bis jetzt bei Belinda noch nicht der Fall ist.

Das Wunderbare an Gönnerin Potter ist ihre Gleichmütigkeit. Keine Launen! Wenigstens keine, die sie der Welt zeigt. Sie holte mich einmal bei Meister Ho ab, und er hatte nichts gegen sie einzuwenden. Das kommt einmal in hundert Jahren bei ihm vor.

Wenn Miss Hoffmann und ich allein in dem großen Speisezimmer sitzen, erzählt sie mir manchmal von ihrer

Familie. Da gab es ein schreckliches altes Weib namens »Großmuttel Bischoff«, die beständig ihre Nase in fremde Angelegenheiten steckte. Ich lachte laut, weil »Großmuttel Bischoff« mich an eine komische Person im chinesischen Theater erinnerte. Aber Hannah sagte, ihre Großmutter mütterlicherseits wäre kein Gegenstand fröhlichen Gelächters gewesen. Sie muß es ja wissen. Ich würde jede Großmutter verehren, wenn ich die Ehre und das Glück hätte, sie bedienen zu dürfen! Aber das ist mir nicht vergönnt. Ich weiß natürlich, daß Granny Springfield, so süß sie ist, nur meine adoptierte Großmutter ist, falls ein kleines Mädchen jemanden adoptieren kann. Ich brenne zweimal im Monat Kerzen an für meine Cheng-Ahnen bei Kanton. Das ist das Wenigste, was ich als beklagenswerte chinesische Waise tun kann. Es wird mir im nächsten Leben angerechnet werden.

In meinem Schlafzimmer ist ein kleiner Hausaltar für die Göttin der Barmherzigkeit, den Daddy-Tim mir noch in den glücklichen Zeiten in Hongkong geschenkt hat. Kwan Ying ist auf meiner Seite. Vorgestern besuchte sie mich im Traum und war besonders nett zu mir. Ich würde es Timothy nicht erzählen, selbst wenn er zur Abwechslung daheim wäre. Wo ist er?

Lieber Herr, wer trocknet meine Tränen?

Es wäre schön, wenn ich entweder Lilian Hall oder Cheng Jinghua wäre. Aber in Hampstead bin und bleibe ich Lilian, auch für Gönnerin Potter! Und natürlich für Miss Hoffmann, Onkel Nigel und sogar für Daddy-Tim, obwohl der Cheng Jinghua gut kennt. Aber er versucht, diese Kenntnis zu vergessen und beleidigt mich damit natürlich sehr. Da ich Lilian Hall und Cheng Jinghua nicht immer ganz auseinanderhalten kann, weiß ich manchmal nicht, wer beleidigt wird. Vielleicht ist das ein Vorteil. Meister

Ho sagt, man könne aus jedem Nachteil einen kleinen Vorteil ziehen, wenn man es richtig anstelle. Leider hat er mir nie verraten, wie er das Kunststück fertigbringt.

Lilian Hall hat manchmal Träume, die sie beim Erwachen sofort vergißt. Cheng Jinghua vergißt keinen Traum. Manchmal ist sie eine Hofdame der Tang-Dynastie und schreibt Gedichte, die sie mit Tränenströmen begießt. Sie begießt auch ihre Blumen mit ihren Tränen. Beim Erwachen lächelt sie dann, und Miss Hoffmann bringt mir, freundlich wie sie ist, meinen ersten Tee ans Bett. Sie fragt immer, ob ich gut geschlafen habe, und ich sage immer, ich wisse es nicht ganz genau. Dann hülle ich meine Träume in den Mantel des Schweigens. Daddy-Tim ist nicht der einzige Schweiger in diesem Haus.

Neulich sagte Meister Ho, daß Chinesen ein Viertel der Menschheit ausmachen, ob das Ausland es wisse oder nicht. In Hampstead weiß man es nicht.

Wie eintönig ist es in diesem London! Oder ist es nur für mich eintönig, und der Rest unterhält sich großartig? Ich halte es für möglich. Damals im Waisenhaus in Kowloon war es auch nicht besonders unterhaltend, aber wir hatten unsere Feste und unsere Scherze, über die wir uns alle krank lachten. Richtig lachen kann Daddy-Tim nur mit Onkel Nigel. Ich höre ihr Gelächter über unverständliche Dinge bis in mein Schlafzimmer und schüttle den Kopf. Sie sind tatsächlich so albern wie kleine Jungen. Meister Ho sagt, nach vierzig habe der Spaß ein Ende. Er meint natürlich den Spaß für Männer, denn chinesische Frauen haben selten oder niemals Spaß. Und weil wir dazu schweigen, bezeichnen die Männer uns als »weibliche Fische«. Im Waisenhaus hatten wir wenigstens zu festlichen Gelegenheiten die kunstvollen Marionetten auf Stelzen, die komische Dinge sagten, so daß Gelächter das Fest verschönte. In diesem Lande wird über Dinge gelacht, über die kein

Chinese eine Miene verziehen würde. Laß sie lachen, denke ich mir. Ich glaube, daß man ein Kind sein muß, das den Marionetten zusieht, wenn man richtig lachen möchte.

Ich weiß, daß ich nur ein einfaches chinesisches Mädchen bin und einen Mann auf einfache Weise liebe. Ich kann keine Launen zeigen, um ihn zu unterhalten, und erst recht keine gespielte Kälte. Aber vielleicht bin ich noch zu jung für diese Künste, mit denen Belinda wahrscheinlich Timothy eingefangen hat. Glücklicherweise ist er wohl zu der Erkenntnis gelangt, daß Belinda ganz falsch für ihn ist. Doch leider übersieht er mich jetzt so höflich und milde, wie er es in den besten Zeiten mit Belinda tat. Ich dachte, sie hätte keinen Einfluß mehr auf Timothy. Vielleicht habe ich mich getäuscht? Miss Hoffmann versichert mir, daß ich mich über vieles täusche. Sie mag recht haben. Mein einziger Trost ist meine Lackarbeit.

Miss Potter hat sehr viel an mir auszusetzen, aber das betrachte ich als eine Ehre. Ich bin ihrer Beachtung wert. »Halt dich gerade, Lilian! Widersprich mir nicht! Ich weiß es nämlich besser. Tobe Deine Launen aus, wenn du allein bist! Man tut es nicht in diesem Land.« Aber manchmal sagt sie: »Komm, komm, Kleine! Wir machen uns eine nette Tasse Tee! Alles ist nur halb so schlimm, wie du denkst.« Sie streicht mir mit ihrer knochigen Hand übers Haar. Ich zittere vor Glück.

Gestern lud Miss Potter mich zum Essen ein, da Granny Springfield Freunde irgendwo in einer unbekannten englischen Grafschaft besuchte. Es war sehr schön. Meine Gönnerin hatte chinesisches Essen bestellt, und danach hörten wir Musik von zwei längst verstorbenen Landsleuten von Miss Hoffmann: Mr. Schubert und Mr. Schuhmann. Wunderbar traurig! Ich zitterte.

Lieber Herr, wer trocknet meine Tränen?

Abends im Bett dachte ich wieder an Hofdamen aus der Tang-Dynastie, an rauschenden Regen, an den Vogel Greif, an den tropfenden Wasserhahn im Badezimmer, an goldene Melonen, an die zerrissene Fußmatte vor unserer Haustür, an ein zerlöchertes Handtuch im unteren WC, an silberne Pappeln, an verbrannten Reis und an Daddy-Tim. Er denkt nie daran, daß er mich etwas mehr beachten müßte.

O, dieses Versinken im Meer der Gleichgültigkeit! So nannten es die kaiserlichen Hofdamen, die wie ich, vergeblich auf ihren Herrn warteten. Aber ich finde, daß sie zu poetisch und zu weinerlich zu ihrem eigenen Nachteil waren. Auch ihre bestickten Seidengewänder und Brokate heiterten sie nicht auf, was ich unbegreiflich finde.

»Cheng Jinghua«, hatte Meister Ho neulich gesagt und mich scharf wie ungesalzener Rettich angeblickt. »Nimm dich zusammen, dummes Mädchen! Du hast wieder geweint.«

»Ich bitte kniefällig um Verzeihung, alter Meister!« sagte ich höflich.

Für meine jungen Jahre habe ich wohl zuviel gesehen. Das ist nicht gut. Ich habe auch zuviel gehört. Ich bin zu alt und müde für achtzehn Jahre. Wahrscheinlich lese ich zuviel Poesie aus der Tang-Periode. Andererseits beweist mir diese Poesie, daß ich eine Gesinnungsgenossin jener glücklosen Hofdamen bin.

Ich weiß nicht, warum ich es tat. Aber ich ging an meinen Kleiderschrank und zog das Kostüm und den Kopfputz der Letzten Kaiserin aus ihren seidenen Hüllen. Vorsichtig legte ich die Untergewänder an, dann die prachtvollen, kaiserlichen Roben und setzte den schimmernden Kopfputz auf. Aus dem Spiegel blickte die Letzte Kaiserin mich an – wie damals, als ich Timothy behext habe. Ich war wieder Herrscherin in der »Verbotenen Stadt« – ich wandelte durch das »Tor der höchsten Harmonie«. Meine Gewänder rauschten; ich saß auf dem Drachenthron, obwohl ich in meinem Zimmer in Hampstead war. Ich hörte das Rauschen der China-See, ich sah die Kniefälle meiner Untertanen, ich tanzte mit Timothy. Ich war die neue Tzu Hsi, nicht die junge Manchu-Konkubine, sondern die mächtige Kaiserin-Witwe auf dem Drachenthron. Ich regierte über das Himmlische Reich: die Tatarenstadt, die Chinesenstadt und die Kaiserlichen Städte. Ich regierte über Timothy Hall, der in meinem kaiserlichen Traum Kotau vor mir machte und mit seiner Stirn den Fußboden berührte. Das wollte ich. Endgültige Herrschaft über ihn gewinnen! Es mußte gelingen, weil ich es so glühend wünschte. Vernünftige Wünsche zerfallen sofort nach ihrer Geburt in Schutt und Asche...

Ich höre ein Geräusch. Ist Daddy-Tim zurückgekommen? Ich schleiche mich in meinem Kostüm in die dunkelste Ecke des Korridors und blicke über das Geländer in die Empfangshalle. Ich höre Stimmen. Ist es zu glauben? Timothy hat eine Frau mitgebracht. Ich starre in die Halle, um die Person zu sehen, die mich aus seinem Herzen und seinem Bett vertrieben hat. Er sagt: »Vorsicht, Belinda! Du stolperst immer über diesen Teppich!«

Lieber Herr, wer trocknet meine Tränen?

Drittes Buch

DER ANFANG VOM ENDE

ERSTES KAPITEL

CHENG JINGHUA UND DER PHÖNIX

Phönix: Goldvogel und Symbol der Männlichkeit.

(Chinesische Mythen)

»Warum ißt du dein Ei nicht, Lilian?« fragte Belinda.

»Weil ich keinen Appetit habe.«

»Du wirst immer dünner.«

»Das ist meine Sache.«

»Kann man in diesem Haus nicht in Ruhe frühstücken?« fragte Timothy.

»Wer möchte noch etwas Porridge?« fragte Fräulein Hoffmann vorsichtig. Das Familienfrühstück wurde immer ungemütlicher.

»Warum ißt du denn nichts, Tim?« fragte Belinda.

»Weil mir der Appetit vergangen ist.«

»Das tut mir leid«, sagte Lilian.

»Daran bist du schuld«, sagte Belinda.

»Das ist nicht wahr.«

»Natürlich ist es wahr.«

Timothy stand auf und sagte: »Weiter viel Vergnügen!«

»Aber Sir Timothy! Sie haben überhaupt nichts gegessen!« rief Hanne Hoffmann entsetzt.

»Deswegen kann ich nicht in die Themse springen.«

Belinda bat Miss Hoffmann, eine Elf-Uhr-Mahlzeit für ihren Mann vorzubereiten. Sandwiches und Tee.

»Wenn du so weitermachst, kommst du zu spät nach Soho, Lilian!« sagte Timothy.

»Es ist Zeit genug. Ich bin kein Wickelkind mehr.«

»Leider«, sagte Belinda.

Lilian radelte nach Soho, wo Meister Ho auf sie wartete. Belinda fuhr zu Harrods, um alles Mögliche einzukaufen, was Timothy nicht brauchte. Und Hanne Hoffmann ging zu Timothy und der Letzten Kaiserin. Hanne verabscheute die Kaiserin Tzu-Hsi inzwischen, seit sie begriffen hatte, welche Eigenschaften die Tochter eines kleinen Manchu-Beamten zuerst ins Bett des regierenden Kaisers und später auf den Drachenthron gebracht hatten: Ehrgeiz, Grausamkeit, gelegentliche Großmut, kalte Berechnung, Vitalität, eiserne Energie und weibliche Verführungskünste. Diese Mischung hatte es im Wartesaal der Konkubinen vorher nicht gegeben, und Fräulein Hoffmann fand diese Eigenschaften entsetzlich »übertrieben« und ganz überflüssig für ein gutes, behagliches Leben. Nur war ein gutes behagliches Leben, möglichst nach schlesischem Geschmack, das letzte, was diese Kaiserin angestrebt hatte.

»Können wir anfangen?« fragte Timothy mit beherrschter Ungeduld. Warum starrte Hannah das Bild der Kaiserin über seinem Schreibtisch so an? Tim ahnte nicht, daß seine erstklassige Sekretärin an diesem Morgen die Letzte Kaiserin zum ersten Mal richtig sah.

Meister Ho in Soho fragte sich, wann Cheng Jinghua endlich zur Arbeit eintreffen würde. Er haßte Unpünktlichkeit und entschuldigte sie nicht. Eine Verabredung nicht auf die Minute einzuhalten, war in seinen Augen keine kleine Nachlässigkeit, sondern ein Verbrechen gegen die guten Sitten.

Wie jeder Taoist bewohnte Meister Ho mehrere Welten: seinen engen kleinen Laden in Soho, der gelegentlich von Hofdamen der Tang-Periode besucht wurde, seine Wohnräume im ersten Stock und Lilians Dachkammer, in die er nach langen Unterhandlungen mit den Behörden ein größeres Fenster hatte einbauen dürfen. Wenn diese alte Bude in Soho auch keinen Museumswert besaß, so sollte doch nichts daran geändert werden.

Meister Ho betrieb nicht nur seinen kleinen Kunstladen, wo auch Zigaretten und Süßigkeiten verkauft wurden, sondern er übte auch die alten, edlen, chinesischen Künste. Einige chinesische und deutsche Studenten, die er gründlich und geduldig in Kalligraphie unterrichtete, kamen regelmäßig zu ihm. Lilian war seine beste Schülerin – eine Naturbegabung, wie Meister Ho manchmal widerwillig zugab, widerwillig, weil er der Meinung war, daß Lob den Fleiß lähme und den Charakter verdürbe. Er war ein strenger Lehrer, aber die Kalligraphie ist eben eine strenge Kunst. Nach der Arbeit zog Meister Ho sich meistens in die Welt des Taoismus zurück, die sein Wegweiser zu spiritueller Vollendung war. Er war der Meister aussterbender Künste und Traditionen. Er wußte nicht, ob man in der chinesischen Volksrepublik diese alten Künste noch lehrte oder schon wieder lehrte, aber niemand konnte über Weltmeere hinweg in die alte Heimat blicken, und Meister Ho war zu vernünftig, um eine so fruchtlose Tätigkeit zu betreiben.

Als junger Mann war er zu einem Besuch bei Verwandten nach Soho gekommen und nie wieder nach Hause gegangen. Die Familie Ho in Soho hatte ihn mit traditioneller Herzlichkeit aufgenommen und bewirtet, und so war er langsam einer der Londoner Chinesen geworden, keineswegs ein chinesischer Londoner. Die Ho-Sippe in der Themsestadt war mit Töchtern gesegnet, und der Patriarch hatte irgendwann die Heirat seines jungen Verwandten mit einer der zahlreichen Töchter erwartet. Aber der Neffe hatte sich nur im alten Soho amüsiert und nicht ans Heiraten gedacht. Er war eine kontemplative Natur, und der Patriarch in Soho verstand das ohne Erklärung. Mit den Jahren hatten sämtliche Ho-Töchter passende Ehemänner gefunden und blühende Geschäfte in gemeinsamer Arbeit aufgebaut.

Als der Patriarch herausfand, wie tüchtig und fleißig der junge Ho Kuan war, adoptierte er ihn nach alter Sitte. Seitdem residierte Meister Ho in dieser verwinkelten Werkstatt mit dem Laden. Die Ho-Familie war geschickt und bienenfleißig. Man reparierte alte Möbel, bezog den Sorgensessel des Hausherrn mit verblichenem, aber langlebigem Damast und verkaufte nebenbei chinesische Drucke und einige Bücher. Die Kunden waren, wie üblich im alten Soho, gelehrt und international und hatten nichts gegen Meister Hos teilweise erfundenes Englisch – man verstand sich bei grünem Tee und dem Anblick alter Drucke.

In diese Welt, die Modernisierungen belächelte und starrsinnig an alten Traditionen festhielt, war Lilian Hall wie selbstverständlich auf einem Soho-Bummel geraten, und hier verwandelte sie sich nun dreimal die Woche in Cheng Jinghua. Die Verwandlung war so lautlos und verschwiegen wie die klassische Kunst der Lackmalerei.

Cheng Jinghua malte zur Zeit für Timothy einen goldglänzenden Phönix auf schwarzem Lack, den Paradiesvogel, der den Tragesessel der Letzten Kaiserin geschmückt hatte. Timothy wußte das natürlich, und er würde sich über den Phönix, den Lilian nun malte, freuen. Cheng Jinghua war mit Geschick und Konzentration bei der Arbeit, weil der Phönix und Timothy Hall für sie Vögel von gleichem Gefieder waren. Wollte sie den verlorenen Geliebten mit Geschenken zurückgewinnen? Sicher nicht, denn er hatte die Erinnerung an ihre einzige Liebesnacht wohl konsequent ins Limbo befördert. Er hatte ja auch nicht seine Adoptivtochter umarmt, sondern die Letzte Kaiserin, mit der sie für eine einzige Nacht verschmolzen war. Jetzt, wo Tim zufrieden mit Belinda lebte, hatte Tzu Hsi nur noch Bedeutung auf Manuskriptseiten.

Lilian und Cheng Jinghua hätten gern gewußt, ob alle Männer so vergeßlich waren. Sie konnte Meister Ho nicht fragen. Noch weniger Miss Potter, die entweder zu viel oder zu wenig von Männern wußte, wie Belinda behauptete.

Belinda! Lilian und Cheng Jinghua haßten sie jetzt. Doch falls Belinda diese Gefühle erwiderte, zeigte sie es in keiner Weise. Heuchlerin dachte Lilian. Ob Belinda Leidenschaft für Timothy fühlt? Wenn es so ist, zeigt sie dieses Feuer so wenig wie Chinesinnen alter Schule, denen man nie ansehen konnte, ob sie vor Seligkeit doppelt lebten oder vor unglücklicher Liebe zu wenig vom Leben hatten.

Aber heute war alles anders, heute gab es Geburtenbeschränkung, ob Timothy Hall es nun glauben wollte oder nicht. Daß die uralte Sitte unbeschränkten Kindersegens vom Staat überwacht und auf ein bis zwei Kinder beschränkt wurde, wollte Timothy nämlich nicht in den Kopf. Ein bis zwei Kinder pro Ehepaar! Das war eine Tatsache in der chinesischen Volksrepublik, und keine Laus kümmerte sich darum, ob es Sir Timothy gefiel oder nicht. Trotzdem blieb die Tatsache bestehen, daß finanziell bedürftige Familien in vergangenen Jahrhunderten auf ihre eigenen Weisen mit einer großen Kinderschar fertiggeworden waren und daraus bescheidenes Glück wie aus Honigwaben gesogen hatten.

»Sie *haben* sie doch ernährt und erzogen«, sagte Timothy in einer Debatte mit seinen Freunden. »Chinesische Mütter wurden und werden mit allem fertig.«

Belinda schüttelte bei diesem Ausspruch den Kopf. Fanatische Mütterlichkeit war ihr wesensfremd. Es gab soviel interessantere Dinge als brüllende Säuglinge. Aber Timothy blieb dabei, daß die Kinder immer Chinas größter Reichtum gewesen wären, der einzige Reichtum, der den Launen der Börse und der Hochfinanz starrsinnig widerstanden hatte.

»Heute finden viele Chinesinnen Maschinen interessanter«, sagte Belinda. Timothy sollte endlich von China loskommen! Belinda hätte es entzückend gefunden, wenn Lilian, zusammen mit Cheng Jinghua, zu ihrer Familie nach Kanton verduftet wäre. Aber dieses chinesische Aschenbrödel in den goldenen Schuhen würde Hampstead wohl erhalten bleiben.

Lilian hatte dieser Unterhaltung stumm zugehört. Daddy-Tim und Belinda mußten sie vergessen haben, wenn sie so offen über chinesische Familien sprachen.

Lilian radelte nach Soho. Sie mußte auf den Verkehr im Westend achten und nicht an Daddy-Tim oder chinesische Familien denken. In London kannte sie ja auch keine. Meister Ho war Junggeselle. Wer ihn besuchte, stieg nicht zu Cheng Jinghua in die Dachkammer. Die meisten ahnten nichts von ihrer Gegenwart.

Cheng Jinghua teilte Timothys Ansicht über kinderreiche Familien. Sie war ein einziges Kind gewesen, dessen Vater noch vor ihrer Geburt verschwunden war. Auch ihr Vetter »Cheng« am Pearl River war ein Einzelkind, soviel sie wußte. Wahrscheinlich fühlte er sich nie überflüssig, da er ein Sohn und gewissermaßen ein Ehemann-Ersatz für seine Mutter war. Warum spielte Tante Cheng verschollen? Übrigens hatte Timothy nach Belindas Heimkehr die geplante Reise nach Kanton schweigend auf unbestimmte Zeit verschoben. Kein Chinese hätte es besser machen können. Tims Schweigen verhinderte jede Diskussion und jede Bitte. Da Belinda in keinem Fall nach China reisen wollte, blieb Timothy eben daheim. Lilian war zu jung und unerfahren, um zu wissen, daß alle Ehemänner früher oder später tun, was ihre Frauen wünschen.

»Natürlich wollen Männer immer alles Mögliche, was nicht in den Rahmen der Ehe paßt«, hatte Miss Potter Lilian erklärt. »Zum Beispiel Abwechslung! Aber vor allem wollen die Burschen ihre Ruhe.«

Lilian hatte es nicht glauben wollen, aber es schien zu stimmen. Als sie Daddy-Tim ein einziges Mal an den Reiseplan nach Kanton erinnerte, hatte er sie milde abgewiesen. »Nicht jetzt, Kleine! Erst einmal muß Belinda kräftiger werden. Sonst strengt eine Reise nach China sie zu sehr an.«

Auf diese Weise hatte Lilian erfahren, daß Daddy-Tim ohne Belinda keine Flugreise nach China unternehmen würde. Also würden sie niemals fahren! Im Ernstfall reiste Belinda immer noch lieber in der Hochsaison in ein überfülltes, englisches Seebad, das von behaglichen Familien und brüllenden Kleinkindern wimmelt, die auf den Rükken ihren vernarrten Väter den Strand entlangreiten.

Lilian fuhr langsam durch Soho in die Chinesenstadt, die von zwei ornamentalen Toren vom Rest des englischen »Montmartre« abgetrennt war. Am Morgen war Soho einfach ein ziemlich schäbiges Londoner Stadtviertel. Aber die Erinnerung an zahlreiche Soho-Originale, die genialen Säufer und saufenden Genies, lebte und belebte nachts die zahlreichen Wirtshäuser, Restaurants und Absteigequartiere, wo einsame oder Abenteuer suchende Männer von Damen bedient werden, die ihre Zeit so streng wie jeder Bürokrat einteilen, und die hochbezahlte Umarmung mit der Stopuhr zum Abschluß bringen.

Morgens, zwischen neun und zehn, radelte Lilian durch

ruhige Straßen, die von soliden Hausfrauen mit Einkaufsbeuteln und Kinderwagen und arbeitslosen Männern bevölkert wurden. Das war das einzige Soho, das Lilian näher kannte. Englischer Alltag – trivial und beruhigend. Und beständig wie Meister Ho, der blieb, wo er als junger Mann gelandet war. In dem alten, von seinem Onkel geerbten Haus. Ein Stück zeitloses China in einer Stadt ruheloser Wandlung.

Während Meister Ho Drucke und Bücher verkaufte und leise mit seinen Stammkunden sprach und lächelte, arbeitete Cheng Jinghua an dem Phönix auf schwarzem Lack. Unten im Laden sagte Mrs. Slater zu Meister Ho, daß Lilian immer dünner und blasser würde, und wurde von ihm mit der Auskunft beschieden, daß es dem Mädchen ausgezeichnet ginge. Dann erkundigte er sich höflich nach den geehrten Slater-Töchtern. Sie schliefen nach der Nachtarbeit. Die junge Hure hatte ihrer Mutter bis auf ein Taschengeld den Verdienst der letzten Nacht abgeliefert, und die Zwergin sammelte Kräfte für den Abend. Sie überwachte eine Spielhölle in einem Keller hinter einer als Wand verkleideten Tür. Die Zwergin war ein erstklassiger Croupier und genoß gebührende Hochachtung in Sohos Spielerkreisen.

»Was machen wir mit Lilian?« kam Mrs. Slater auf ihr Thema zurück. »Das liebe Mädchen ist unglücklich, Meister Ho.«

»Sie hat nicht den geringsten Grund dazu«, erwiderte der alte Chinese vorsichtig. Natürlich kannte Meister Ho die Gründe für Schwermut und Selbstmordideen und ähnliche Albernheiten.

Plötzlich hörten sie aus Lilians Dachkammer einen Schrei und ein gräßliches Geräusch. Trotz seiner Jahre war Meister Ho schneller in der Dachkammer als die fette, kurzatmige Mrs. Slater und nahm Lilian den Hammer aus der Hand, mit dem sie auf den Phönix für Daddy-Tim einschlug. Das Mädchen zitterte und war grau im Gesicht.

»Schaff Ordnung! Sofort!« befahl Meister Ho seiner Schülerin. Cheng Jinghua las die Lacksplitter vom Boden auf wie eine Landarbeiterin, die Reiskörner sammelt.

»Warum hast du eine gute Arbeit zerstört?« fragte Meister Ho ruhig. »Der Phönix hat dir nichts zuleide getan.«

Cheng Jinghua kniff die Lippen zusammen und sah einen Augenblick wie eine alte, verbitterte Chinesin aus. Sie murmelte, daß sie den Anblick des Vogels nicht ertragen konnte.

»Das ist deine Sache.« Meister Ho blickte an seinem Schützling vorbei. Große Tränen rannen aus den tiefen glänzenden Augen. Aber das kleine Gesicht war reglos.

»Wenn du den Anblick deiner Arbeit nicht ertragen kannst, was willst du dann in meinem Haus?« fragte Meister Ho vernünftig wie immer.

»Soll ich nicht wiederkommen, Meister?«

»Ich habe wenig Geduld mit Narren«, sagte Meister Ho nachdenklich. Er griff in seine Tasche und warf seinem Schützling ein Taschentuch zu. Cheng Jinghua sollte ruhig weinen, solange sie wollte, Tränen befruchten den Acker der Seele. Der alte Mann erahnte jede Regung dieses begabten aber törichten weibliches Fisches. Das Mädchen mußte sich Sir Timothy aus dem Kopf schlagen. Miss Potter hatte ihm berichtet, die Ehe wäre wieder in Ordnung. Sie hatte hinzugefügt, daß die liebe kleine Lilian sich damit abfinden müßte. Und zwar je eher, desto besser! Miss Potter hatte weiter hinzugefügt, daß Jugend selten Tugend hätte. Sie hatte immer ein Sprichwort parat.

»Ich bitte vielmals um Entschuldigung, daß ich Ihren Hammer benutzte, Meister Ho«, sagte Lilian mit großer Höflichkeit.

»Du solltest dich dafür entschuldigen, wozu du meinen Hammer benutzt hast. Was hat der König der Vögel dir angetan?«

Lilian schwieg starrsinnig. Gab es Worte dafür, was Daddy-Tim und der Phönix ihr täglich antaten? Der eine Goldvogel schlief mit Belinda, und der Phönix auf dem Lacktablett hatte sie angestarrt und ausgelacht.

»Ich glaube, ich werde verrückt und bitte ergebenst um Verzeihung, Meister Ho«, sagte Lilian höflich.

»Ich werde dir jetzt eine stärkende Suppe kochen«, murmelte der alte Mann. »Du wirst nicht verrückt werden, wenn du nur die Arbeit tust, die du verstehst. Und deine Gedanken zügelst.«

»Vielen Dank für den Ratschlag«, sagte Lilian förmlich. »Ich möchte nur sagen, daß ...«

Sie konnte nicht zu Ende sprechen, denn Miss Potter kam in diesem Augenblick außer Atem in der Dachkammer an.

»Es ist etwas passiert, Lilian! Du mußt sehr tapfer sein, mein Kind! Dein Vater ...« Miss Potter schloß einen Augenblick die Augen hinter der starken Brille.

»Ist er tot?« fragte das Mädchen rauh.

»Noch nicht. Aber er ist schwer verunglückt. Ein Auto fuhr in seinen Wagen hinein, und er wurde aufs Pflaster geschleudert. Er ist im Hospital.«

»Kann er sprechen?« fragte Lilian.

»Er ist noch bewußtlos.«

»Ich muß sofort ...«

»Du kommst jetzt mit mir nach Haus, Kind! Wir gehen morgen zusammen in die Klinik, falls ...«

Helen Potter wollte sagen: »Falls Timothy noch lebt.« Aber Lilian hätte es nicht gehört. Zum erstenmal in ihrem Leben war sie ohnmächtig geworden und mußte von Meister Ho mit alten chinesischen Tricks belebt werden.

Zweites Kapitel

IN EINEM CHINESISCHEN GARTEN

O Reiher mit dem geschwungenen Hals!

(Altchinesisch)

Timothy träumte. Er träumte nicht von Unfällen, Blut, Geschrei, Invalidentum oder Tod. Er war in seinem chinesischen Traumgarten und wandelte Arm in Arm mit einer chinesischen Hofdame zwischen blühenden Päonien und hohem Bambus. Trotz seines Dämmerzustandes wußte Tim, daß diese schöne und ruhige Frau weder Lilian noch Cheng Jinghua war. Aber sie war eine verbesserte Ausgabe seiner schwierigen Adoptivtochter. Tim war schon eine Zeitlang nicht zufrieden mit Lilian gewesen. Warum mußten kleine fügsame Mädchen so eigenwillig werden? Wie nett wäre es, dachte Tim verschwommen, wenn Kinder ewig klein blieben. Aber Lilian besaß einen edlen, geschwungenen Hals – wie ein Reiher, der den Dichtern Verse zuflüstert ... Also sah Tim in seinem Traum nur Lilians Hals und vergaß den Rest – wie in seinen gesunden Tagen.

Oder spazierte er mit der Letzten Kaiserin in dem chinesischen Garten? Ausgeschlossen. Sie war abwesend – ein graumsamer und verführerischer Schatten, den er zwischen Buchdeckel gebannt hatte.

Tim führte die unbekannte Gefährtin in einen kleinen,

rotlackierten Teepavillon. Ringsum war raffiniert geordnete, blühende Wildnis, was Belinda als Unordnung bezeichnet hätte. Nur Tim wußte, daß diese sogenannte Unordnung eine kunstvoll arrangierte Wildnis nach taoistischem Geschmack war. Ein streng geplantes, chinesisches Paradies, wie es geduldige Gärtner im klassischen China für Kaiser und Kaiserinnen geschaffen hatten: scheinbar frei wachsende Natur, mit Symbol-Felsen, Teichen, ausgeklügelten Blumenmustern. Eine ornamentale Wildnis mit Wegweisern ins Ungewisse, poetisches grünes Dunkel, von Lichtbündeln angestrahlt. Lyrische Winkel, wieder Teiche und bedeutsame Steine. Selbst Tim, der Chinakenner, hatte das Geheimnis solcher Steine nicht ergründet, und kein chinesischer Freund hatte es gelüftet.

Tims Traumgarten war noch reicher und geheimnisvoller mit kühnen, geschwungenen Brücken, höheren Felsen, und vertrauten und dennoch fremden Blumen. Das TAO, der Weg zur Vollendung, mußte in einem chinesischen Garten begonnen haben, dachte Tim und lächelte verschwiegen.

Belinda, die an seinem Bett saß, sah das Lächeln und fragte, ob Tim Tee haben möchte. Aber er schlief schon wieder. Er hatte sich einen Augenblick gefragt, wer diese blonde Frau an seinem Bett war, die immerfort etwas fragte, was er nicht beantworten konnte oder wollte. Natürlich Belinda! Seine Ehefrau in einem anderen, schattenhaften Leben. Sie wußte nichts von taoistischen Gärten und wollte nichts davon wissen. Das brauchte sie Tim nicht zu sagen – er wußte es. Nur Meister Ho und Cheng Jinghua hätten in diesen Traumgarten gepaßt. Aber Tim wollte im Augenblick Meister Ho vergessen und das ganze Soho dazu. Eine chinesische Siedlung irgendwo im Westend, soviel war genug. War Cheng Jinghua nicht oft dorthin geradelt? Tim fragte sich, wie jemand Lilian Hall und gleichzeitig Cheng Jinghua sein konnte. Aber er wollte dieses Rätsel, das seinen häuslichen Frieden bedrohte, nicht lösen. Wenigstens nicht in diesem Augenblick.

Tim war wieder in seinem chinesischen Garten. Schon in seinen jungen Tagen, als Gast seiner Mutter im alten Peking, hatten die Gärten ihn tiefer beeindruckt als Ming-Vasen, Tang-Poesie oder die Paläste toter Kaiser, die sich nicht wenig über Mao Tse-Tungs »Sprung nach vorwärts« gewundert hätten. Jene höflichen und kunstliebenden Despoten, vor denen China jahrhundertelang auf den Knien gelegen hatte, waren immer wieder in ihre Gärten geflüchtet, »um ihr Herz zu erfrischen«. Ihre Konkubinen waren zart wie Wasserlilien und schlau wie Füchsinnen gewesen. War Lilian schlau? Nein, die Kleine war nicht sehr schlau! Aber Cheng Jinghua besaß einen Vorrat dieser nützlichen Eigenschaft. Schläue, Hinterlist, Schmeichelei waren die Waffen der Frauen mit den verstümmelten, abgebundenen Füßen gewesen, die in kostbaren Gewändern an Lotusteichen herumgetorkelt waren. Tim dachte zum erstenmal, daß Männer grausam wären. Je verliebter sie waren, desto gründlicher quälten sie ihre Frauen und Mädchen. Verstümmelte Füße waren, was heute als seelische Grausamkeit, nämlich verstümmelte Phantasie bezeichnet werden würde. Nicht genug mit den Qualen der abgebundenen Zehen, hatten chinesische Männer diese Füße auch noch als goldene Lilien bezeichnet.

Timothy ging auf verschlungenen Pfaden immer weiter weg von Belinda. Er wußte immer noch, er war Timothy Hall, aber er war jetzt außerdem ein Geist, der nach dem TAO dürstet und dringend den Sinn seiner Londoner Existenz umdenken muß. Dabei handelte es sich nicht nur um den Verzicht auf Cheng Jinghua und andere weltliche Freuden, Tim sollte in dem chinesischen Garten etwas herausfinden, was er unbedingt wissen mußte. In diesem

Garten, den zweitausend Jahre chinesische Kunst und Geduld geschaffen hatten, mußte die Seligkeit ruhen. Er würde sie finden. Aber wo war der Lohn für die Mühen des Suchens und für die vorgeschriebene Askese, dieser Peitsche für die wildgewordenen Sinne? Tim wußte es nicht. Der Traum beantwortete keine Fragen. Er stellte auch keine. Das tat nur Belinda – im Wachen und im Schlafen, im Scherz und im Ernst, im Sommer und im Winter. Tim hatte Belindas Fragen stets geduldig beantwortet, weil er zu wohlerzogen war, um die Wißbegierde seiner Frau zu ignorieren.

Glücklicherweise fragte Lilian nun auch nicht mehr, ob Tim sie noch ein bißchen liebe oder ähnlichen Unsinn. Natürlich liebte er seine Tochter! Das wußte er sogar in seinem Dämmerschlaf, wo die Konturen der Wirklichkeit verschwammen, und ein chinesischer Garten darauf wartete, daß Timothy sich dort niederließe.

Als Kind hatte er lange Gespräche mit Bäumen und Sträuchern geführt – hatte der Heilige Franziskus von Assisi nicht dasselbe getan? Aber Timothy Hall war kein Heiliger und er erneuerte seine Seelenkraft in der Heiligen Messe, nur wenn es sich nicht vermeiden ließ. Und das war, wenn Lady Springfield seine und Lilians Begleitung erwartete. Aber was von den Lehren der Kirche in seiner Seele Fuß gefaßt hatte, war die Mahnung, die kleinen Kinder zu bewahren und zu beschützen. Hatte er das nicht, so gut er es eben verstand, mit dem Waisenkind Cheng Jinghua getan? Plötzlich sah er das kleine Geschöpf in den langen schwarzen Hosen und dem weißen Hauskittel vor sich, das Mondkaninchen in der Hand. Er sah es immer wieder, und einmal streckte er seine langen feinen Hände nach diesem kleinen, chinesischen Schatten aus. Der berühmte Arzt aus Wales, den sie für Tim geholt hatten, hätte gern Cheng Jinghua geholt, nach der Tim so oft rief. Aber er wußte nicht, wer das war. Wohl ein chinesischer Name. Dann hatte Sir Timothy noch etwas gemurmelt, was chinesisch sein mußte. Aber seine Worte ertranken in Seufzern.

Das Schönste waren die Spiegelbilder in Tims Garten. Er blickte immer wieder auf die Bäume, Sträucher, Felsen und Steine im Wasser. Das Spiegelbild war wirklicher als greifbare Gegenstände. Diese altchinesische Überzeugung, daß das Abbild getreuer als die Wirklichkeit wäre, hatte ihn immer angerührt. Wie herrlich war eine stille, gespiegelte Wirklichkeit ohne Kanten, Risse und Ecken! Eine bezaubernde Illusion, deren Konturen sich in taoistischer Unendlichkeit auflösen! Tim fühlte wieder den Zauber des Unerreichbaren, das ihn tiefer lockte als die erreichbare Welt.

Belinda war eine Bewohnerin dieser erreichbaren Welt. Sie beobachtete täglich sein regloses, geliebtes Gesicht mit der kühnen Nase und den asketischen Lippen.

»Tim! Hörst du mich?«

Wie konnte er sie hören? Er schritt wieder durch blühende Hibiskushecken zum Teehaus an den Teichen. Er seufzte lautlos. Er hörte Gesang unsichtbarer, mythischer Vögel, und der goldene Phönix auf dem Dach des Teehauses blickte ihn an. Lilian hatte ihm so einen Goldvogel auf einem Lacktablett versprochen. Er würde es nicht mehr in seinen Händen halten. Er wanderte bereits in den Gärten der Heiteren Vollendung.

»Tim!« schrie Belinda, »wach auf!«

»Er schläft sich gesund, Lady Hall«, sagte der Arzt aus Wales. »Bitte, wecken sie ihn nicht!«

Niemand konnte ihn aus chinesischen Gärten nach Hampstead bringen, wenn er es nicht selbst tat.

Belinda trocknete die Schweißperlen von seiner Stirn. Das feuchte Tuch war ein kühler Wind im chinesischen Garten, und er schlug einen Augenblick die Augen auf.

Er sah Belinda und ihre Tränen. Er sah durch die großen Fenster einen englischen Garten.

Er fragte mit geschlossenen Augen: »Wo ist Lilian?«

Er wanderte zu einer Baumgruppe am Ende des Gartens, um die weißen Affen zu besuchen. Diese Gibbons mit dem weißen Fell und den schlauen schwarzen Äuglein wanden ihre langen Arme umeinander und um die Zweige der hohen Bäume und schaukelten kreischend hin und her. Tim war ihr Freund, und sie wußten es. Sie begrüßten ihn mit Tänzen in den Zweigen. Einige Affen hingen an dicken Zweigen und schaukelten übermütig hin und her. Ein ganz junger Gibbon schwang sich auf Tims Schulter und legte vorsichtig und zärtlich die Arme um seinen Hals. Schon als Kind in Peking hatte Tim diese tropischen Äffchen geliebt, und seine alte Amah hatte ihm oft von einer schönen Prinzessin erzählt, die die Götter in ein weißes Äffchen verwandelt hatten, das seinem Prinzen auf Schritt und Tritt folgte. Eines Tages verwandelten die Götter das traurige Äffchen in eine Prinzessin zurück, und es wurde Hochzeit gefeiert. Die übrigen Gibbons tanzten einen Freudentanz zwischen den Bäumen des kaiserlichen Parks.

Als das glückliche Paar wieder einmal zwischen den alten Bäumen des Parks lustwandelte, blieb die Prinzessin ein paar Schritte hinter ihrem Gatten zurück. Als er sich nach ihr umblickte, sah er nur ein weißes Affenweibchen. »Ich bin deine Frau, hoher Gebieter!« erklärte die Äffin dem entsetzten Prinzen mit der Stimme seiner Frau. »Es hat den Göttern gefallen, mir meine ursprüngliche Gestalt zurückzugeben. Wir werden sehr glücklich sein.«

Sie sprang mit der Beweglichkeit der Gibbons in seine Arme, aber er warf sie weit von sich in den Teich, wo sie klaglos versank und ertrank. Der Prinz stöhnte auf vor Schock und Kummer. Aber die Äffin, die eigentlich seine

Prinzessin war, zeigte sich nur noch in seinen Träumen. Schließlich ging er zu den taoistischen Mönchen, um Ruhe vor diesem Affenleben zu finden.

Auch Timothy stöhnte im Traum. Denn die Äffin hatte wie Lilian ausgesehen – schön und unerreichbar. Plötzlich schrie er in seinem Krankenbett auf. Er konnte den Gedanken, daß Lilian nicht nur Cheng Jinghua, sondern außerdem noch eine weiße Äffin war, nicht ertragen. Der Arzt gab ihm eine Spritze, und Tim schlief wieder ein.

»Er hat wieder schlecht geträumt«, erklärte der Arzt kopfschüttelnd. »Leider verstehe ich kein Wort chinesisch.«

»Ich auch nicht«, murmelte Belinda. Alle ihre chinesischen Freundinnen in Hongkong hatten englisch gesprochen. Das war das Angenehme an einer Kronkolonie. Millionen von Chinesen hatten in Hongkong Englisch gelernt. Aber die meisten Engländer sprachen nicht chinesisch.

Tim wandelte jetzt in einem anderen, strengeren Traumgarten und führte ein gelehrtes und ehrfürchtiges Gespräch mit Chinas »Acht Unsterblichen«. Er war so ruhig und glücklich, wie nie in der Wirklichkeit, die nach Ansicht der Taoisten ein endloses Hindernis und eine Gedankenbremse ist. Die Sucher nach ewiger Wahrheit werden nur vom wahren Ziel abgelenkt.

Tim hatte sich in Hongkong intensiv mit den »Acht Unsterblichen« beschäftigt, und sie standen in Elfenbein geschnitzt auf einem Ebenholzbrett in seinem Arbeitszimmer. Er liebte die Göttin mit dem Pfirsich der Unsterblichkeit in der zarten Elfenbeinhand und den alten Mann mit dem Krückstock und den Zaubertränken und den Rest der Unsterblichen in ihren langen feierlichen Gewändern und den Bärten der großen Gelehrten. Diese Gesellschaft paßte Timothy in jedem Land, in jeder Stimmung, zu jeder Zeit.

Als er gerade den Pfirsich der Unsterblichkeit kostete und vor Glück stöhnte, rüttelte Belinda ihn vorsichtig am Arm, um ihn aufzuwecken.

»Um Himmels Willen, Tim! Warum stöhnst du? Hast du Schmerzen?«

Tim kehrte mit einem Ruck in die Londoner Klinik zurück. Er fühlte sich besser und sogar etwas stärker. Hatte er vielleicht wirklich den Pfirsich der Unsterblichkeit gekostet?

»Starr mich nicht so an, Belinda! Wo ist Lilian?«

»Sie wird morgen kommen, Tim! Du durftest bis jetzt keinen Besuch haben.«

»Meine Tochter ist kein Besuch«, sagte Tim schroff. »Lilian soll sofort kommen. Wo ist sie?«

»Sie wohnt augenblicklich bei Miss Potter. Deine Mutter kommt heute abend von der Reise zurück.«

Timothy hatte wieder die Augen geschlossen.

Drittes Kapitel

FAMILIENCHRONIK AUS KANTON: DIE CHENGS AM PERLENFLUSS

Sind geschäftig die Hände, bleibt
ohne Weisheit
das Herz

(Po-Chü I, 772–846 n. Chr.)

Profesor Lü Wen, Hongkong an Timothy Hall, London

Lieber verehrter Freund!

Es tut mir leid, daß ich Ihnen erst heute Ihren geehrten Brief beantworten kann, aber die Suche nach der Familie Cheng am Perlenfluß und in Kanton war mühselig, und ich fürchte, nicht sehr erfolgreich. Daß die Tante Ihrer Adoptivtochter Lilian, vielmehr Cheng Jinghua, sich nie um sie gekümmert hat, muß verborgene Gründe haben, die nur diese Dame aufklären könnte.

Dennoch haben meine Freunde, beide aus Kanton stammend, einige Tatsachen aus dem Schutt der Vergangenheit ausgegraben. Hoffentlich werden diese mageren Auskünfte Ihnen bei Ihren Nachforschungen nützlich sein.

Darf ich dazu bemerken, daß meine Freunde selbst eingefleischte Familienmenschen sind und jede finanzielle Vergütung für ihre Mühen abgelehnt haben. Wie immer die Familienpolitik in der Volksrepublik aussehen mag, die Familie bleibt weiter das Zentrum des Lebens. Meine Freunde werden also versuchen, etwas mehr über Lilians »Tante Cheng« und ihren Sohn zu erfahren. Dieser einzige

Sohn ist im Augenblick unauffindbar. Was Sie, lieber Timothy, Ihrer Adoptivtochter über die Chengs mitteilen wollen, bleibt selbstverständlich Ihnen überlassen! Da Sie mich aber um meine Ansicht befragen – eine große, unverdiente Ehre! –, meine ich, daß Sie Ihrer jungen Adoptivtochter zu diesem Zeitpunkt nichts sagen sollten. Wir wissen noch nicht, wo der einzige Sohn namens Cheng Liang sich aufhält. Vielleicht versteckt dieser Sohn sich nicht, sondern hat sich in ein Bergkloster zurückgezogen? In jedem Fall hat er nicht, wie seine Vorfahren, den Perlenfluß auf einer Dschunke befahren... Alle Cheng-Männer sind Flußschiffer gewesen. Lilians Vater, der vor ihrer Geburt verschwand, war Schiffskoch. Über diesen Mann gibt es keine Auskünfte. Lilians Tante war nicht zu bewegen, über ihn zu sprechen. Ob das Starrsinn ist oder tiefere Gründe hat, können wir nicht herausfinden. Lilians Vater kann in diesem Augenblick durchaus auf einem Schiff seinen Reis mit Pilzen kochen. Aber er kann auch tot sein. Natürlich konnten meine Freunde nicht herausfinden, ob Tante Cheng das Schicksal ihres Schwagers kennt. Nach den Aufzeichnungen im Waisenhaus, wurde »das Baby Cheng Jinghua« von einer Nachbarin gleich nach der Geburt dort abgeliefert. Die Mutter des Kindes war kurz nach der Geburt gestorben. Ich wiederhole nur noch einmal diese Ihnen bekannten Tatsachen, um hervorzuheben, daß Lilians nächste Familie am Perlenfluß offensichtlich nichts von ihr wissen will.

Tante Cheng machte keinen angenehmen Eindruck auf meine Freunde. Vielleicht zieht ihr einziger Sohn die kleinste Einsiedlerhütte einem Logis bei seiner Mutter vor? Meine Freunde sagten, er scheine ein vernünftiger junger Mann zu sein. Natürlich forschen wir weiter. Niemand kann völlig vom Erdboden verschwinden, da Zauberei, diese alte, chinesische Liebhaberei, den heutigen Machthabern in China nicht zusagt (mit Ausnahme der Fähigkeit, amerikanische Dollars in die chinesische Wirtschaft zu zaubern ...).

Übrigens darf man in der Volksrepublik wieder Konfuzius lesen, der jahrelang als verbotene Lektüre galt. Warum, weiß ich bis heute nicht, denn »Meister Kung« war eminent vernünftig. Wir in Hongkong können ja bis jetzt noch lesen, was wir wollen, und 1997 ist nur eine, wenn auch eine mit Sprengstoff gefüllte Vision, die uns allen gelegentlich unseren Schlaf raubt. Wie Sie wissen, werden meine Familie und ich in Hongkong bleiben und uns, so gut es geht, mit veränderten Machthabern und Bedingungen abfinden. Glücklicherweise ist das »Sich-Abfinden mit widrigen Umständen« ein altes chinesisches Talent.

Verehrter Freund! Ihr Angebot, daß meine Familie und ich jederzeit Ihre Gäste in London sein können, hat mich tief gerührt. Mein Dank, auch im Namen meiner Frau und unserer Kinder, klingt armselig, aber er kommt aus dem Herzen. Wir haben uns, wie ich schon sagte, anders entschieden, aber wir denken Tag und Nacht an Hongkongs Zukunft und an unser Familienleben. Es wäre ja nicht das erste Mal in unserer langen Geschichte, daß wir neuen Machthabern gehorchen müssen. Ich brauche Sie nicht daran zu erinnern, wie Tzu Hsi, die Letzte Kaiserin, Manchu-Sitten im Reich der Mitte einführte. Übrigens glaube ich weiter nicht daran, daß diese Kaiserin soviel begabter und klüger als andere Despoten war. Sie war aber furchtloser, energischer und konnte ihre Ratgeber um den kleinen Finger wickeln. Kurzum: siegreiche Weiblichkeit! Ich lese das Manuskript der Letzten Kaiserin mit größtem Interesse und beglückwünsche Sie zu dieser gelehrten und dabei unterhaltenden Arbeit!

Zurück zur Gegenwart! Warum Vater Cheng die Heimat verließ, wird also wohl ein Geheimnis bleiben. Die Kopien der mageren Berichte vom Waisenhaus in Kowloon besitzen Sie ja selbst. Übrigens führt Tante Cheng den Phantasienamen »Graue Jade«, und Ihre Adoptivtochter ist als »Frühlingsmond« eingetragen. Lilian muß jetzt achtzehn Jahre sein, wenn die Eintragungen korrekt sind.

Bei dem zweiten Besuch meiner Freunde in dem Fabrikdorf am Perlenfluß war Tante Cheng in Kanton, wo sie manchmal in einer Kantine für Fabrikarbeiter arbeitet, da sie eine ausgezeichnete Köchin sein soll, wie eine Nachbarin ihnen anvertraute. Sie zeigte ihnen auch ein Foto von Tante Cheng im Orchideenpark in Kanton. Sie sah so mürrisch aus wie immer. Wenn man herausbekommen könnte, warum Tante Cheng so abstoßend ist, daß sie selbst chinesiches Familienleben zerstört, würden wir weiterkommen. Meine Freunde und ich haben den Eindruck, daß eine verstaubte Familientragödie mit Starrsinn in die Gegenwart verschleppt worden ist. Ich meine: eine schwere Entfremdung zwischen Tante Cheng und Lilians verstorbener Mutter! Aber es kann auch etwas anderes gewesen sein.

In jedem Fall vermute ich, daß Tante Cheng nach chinesischer Tradition Ihre Adoptivtochter gut füttern würde. Die kantonesische Küche ist ja tatsächlich weltberühmt. Und daß selbst unerwünschte Familienmitglieder tadellose Mahlzeiten erhalten, ist ja nun so chinesisch wie die Peking-Oper und gefüllte Frühlingsrollen.

Übrigens soll ein Vorfahre Ihrer Adoptivtochter in der Lackmalerei bekannt geworden sein – wie Sie wissen, eine unserer ältesten Künste! Ein Flußschiffer Cheng, Lilians Urgroßvater? Er ertrank in den trüben Wassern des Perlenflusses. Vielleicht hatte er zuviel Reiswein getrunken oder war von Piraten überfallen worden? Ein uralter Nachbar der Tante Cheng erzählte es meinen Freunden.

Lieber, verehrter Freund! Falls Sie mit Ihrer Frau und der jungen Lilian noch einmal Hongkong besuchen wollen, Sie sind immer in meinem Hause willkommen! Und falls Lady Springfield, die uns zu unserer Freude vor einigen Jahren besuchte, auch noch einmal in Hongkong sein möchte, mein kleines, armseliges Gästehaus steht ihr und Miss Potter zur Verfügung. Wir wären sehr glücklich. Meine Frau hat Lady Springfields Lieblingsgerichte in einem speziellen Notizbuch vermerkt. Wir würden Sie mit der größten Freude erwarten, da ja jetzt alles noch wie in alten Zeiten ist.

Selbstverständlich wirft die politische Lage ihre Schatten. Wir können noch nicht von einer Massenflucht der Engländer und chinesischen Millionäre sprechen, aber die Namen alter berühmter Firmen werden nun langsam Erinnerung, und meine Landsleute blicken nach Thailand, Australien und in den rosigen Nebel der amerikanischen Hochfinanz. Natürlich werden auch Sie in England einen Zuwachs an chinesischen Einwanderern erfahren, und ich kann mir schwer vorstellen, wie Ihre Insel, die immer Flüchtlinge beherbergte, mit einem Strom chinesischer Einwanderer mit britischen Pässen fertig werden soll.

Glücklicherweise ist das alles noch Zukunftsmusik, aber die Schatten werden dunkler.

Sowie ich weitere Auskünfte über die Chengs am Perlenfluß erhalte, schreibe ich Ihnen. Es tut mir leid, daß Tante Cheng, die einzige nahe Verwandte Ihrer Adoptivtochter, eine Frau ist, die, wie wir sagen, ihre Fenster mit Wurzeln und Farnkraut verstopft.
Ergebenste Grüße Ihres Lü Wen.

Als Timothy diesen Brief in London las, hatte Tante Cheng am Perlenfluß Besuch von ihrem Sohn aus Peking. Er war also nicht in einem Bergkloster und auch nicht verschollen. Er arbeitete am Theater und würde in absehbarer Zeit die klassische Peking-Oper wieder nach London bringen. Bei seinem ersten Besuch hatte er so wenig von Cheng Jinghua gewußt, daß er nicht auf den Gedanken gekommen war, sich bei den Halls zu melden. Er hatte nichts mit Lilian Hall zu tun und machte das seiner Mutter unmißverständlich klar.

Tante Cheng erwiderte: »Günstige Winde mögen dich begleiten!« Ein ungewöhnlich höflicher Abschiedsgruß. Aber eine Frau ohne Mann gehorchte ihrem Sohn, und Tante Cheng war altmodisch genug, ihrem Sohn alle Wünsche von den Augen abzulesen.

Der junge Cheng wollte in London auch dieses Mal keine Familienforschung betreiben. Seine Truppe sollte den Langnasen zeigen, daß die alte Peking-Oper unschlagbar war. Wenigstens glaubte der junge Cheng, daß Shakespeare ein Waisenknabe war gegen chinesische Bühnenstars. Zu wenig Akrobaten, zu wenig Tanz, zu wenig Lärm!

»Wann fliegt ihr nach England?« fragte Tante Cheng.

»Noch unbestimmt.« Er wußte es zwar genau, aber es ging seine werte Mutter nichts an.

Cousin Cheng hatte die Adresse der Halls in Hampstead. Was war Hampstead? Ein Dorf in der Großstadt? Vielleicht würde er dieses Mal seine Cousine besuchen. Vielleicht auch nicht. – Plötzlich fragte sich der junge Mann, ob Lilian überhaupt seine Cousine war. Er wußte nicht, wie er auf diesen Gedanken gekommen war. Sollte er ein Treffen mit Lilian dem Zufall überlassen? Aber gab es Zufälle? Wo alles im menschlichen Leben vorbestimmt war! Cousin Cheng wußte es nicht. Er wußte nur eins: falls er mit Cheng Jinghua in London zusammentreffen würde, müßte er wachsam und vorsichtig sein – wie der Hahn, der als erster die Morgendämmerung bemerkt.

Cousin Cheng dachte, daß Mädchen Pfeile wären, die unversehens verwunden könnten. Bis jetzt war er den Pfeilen ausgewichen. Aber was würde er tun, wenn Cheng Jinghua so eine feurige Zunge wie seine geehrte Mutter besäße?

Als Timothy Hall in seiner Zeitung die Anzeige der Peking-Oper sah, lud er sofort Lilian, Meister Ho und Miss Potter zu dem Ereignis ein. Er saß inzwischen wieder zu Hause an einem Schreibtisch und dachte nur noch selten an seine seltsamen Träume im Krankenbett. Falls Ereignisse ihre Schatten vorauswerfen, warf diese Veranstaltung keinen Schatten voraus.

Viertes Kapitel

PEKING-OPER

Breite nicht dein ganzes Wissen
und Können aus.

(Chinesischer Ratschlag)

Wann immer die Peking-Oper in London mit Farbenpracht, Gesang, Krach und den unvergleichlichen Akrobaten ein Gastspiel gab, war Timothy dabei. Manchmal lud Meister Ho ein, manchmal er, aber es war immer dieselbe kleine Gruppe: Lilian, Meister Ho, Timothy, Miss Potter und manchmal Hanne Hoffmann. Die Farbenpracht der Masken und Kostüme, die schrillen Gesänge, die Clowns und Akrobaten, die virtuose Beschwörung uralter Legenden in dramatischer Form, die auch in der Volksrepublik das klassische »Reich der Mitte« darstellten, bezauberte das chinesische und das westliche Publikum. Mit Ausnahme der Kranken und Verstorbenen versammelten sich die Chinesen Londons an diesen festlichen Abenden im Westend und frischten Erinnerungen an das »Goldene Zeitalter« der Taoisten auf. Sie vergaßen die Geschäfte über der blühenden Romantik auf der Bühne und waren stolz auf diese uralten Künste – die Spiele von Göttern, Kaisern, Geistern, Dämonen, Liebespaaren, Intriganten, Akrobaten und Sängern. So war die Oper in kaiserlichen Zeiten gewesen, und so war sie heute. So würde sie bis zum Ende der Zeit bleiben, was Timothy immer beruhigte. Er hatte sich nicht mit dem veränderten China abgefunden und Hongkong nur verlassen, weil er den Einzug der kommunistischen Regierung lieber aus der Ferne erleben wollte.

Aus alter lieber Gewohnheit saßen Timothy und Lilian wieder Hand in Hand vor den Wundern dieser Peking-Oper. Für einige Stunden lebten sie im Goldenen Zeitalter der Taoisten und Akrobaten. Sie hatten einige Dramen bereits in Hongkong gesehen, aber der Zauber dieser besonderen Theaterkunst, die mit einem Minimum an Kulissen ferne Welten suggeriert, war unvermindert. Vieles erinnerte Timothy an die historische Shakespeare-Bühne, bis auf die in allen möglichen Farben bemalten Gesichter der Schauspieler, deren Charaktere sich nach uralter Tradition in einer Farbenskala offenbaren. Es war eine Maskenmalerei ohne Masken. Der Maler, der jeden Abend die Gesichter der Schauspieler mit symbolischen Farben bemalte, war ein Künstler besonderer Art, den die Vergänglichkeit seiner Portraits nicht bekümmerte.

Lilian hatte keine Ahnung, daß diesmal ihr Cousin Cheng Liang die Gesichter der Schauspieler »sprechend« bemalt hatte. Cousin Cheng war dreiundzwanzig Jahre alt, und er arbeitete nach Anweisungen, die sehr viel älter waren. Es wurde nach alten, bewährten Modellen getönt; die Phantasie des Malers war ohne jedes Interesse für die klassische Peking-Oper. Der Maler konnte sich in Landschaftsbildern austoben, aber nicht in der chinesischen Oper. Cousin Cheng, der, wie seine unbekannte Cousine Lilian, Cheng Jinghua, malerisches Talent besaß, begnügte sich mit der traditionellen und vergänglichen Schminkkunst, die er früher in Peking erlernt hatte. Inzwischen wußte er alles über die sogenannten »Fünf Arten der Gesichtsmalerei«.

Die Oper auf der Bühne näherte sich ihrem Ende – mit

schrillem Gesang, herrlichem Krach und eben Schauspielern, deren bemalte Gesichter unmißverständlich »Farbe« bekannten.» Daß diese Masken jede Nacht abgeseift wurden, mißfiel Miss Potter in hohem Maße. Es war Kraft- und Materialverschwendung. Helen haßte Verschwendung in jeder Form. Die Peking-Oper sagte ihr noch immer nichts, sie langweilte sich, aber Lilians strahlendes kleines Gesicht sagte Miss Potter eine ganze Menge.

Im Augenblick erntete Cousin Cheng, der außerdem ein vollendeter Akrobat war, lauten Beifall von seinen Landsleuten und Engländern auf der Bühne des Westends. Aber er tat so, als gelte der Beifall nicht ihm und verschwand nach dem letzten Hochsprung von der Bühne, wo ein mythischer Kaiser in drei Minuten von seinem Lieblingsminister umgebracht werden würde. Das kam davon, wenn man sich Lieblingsfiguren anschaffte, dachte Cousin Cheng. Das konnte ihm nicht passieren. Seine Mutter hatte ihn dementsprechend erzogen. Er dachte manchmal, sie würde eine furchtbare Schwiegermutter im alten chinesischen Stil werden – schimpfend, tyrannisch; und die Schwiegertochter würde ihr nie etwas recht machen können. Es war sehr angenehm, daß er, Cheng Liang, seine privaten Angelegenheiten nie mit seiner Mutter besprach. Auf diese Weise sicherte er für sie beide ein ruhiges Leben.

Die schrillen Totenklagen der »Dritten Konkubine« bildeten den Höhepunkt der Oper. Nach der Totenklage ging dann die Sache schnell und etwas nachlässig zu Ende. Der dritte Akt chinesischer Opern bietet oft ausführliche und ohrenbetäubende Trauergesänge, endlose Klagen über entschwundene Jahre und die halsbrecherischen Turnübungen der Hinterbliebenen, stimmgewaltige, trostlose Witwer, racheschnaubende Söhne und Großväter, gewalttätige Onkel und Söhne. Die Göttin der Barmherzigkeit mußte nicht selten Ordnung in ein chaotisches Familienleben bringen – offenbar taub gegen die gellenden Klagen der Hinterbliebenen. Daß das verstorbene Familienoberhaupt plötzlich in alter Frische dem Sarg entsteigt und so animiert herumtanzt, daß den Zuschauern Hören und Sehen vergeht, ist ein weiteres Glanzstück der alten Peking-Oper und wurde von Timothy und Lilian gebührend geschätzt. Alles gefiel ihnen über die Maßen. Hanne Hoffmann, die zu ihrem Bedauern immer wieder zur Peking-Oper eingeladen war, da die Deutschen nach Tims Meinung so »wahnsinnig musikalisch« waren, kämpfte gewissenhaft gegen Schlafsucht an. Sie konnte sich nichts Langweiligeres vorstellen, und ihre Ohren dröhnten. Sie sehnte sich nach Lautlosigkeit oder ein paar Takten von Schumann.

Cousin Cheng sehnte sich niemals vor oder hinter der Bühne nach Lautlosigkeit. Aber er fühlte ungewohnte Müdigkeit in »diesem London«, und wenn er es sich gestattet hätte, dann hätte er sich jetzt nach Peking oder sogar nach seiner Mutter am Perlenfluß gesehnt. Obwohl er den ganzen Tag von seiner Theatergruppe umgeben war, fühlte er sich ruhelos und von dieser fremden Stadt besiegt. Die alte Geschichte und die Monumente der Themsestadt sagten ihm nichts, und er kannte außer Lilian Hall, die er auch nicht kannte, niemanden. Nach jedem Theaterabend in London fühlte er sich etwas hilflos und verlassen und dachte immer intensiver an seine Mutter. Er sah sie in ihrer Küche auf ihrem unbequemen Hocker sitzen – mürrisch, schweigsam und so verlassen wie er selbst.

Diesmal würde er seine Cousine besuchen und seiner geehrten Mutter nichts darüber erzählen. Und obgleich sie die Gabe der Weissagung besaß, würde sie seine Gedanken nicht ahnen. Eigentlich hätte sie mit dieser uralten, chinesischen Gabe viel Geld verdienen können, aber da sie vorwiegend unangenehme Dinge prophezeite, blieben ihre

Kunden allmählich weg. Noch verkaufte sie ihnen mit gutem Profit traditionelle Pulver und Getränke gegen »Mißgeschick und Husten« – beides chronisch. Auch ihre »Glückspillen« und das Getränk gegen »bösen Wind« fanden guten Absatz – alles von der Obrigkeit mißbilligt, aber nicht auszurotten. Warum auch? Das Unglück marschierte stets zur richtigen Adresse; und es war ein Vorteil, daß seine Mutter die richtige Adresse kannte.

Hier in London dachte ihr Sohn zu seinem Verdruß sehr oft an sie. Er war eben Chinese, und die Vision eines Familienlebens nach konfuzianischem Geschmack war noch nicht ganz ausgerottet. Allein in seinem Zimmer turnte Cousin Cheng sich jeden Abend in den Schlaf. Nur so konnte er die Nächte in London ertragen. Die Stadt mißfiel ihm aus tiefster Seele, obwohl er kaum etwas gesehen hatte und noch nicht einmal in Soho gewesen war, und weiter mißfiel ihm, daß er so schlecht in London schlief, aber das konnte er nicht ändern.

Seine Mutter in Kanton konnte ebenfalls nichts gegen ihre Schlaflosigkeit tun. Sie wünschte, daß ihr vergötterter Sohn endlich nach Hause käme. Hätte sie ihm sagen sollen, wer dieses Mädchen Jinghua wirklich war?

Bei diesem Gedanken schlug Tante Cheng mit ihrer verarbeiteten Faust auf den Küchentisch. »Nein, nein«, schrie sie, heiser vor Wut, in den Nachtwind, der immer seinen Weg durch die Küchentür fand. Sie kochte sich grünen Tee und zwang sich zur Ruhe. Der undankbare Sohn amüsierte sich in diesem London und sie ... Tante Cheng legte ihren Kopf wie ein Kind zwischen ihre Arme und schluchzte kurz auf. Wenn sie nur ihre Nichte Jinghua in ihrem Tee ertränken könnte! Aber da konnte sie genausogut versuchen, den Perlenfluß mit ihrer Teeschale auszuschöpfen! Diese Nichte, die eigentlich im Waisenhaus

Fußböden scheuern müßte, brachte nur Unglück in die Familie Cheng. Tante Cheng hatte zwar keine Beweise dafür, aber welche Wahrsagerin braucht Beweise?

Einmal hatte sie ihren Sohn dabei ertappt, daß er in ihrer Holztruhe nach alten Briefen und Dokumenten suchte, aber er hatte nichts gefunden. Sie hatte die Dokumente so gut versteckt, daß sie selbst sie manchmal suchen mußte. Aber sie brauchte keine Dokumente. Sie wußte genau, was passiert war.

Jeden Morgen turnte Cheng Liang ausgiebig, um seine Beweglichkeit nicht zu verlieren. Und er turnte in London genauso hart und verbissen wie daheim. Ja, dieses Mal würde er Cousine Jinghua besuchen und sie vielleicht aus dem Sumpf des Kapitalismus eigenhändig herausziehen. Was er nach dieser Rettungsaktion mit Lilian anfangen sollte, war ihm schleierhaft. Aber darüber dachte er nicht nach. Das würde sich zeigen.

Fünftes Kapitel

COUSIN CHENG UND DIE EISERNE REISSCHÜSSEL

Ich trinke allein
Den Blick aufwärts
Die großen Vögel im Herzen.

(Ming Dynastie)

Timothy Hall, ein alter Freund und Kenner der Chinesen, wußte weder jetzt noch später, warum Cousin Cheng ihm auf den ersten und dritten Blick mißfallen hatte. War es die neue Sicherheit der jungen Leute in der Volksrepublik? Oder das Lächeln? Oder Cousin Chengs unvermuteter Sprung in mürrische Schweigsamkeit? Tim kannte diese plötzlichen Pausen, die ebenso unvermutet in schrille Beredsamkeit umschlagen konnten, aber in Hongkong war ihm dieser Stimmungswechsel nicht so auf die Nerven gefallen wie in Hampstead – wahrscheinlich, weil er damals an chinesische Konversation gewöhnt war. Andererseits erkannte er auch sofort die Intelligenz, die Liebe zum Theater und die lächelnde Resignation des jungen Mannes, dessen Land nicht mehr das China der Vergangenheit, nicht einmal Maos China war.

Timothy fühlte sich plötzlich in seinem eigenen Haus nicht mehr wohl. Vielleicht, weil Cousin Cheng zu einer Generation gehörte, die er in Hongkong nicht kennengelernt hatte. Das einzige, was Tim im Augenblick von Cousin Chengs Besuch erwartete, war, daß der junge Mann endlich gehen würde; schon damit Lilian ihn nicht weiter so fasziniert anstaunen konnte. Es war Tim völlig schleierhaft, was »seine Kleine« an diesem schlaksigen Jüngling fand, der mit ihr sprach, als ob der Hausherr nicht vorhanden wäre. War das die neue chinesische Art oder war Cousin Cheng ein vorsichtiger Flegel? Er ging nämlich sehr weit, aber niemals zu weit; und Tim konnte ihm nichts vorwerfen. Nichts jedenfalls, was offensichtlich wäre. War der Junge auf dem Sessel angewachsen? Wollte er den Rest seiner Londoner Tage auf Tims Sessel verbringen, der die einzige wirklich bequeme Sitzgelegenheit im Empfangszimmer war. Tim hatte ihn nicht in sein Arbeitszimmer mitgenommen und so saß er, der Hausherr, auf einem unbequemen, niedrigen Hocker und wußte nicht, wo er seine langen Beine lassen sollte. Lilian saß auf einem ähnlichen Hocker, der aber für ihre kleine zierliche Figur wie geschaffen war. Sie blickte Cousin Cheng weiter unentwegt an, und Tim konnte ihr natürlich nicht sagen, was er ihr dauernd einbleute, daß man in diesem Lande niemanden anstarrt. Absolut niemanden!

Übrigens sahen Cousin und Cousine Cheng sich lächerlich ähnlich. Sie hatten die gleichen tiefen Mandelaugen, zarten Hände und die gleichen Bewegungen. Eigentlich hätte Tim sich darüber freuen sollen, aber er tat es nicht. Obwohl er es albern fand, spürte er, daß eine sehr verborgene und subtile Drohung von Cousin Cheng ausging. Womit in aller Welt aber konnte dieser junge Mann ihn bedrohen? Noch merkwürdiger war die Tatsache, daß Timothy Hall, dieser gute Freund von Chinesen, sich plötzlich wie ein koloniales Ekel vorkam, das die Volksrepublik verabscheut.

Kein Zweifel, Cousin Cheng dachte nicht daran zu gehen und erzählte Lilian irgendeine alberne Geschichte von den Geistern des Perlenflusses. In jedem Fall, stellte Timothy fest, war der Geisterglaube auch in der Volksrepublik noch nicht ausgerottet. Wahrscheinlich gehört dieser Glaube mit seinen zahlreichen, tiefsinnigen Legenden zu dem chinesischen Erbe, das so unverwüstlich wie die Peking-Oper ist. Endlich hatte Tim ein Thema von gemeinsamem Interesse gefunden. Cousin Cheng, Schminkmeister und Akrobat, erzählte besonders lebhaft vom langen Leben chinesischer Theaterkunst und wühlte dabei in seinem billigen Plastikbeutel herum. Schließlich fischte er ein Zeichenheft heraus, das seine eigenen Entwürfe für Gesichtsmalerei enthielt. Sparsame Linien, kunstvolle, symbolische Farben, und das Buch las sich natürlich von hinten nach vorn. Cousin Cheng überreichte es seinem Gastgeber mit einer tiefen Verbeugung und lächelte plötzlich so reizend, daß Timothy sich mit ungewohnter Wärme für dieses kostbare Geschenk bedankte.

Das Überreichen eines Geschenkes ist sehr oft der Abschluß eines Anstandsbesuches und nicht der Anfang. Cousin Cheng würde nun gehen, und Timothy und Lilian wußten es. Aber nun wollte auch Timothy etwas tun, und er lud Cousin Cheng an seinem freien Morgen, also übermorgen, zu einer Fahrt auf der Themse ein. Man trennte sich lächelnd und erleichtert. Timothy ahnte die Gedankengänge seines Besuchers: Kein Fluß auf der Welt kann sich mit dem heimatlichen Perlenfluß messen, aber Wasser bleibt Wasser, und die Vorfahren von Cousin Cheng und Cousine Jinghua sind Flußschiffer gewesen ...

Cousin Cheng verbrachte zwei Tage in Unruhe und Erwartung. Er hatte leichtes Fieber und nutzte seinen Krankenurlaub dazu aus, in den Straßen herumzurennen anstatt sich auszuruhen. Sein Gehilfe schminkte die Schauspieler nach seiner Anweisung, und Cousin Cheng fühlte sich so überflüssig, wie ein verirrtes Schaf aus Kanton auf der riesigen Weide, die sich »London« nennt.

Um die Mittagszeit studierte er die Fußgänger in der Shaftesbury Avenue, jeder mit seinen verborgenen Zielen und Gedanken. Er schritt durch das wohlerzogene Gedränge, schlängelte sich an den Autos, den Lastwagen und den riesigen roten Omnibussen, die den Londoner Verkehr dramatisieren, vorbei. Cousin Cheng mißbilligte die Schaufenster für die Reichen, aber er stand lange vor den Buchläden, wo die Londoner kaufen und bestellen konnten, was sie lesen wollten, und nicht, was die Partei vorschreibt.

Seine Zuneigung aber gehörte den stillen grünen Plätzen – Oasen der Besinnlichkeit und Entspannung in dieser Riesenstadt. Cousin Cheng verliebte sich stumm und für immer in den Hyde Park. Und er staunte immer wieder über die Londoner. Jeder zog an, was er wollte! Cousin Cheng in seiner Schirmmütze hatte nie im Leben so phantastische Kopfbedeckungen gesehen, die aber niemanden zu erstaunen schienen. Das Londoner Gesetz: »Trag, was du willst!« gab ihm die erste Witterung der alten, englischen Unabhängigkeit, die jahrhundertelang über Systeme und Verordnungen »von oben« sauer gelächelt hat. Eine alte Frau verkaufte Veilchen. Ein junges Mädchen mit einem Veilchenstrauß verkaufte sich selbst in diskreter Entfernung, und die Leute hinter den Ladentischen verkauften alles, was der Westen an bezaubernden Überflüssigkeiten bietet. Cousin Cheng staunte mit offenem Mund, wie er als Kind gestaunt hatte.

Redeströme tönten an sein Ohr: englisch, pakistani, japanisch, französisch, deutsch, ungarisch und die restlichen Sprachen der Welt. Er verstand kein Wort, aber er studierte verstohlen die Gesichter der Sprecher: irische, schottische, afrikanische, ostindische, malaysische, deutsche, französische, wallisische. Und natürlich »englische von der Wiege bis zum Grabe.«

Was trieb ihn eigentlich in seiner knappen Freizeit immer wieder ins Londoner Leben? War er einer der tausend Bewohner, die es nicht in einer Hotelpension aushielten und sich immer wieder, todmüde und erregt, ins Londoner Straßenleben stürzten? Von der Shaftesbury Avenue nach Chelsea, von Kensington zur Fleet Street, von Waterloo zum Trafalgar Square, von Golders Green nach Haymarket, von Holborn ins East-End, von der Oxford Street zum Regents Park, von der Wimpole Street nach Westminster und von Soho nach Niemandsland – yes, Sir!

Die Sonne schien. Die Themse war ein riesiges glitzerndes Band, und Timothy und Lilian erklärten Cousin Cheng, so knapp es ging, die Geschichte des Flusses. Eine so alte Geschichte, daß sie diesem jungen Mann gefallen mußte. Er lieferte dafür seinen Gastgebern die Lebensgeschichte des Perlenflusses und faßte sich für seine Verhältnisse sehr kurz. Hatte er gemerkt, daß Timothy ihm mit einer gewissen Anstrengung zuhörte? Wurde Tim durch Cousin Chengs umständliche Erzählungen tatsächlich schon wieder etwas ungeduldig? Andererseits war Cousin Cheng ein erfreulicher Gast. Sein Wissensdurst war echt. Timothy war tatsächlich ein bißchen gerührt, als er sah, wie Cousin Cheng wie ein eifriger Schuljunge alle Informationen in sein Notizbuch eintrug, als ob es keine Bücher über die Themse gäbe. Timothy hatte ein solches Buch für seinen Gast besorgt und wollte es ihm später nach Peking schikken. Er konnte ja nicht wissen, daß Cousin Cheng nur seinen eigenen Augen und Ohren traute und das Buch nie lesen würde. Sein Gedächtnis war so eisern wie die heimatliche Reisschüssel – solide und sparsam gefüllt. Kein Reiskorn ging in dieser Schüssel verloren. Keine Information fiel ins Wasser. Ein Grund dafür, daß Cousin Cheng nur seinen eigenen Augen und Ohren traute, war das Mißtrauen gegen fremde Information. Die Chengs waren von Natur aus mißtrauisch. Auch Lilians Ahnherr, der Meister der Lackarbeiten, hatte keinem Fremden über den Weg getraut. Wahrscheinlich war es das erste Mal hier in London, daß jemand einem so aufrichtigen Mann wie Timothy Hall nicht über den Weg traute, aber Cousin Cheng hielt in jeder Lebenslage an den Grundsätzen seiner Familie fest. Mit Lilian lag der Fall anders. Sie waren Blutsverwandte.

Cousin Cheng war »Sir Hall« für den Ausflug außerordentlich dankbar, aber das hatte nichts mit seiner Abneigung gegen diesen Gastgeber zu tun. Dieser langnasige Englandmann hatte Cousine Jinghua in »Lilian Hall« verwandelt. Das war nicht nur unverzeihlich, sondern in Cousin Chengs Augen ein mißlungenes Experiment, denn wenn jemand sich nicht in eine Engländerin oder überhaupt in eine ausländische Henne verwandeln läßt, dann ist es eine Chinesin. Niemand konnte in den Augen ihres Vetters chinesischer sein oder aussehen als dieses Mädchen Jinghua! Er sah sie ihren Reis nicht aus zartbemalten Schalen, sondern aus der eisernen Reisschüssel der Heimat essen.

Timothy bemühte sich auf diesem Ausflug ehrlich um einen Kontakt mit Lilians Vetter, und nie war eine Bemühung fruchtloser geblieben. Der junge Mann sprach ausschließlich zu Lilian und reduzierte in aller Höflichkeit seinen Gastgeber zu einem stummen Zuhörer. Diese Rolle hatte Timothy Hall nie in seinem Leben gespielt, und sie lag ihm in keiner Weise. Bei aller Bescheidenheit besaß er Urteilskraft und Unterscheidungsvermögen, und man hörte ihm für gewöhnlich aufmerksam zu. Natürlich zeigte er in keiner Weise, wie außerordentlich unmanierlich er Cousin Cheng fand. Bei Lilian hätte Tim dieses Benehmen nicht eine Sekunde geduldet. Aber dafür war sie seine Tochter, ob der junge Mann es wahrhaben wollte oder nicht. Plötzlich fragte Cousin Cheng Lilian, ob sie nicht lieber in ihrer Heimat leben möchte. Sie erwiderte, daß sie in London daheim wäre. Cheng empfing diese Feststellung in mürrischem Schweigen. Er konnte so mürrisch und so schweigsam sein, daß Timothy immer wieder staunte. Merkte Lilian wirklich nicht, was für ein unangenehmer, unhöflicher Patron dieser Cousin war?

Tim hatte seinen Plan, die Familie Cheng mit Lilian in Kanton zu besuchen, schon nach der ersten Unterhaltung mit dem jungen Burschen aufgegeben. Und Lilian fragte auch nicht mehr danach. Belinda fragte sowieso nicht. Denn sie würde bei ihrer Tante sein, wann immer Tim beabsichtigte, sie nach China zu schleppen. Sie war auch jetzt bei ihrer Tante und kam dadurch um den Genuß einer Bekanntschaft mit Cousin Cheng. Manche Leute haben eben alles Glück auf der Welt, dachte Tim.

Was hätte die Letzte Kaiserin wohl zu Cousin Cheng gesagt? Wenn er so höflich gewesen wäre wie hier auf dem Schiff, dann hätte er keine Gelegenheit gehabt, ein zweites Mal in mürrisches Schweigen zu verfallen ... Tim befahl sich Nachsicht mit der Jugend und lauschte Cousin Chengs Beschreibung einer ihm befreundeten Arbeiterfamilie in Peking mit lobenswerter Geduld.

Daß der Ausflug trotz der stummen Meinungsverschiedenheiten dann noch ganz nett wurde, war in keinem Fall Cousin Cheng zu verdanken. Timothy traf auf dem Schiff seinen alten Freund, den Staatsanwalt John Gate, mit dem er zusammen studiert hatte. John Gate war groß und korpulent, mit zarten Händen und Füßen und scharfen Augen hinter der Hornbrille. Natürlich war seine kleine Tochter Lynn mit ihrer Kinderfrau ebenfalls dabei. Nanny Morrison hatte schon als blutjunge Frau »ihren John« betreut und paßte seit dem Tode von Lynns Mutter auf Vater und Tochter auf. Sie war zu Fremden mindestens so mürrisch wie Cousin Cheng, aber mit John Gate und dem Kind war sie liebevoll, wenn niemand zusah. Dieses Dreieck, Vater, Tochter und Nanny, war solide und offenbar unzerstörbar. Und wer John Gate als Freund haben wollte, der mußte mit Nanny und dem Kind rechnen. Als Tim seinen Freund fragte, wie es ihm gehe, sagte John Gate etwas zerstreut: »Frag Nanny!« Ganz London wunderte sich, warum dieser hochbegabte und freundliche Mann in den besten Jahren nicht noch einmal heiratete. Aber einerseits führte Nanny das Haus so großartig, daß John sehr zufrieden war, und andererseits wußte er nur zu gut, wie bescheidene junge Freundinnen sich über Nacht in launenhafte, anspruchsvolle Ehefrauen verwandeln können, die das Kind oder die Kinder aus der ersten Ehe weder gut behandeln noch erziehen. Und Nanny wußte das auch. Und sie sorgte diskret dafür, daß der liebe John ihre Ansichten erfuhr und billigte.

Zu Tims Erstaunen sprachen John Gate und Nanny so nett und angeregt mit Cousin Cheng, daß der junge Mann direkt liebenswürdig wurde, und Tim ihn kaum wiedererkannte. John Gate fragte ihn mit echtem Interesse über Wesen und Verlauf von Gerichtsverhandlungen in der Volksrepublik, und Cousin Cheng wartete mit zwei Scheidungsfällen in Peking auf. Er faßte sich bedeutend knapper als üblich. Es gab keinen Zweifel, daß John Gate und Nanny Cousin Chengs sprödes Herz im Handumdrehen erobert hatten. Er lächelte sogar die kleine Lynn an und erntete ein kindliches, argloses Strahlen als Gegenleistung. Nanny verstand sich auf junges Volk, und der junge Cheng zeigte ihr gegenüber erschreckende Höflichkeit. Wenigstens war Tim dieser Ansicht. Er lauschte staunend dieser lebhaften Unterhaltung und erfuhr dabei, wie fließend Cousin Cheng sich auf englisch ausdrücken konnte, wenn er wollte. Und bevor Tims Freunde in Twickenham an

Land gingen, um Johns Großtante zu besuchen, sang Cousin Cheng dem Kind ein englisches Kinderlied vor, und Tim fragte sich nur, wo zum Teufel der Bengel dieses Lied gelernt hatte. Diese Familie und Cousin Cheng waren ganz schnell ein Herz und eine Seele geworden, und Tim und Lilian sahen zu …

Cousin Cheng winkte der Familie Gate vom Schiff aus nach und wandte sich wieder seiner Cousine zu. Warum fragte sie ihn eigentlich nichts, dachte er. War sie ein Geheimniskrämer wie er selbst? Oder traute sie ihm nicht über den Weg? Oder war sie im Geheimen in diesen entsetzlichen Adoptivvater vernarrt, der sich, wie Cousin Cheng beobachtet hatte, nichts aus ihr machte? Jedenfalls fragte Cousine Jinghua ihn überhaupt nichts – eine nette Abwechslung! Sie interessierte sich wohl nicht für sein Leben und erkundigte sich, wie verdammte Ausländerinnen, mit keinem Wort nach seiner geehrten Mutter. Cousin Cheng fand es empörend, wunderte sich aber nicht darüber. Wer mit diesem entsetzlichen Timothy Hall in einem Haus lebte, der besaß eben kein chinesisches Familiengefühl. Cousin Cheng machte sich nicht klar, daß Lilian oder Cheng Jinghua tatsächlich nicht den geringsten Anlaß hatte, an einer Familie zu hängen, die sie abgeschrieben hatte, da sie als Wickelkind auf der Türschwelle des Waisenhauses im Fernsten Osten gelegen hatte … Allerdings war es ihm auch unbegreiflich, warum seine Mutter so feindselig gegen das Mädchen war. Eigentlich hätte Cousin Cheng als Chinese wissen müssen, daß die Familiengeschichten seines Volkes verwickelter und tiefer sind als ganz verwirrtes Garn oder der Perlenfluß. Aber er wußte es nicht. Es blieb die Tatsache bestehen, daß weder Lilian Hall noch Cheng Jinghua irgend etwas über seine geehrte Mutter hören wollten. Vielleicht lag es auch daran, daß Lilian ihre Miss Potter als Tante und Schutzengel liebte, und daß Cheng Jinghua niemals eine Mutter gehabt hatte und nicht wußte, was sie entbehrte? Irgend etwas in seiner Cousine warnte ihn, ein Thema zu verfolgen, worüber selbst seine Mutter starrsinnig schwieg. Was in aller Welt war vorgefallen, bevor Jinghuas Mutter kurz nach ihrer Geburt gestorben war? Er wollte sich keine Gedanken mehr über seine Zukunft machen und noch weniger über die Zukunft seiner jungen Cousine. Er genoß den Ausflug, den freien Tag.

Es war merkwürdig, daß Timothy nach diesem gelungenen Ausflug keinen Schlaf finden konnte. Um zwei Uhr nachts ging er in sein Studierzimmer. Doch selbst Konfuzius, dieser Kenner guter Sitten und praktischer Vernunft, konnte ihn nicht beruhigen.

Ob er es wollte oder nicht, Lilian schob sich immer wieder vor sein inneres Auge – vielmehr Lilian und Cousin Cheng! Auf dem Schiff hatte ihr leises Gelächter Tims scharfe Ohren erreicht, obwohl er in vorsichtiger Entfernung von den jungen Leuten geblieben war, und stumm die vertrauten Ufer des Flusses angestarrt hatte. Cousin Cheng mußte Cheng Jinghua irgend etwas Komisches erzählen, denn sie lachte hell und sorglos. So hatte sie schon lange nicht mehr gelacht, dachte Tim bekümmert. Machte er etwas verkehrt? War er vielleicht doch zu schroff zu ihr gewesen? Aber Lilian war ja nicht seine Tochter, und in diesem Augenblick wußte Tim es besser als in den langen Jahren ihrer Entwicklung. Sie war jetzt achtzehn und eine junge Frau. Timothy blickte zu Lilian hinüber, aber sie hatte, vielleicht zum erstenmal, keinen Blick für ihn. Wieder lachte sie laut und sorglos. Und Cousin Cheng stimmte ein. War Blut eben doch dicker als Themsewasser? Tim versprach sich, daß er sich mehr um Lilian kümmern würde.

Je müder und schlafloser er in seinem Studierzimmer wurde, desto intensiver betrachtete er das Bild der Letzten Kaiserin über seinem Schreibtisch. Die Ähnlichkeit mit Lilan war nur sichtbar gewesen, als das Mädchen sich für einige Stunden in Tzu Hsi verwandelt hatte. Hoffentlich verschwand Cousin Cheng aus London oder vielmehr aus Hampstead, bevor Lilian ihn mit der kaiserlichen Pracht vergangener Zeiten betören könnte. Bei diesem Anblick würde der Jüngling die Eisernen Reisschüsseln der Volksrepublik vergessen und...

Timothy schloß für einen Augenblick die Augen. Dann öffnete er das Geheimfach seines Schreibtisches und zog ein Bündel Briefe hervor. Er hatte sie an Lilian geschrieben, aber selbstverständlich im Schreibtisch vergraben. Jetzt wollte er den Blödsinn nur noch einmal lesen und dann verbrennen oder in den Fluß werfen. Er wollte sich nicht vorstellen, was Belinda zu diesen Briefen sagen würde. Was Lilian sagen würde, wußte er. Belinda litt an unbehaglichem Eifersuchtsfieber, und sie war nicht mehr die Jüngste. Man konnte nicht vorsichtig genug mit ihr umgehen, aber Tim fand, daß seine Ehe sich wieder ins Gleichgewicht geschaukelt hatte.

Er verschloß die Briefe wieder in seinem Schreibtisch. Vielleicht würde er sie morgen verbrennen oder nächste Woche. Oder nächstes Jahr...

Cousin Cheng war nach allem, was Tim ihm geboten hatte, ohne Gruß und Kuß mit seiner Truppe nach Peking zurückgeflogen. Drei Tage nach dem Ausflug!

»Feine Manieren«, sagte Timothy beim Frühstück und blickte Lilian nicht an.

»Liang läßt dir danken und läßt dich grüßen, Daddy! Die Gruppe war in solcher Eile. Sie spielen jetzt in Italien.«

»Du weißt ja gut Bescheid.«

»Natürlich weiß ich Bescheid. Er ist mein einziger Verwandter, nicht wahr?«

Timothy sagte nichts, was immer das Beste ist. Was bahnte sich hier an? Lilian war sonst niemals schnippisch.

»Wie wäre es, wenn du deinem Cousin beibringen könntest, daß man sich für erwiesene Gastfreundschaft bedankt?« fragte er unnatürlich sanft.

»Möchtest du noch eine Tasse Tee?«

Der Rest des Frühstücks verlief in ungewohntem Schweigen. Timothy überlegte, wie lange man jetzt Ruhe vor Cousin Cheng haben würde. Die Truppe plante ein Gastspiel in London gegen Ende des Jahres, aber Pläne ändern sich.

Das Telefon riß Timothy aus seiner Meditation. Konnte er niemals seine Eier in Ruhe essen? Aber dieses Mal war es eine erfreuliche Störung. Belinda würde in einigen Tagen daheim sein. Timothy teilte Lilian sofort die freudige Nachricht mit und erhielt keine Antwort. Sie war bereits im Aufbruch zu Meister Ho. Er hoffte, daß Lilian sich auch etwas freute, wußte aber, daß keine Rede davon war.

Wenn Cousin Cheng das nächste Mal kommen würde, müßte alles anders sein! Belinda würde daheim sein und nach ihrer eigenen Methode Cousin Cheng sanft aber eisern zu höflichem Benehmen zwingen. Niemand, bis auf Lilian, war jemals unhöflich zu Belinda gewesen. Es kam einfach nicht in Frage. Aber was immer Belinda über Cousin Cheng denken und sagen würde, Timothy wollte es nicht wissen. Niemand interessierte ihn weniger als dieser Besitzer einer Eisernen Reisschüssel.

Tim fragte sich, warum er sich so intensiv mit Lilian beschäftigte, nachdem sie nun längere Zeit so eine Selbstverständlichkeit in seinem Haus gewesen war, daß er sie gelegentlich fast wieder übersehen hatte. Zum erstenmal dachte er scharf und nüchtern über die doppelte Existenz von Lilian Hall und Cheng Jinghua nach. Denn daß es eine schwierige und mit Konflikten belastete Existenz war, das hatte Tim schon lange geahnt. Jetzt aber wußte er es und gab sich selber zu, daß Cousin Cheng, allein durch sein Auftauchen in London, zur Klärung der Situation entscheidend beigetragen hatte. Timothy besaß genug Phantasie und Mitgefühl, um zu erkennen, daß Lilian es nicht leicht hatte. Er hatte ihre besonderen Probleme immer in der Hoffnung ignoriert, daß sie weiter erfolgreich in die englische Welt hineinwachsen würde, aber das war eine Illusion gewesen. Mit Cousin Cheng am Horizont, konnte Timothy in aller Ehrlichkeit diese Illusion nicht länger aufrecht erhalten.

Doppel-Existenzen! Janus-Köpfe! Konflikte in der Literatur und im Alltagsleben! Lilian Hall gegen Cheng Jinghua! Timothy konnte sein kleines Mädchen nicht vor Konflikten bewahren oder sie lösen. Lilian mußte diese Arbeit selbst tun. Wie konnte Tim sie vor ihrem Schicksal bewahren? Er konnte es nicht, und er wußte es in dieser schlaflosen Nacht.

Erst einmal aber schob Timothy diese Probleme von sich und begrüßte Belinda am nächsten Tag mit wirklicher Freude. »Du siehst entsetzlich aus, Tim!«

»Dafür siehst du entzückend aus, Belinda!« Sie gingen Arm in Arm in Tims Studierzimmer, und Lilian und Cheng Jinghua sahen zu. Sie standen wieder einmal im Dunkeln oben auf der Treppe und sahen Eheglück. Es war schwer zu sagen, ob Timothys Eheglück seiner Tochter Lilian oder Cheng Jinghua mehr mißfiel.

Sechstes Kapitel

TEE BEI BELINDA

Polly, put the kettle on!
We'll all have tea.

(Charles Dickens)

In jedem Spätherbst gab Belinda eine Teegesellschaft für ihre alten Freunde in Hampstead. Dieses Ereignis wurde von den Einzelgängern, die sie einlud, mit Freude und Dankbarkeit erwartet. Belindas Hinwendung zu Leuten, die vom Schicksal zwar vernachlässigt wurden, aber gleichmütige Miene zum bitterbösen Spiel machten, war wirklich erstaunlich. Ihr Mangel an Verständnis für Lilian war deshalb umso unbegreiflicher. Nach außen hin war natürlich alles in Ordnung, und Belinda und Lilian schienen bei diesem Tee ein Herz und eine Seele zu sein. Niemand hätte vermutet, daß die beiden sich höflich und verschwiegen haßten. Belinda grübelte vergeblich darüber nach, wo Lilian leben könnte, und die Adoptivtochter wünschte Belinda über alle Berge. Timothy sollte nur sie lieben.

Konnte Belinda nicht vergessen, daß Tim trotz seiner Zurückhaltung immer ein weites Herz für Frauen gehabt hatte? Er war in der Lage mühelos mehrere Personen zu lieben und fand Eifersucht kindisch. Belinda aber konnte nichts gegen diese brennende Unruhe in ihrem Herzen tun, die sie erfaßte, sowie Timothy der jungen Lilian auch nur einen halben Blick schenkte. Wohin konnte man sie abschieben? Cousin Cheng, auf den Belinda eine gewisse Hoffnung gesetzt hatte, ließ nichts von sich hören.

Kein Zweifel, Lilian war in Hampstead einsam. Belinda fand nicht heraus, ob sie die netten jungen Töchter ihrer Freunde nicht mochte, oder ob diese sie ablehnten. Jedenfalls gab es in Tims und Belindas Haus kein junges Gelächter oder Geschwätz. Da war nur die lautlose Musik von Timothys Träumen und Belindas Ängsten. Lilian, so verschwiegen wie jede Chinesin, war so oft es ging bei Meister Ho in Soho oder bei Helen Potter, ihrer Beschützerin.

Belindas Teetrinker hatten Lilian gern, sie hatten miterlebt, wie sie hier aufwuchs, und außerdem half das Mädchen immer so nett beim Tee. Jeder freute sich, wie reizend Belinda und Lilian miteinander waren. Alle Gäste freuten sich über diese Mutter und Tochter, die so verschieden waren und aussahen. Besonders Miss Brendon konnte sich nicht darüber beruhigen. In ihrer Jugend hatte sie sich trotz ihrer Abneigung gegen Männer verschwiegen und leidenschaftlich Kinder gewünscht. Sie war bereit gewesen, deswegen alle Unannehmlichkeiten des Ehelebens auf sich zu nehmen. Aber Miss Brendon, die zu den geborenen englischen Einzelgängerinnen gehörte, hatte wohl doch ihre Abneigung gegen das männliche Geschlecht nicht gut genug verbergen können, denn niemand hatte ihr den kleinen Gefallen getan. Nun war sie dazu verurteilt, ihre verwitterte, hypochondrische Mutter zu betreuen, und so war sie langsam versauert und freute sich nur noch auf Konzerte und Belindas Tee. Timothy, der immer nur kurz bei diesem Tee erschien, fand sie bemitleidenswert, hütete sich aber, dieser Stachelbeere seine Sympathie zu zeigen. Er unterhielt sich genau sieben Minuten mit Miss Brendon. Sie erschienen ihm wie sieben Jahre. Aber Miss Brendon gehörte zu Belindas Tee wie Milch und Zucker.

Am liebsten unterhielt Timothy sich bei diesem Tee mit Doktor Elspeth Stone, einer ausgezeichneten Hampstead-Ärztin im Ruhestand. Sie hatte eine große Privatpraxis gehabt und ganz Hampstead über zwanzig Jahre lang betreut. Eiserne Energie, beträchtliches Wissen und ein weiches Herz hatten sie zu einer Einrichtung in Hampstead gemacht – wie die Heide oder die alten berühmten Pubs.

In diesem Augenblick ermahnte sie Betty Nichols, sich endlich wie eine erwachsene Person zu benehmen. Sie spielte immer noch das kleine Mädchen – ein Musterfall der Selbsttäuschung! Auch heute, wo Miss Nichols längst das Alter reiner Vernunft erreicht haben sollte, lebte sie mit ihrer alten Kinderfrau im Haus ihrer verstorbenen Eltern. Sie erschien nirgends ohne Nanny Sharpe, die nun bei Belindas Tee darauf aufpaßte, daß Miss Nichols »sich benahm.« Im Augenblick unterhielt Nannys bejahrter Schützling sich mit Mrs. Blackborn, einer Opernsängerin, die ihr ehemaliges Gewerbe unbarmherzig bei geselligen Gelegenheiten ausübte. Sie würde auch heute bei Belinda singen, und Timothy richtete es immer so ein, daß er es nicht anhören mußte. Er hatte nie begriffen, warum die Opernsängerinnen nach dem Verlust ihrer besten Töne weitersingen wollten. Aber so war es eben. Die Leute sangen, tanzten, schrieben und malten, lange nachdem sie ihren Höhepunkt überschritten hatten – wenigstens in Hampstead. Hier hatte man immer gewußt, daß ein Übermaß an Kritik alte Freundschaften zerstört. Und wenn man etwas in Hampstead über alles schätzte, dann waren es Leute, die man immer und ewig gekannt hatte, und die das Hausrecht erworben hatten, ihren alten Freunden auf die Nerven zu fallen. Timothy wunderte sich manchmal, was man sich in diesem Stadtteil von London erlauben konnte. Er hatte Elspeth Stone wirklich besonders gern und spürte, wie sehr sie die regelmäßige Arbeit vermißte.

Timothy zog eine Karte aus der Rocktasche. »Das wird Sie vielleicht interessieren, Frau Doktor!« Es war eine Einladung zu einem psychotherapeutischen Kongreß für Mediziner. Elspeth Stone wurde augenblicklich um zwanzig Jahre jünger. Ihre klugen Augen leuchteten, und sie dankte Timothy mit ungewohnter Wärme. »Genau, was ich brauche, mein lieber Tim. Dabei habe ich doch eigentlich genug gearbeitet.« Grimmig lächelnd nahm sie die Tasse Tee, die Lilian ihr reichte.

»Wie geht es dir, liebes Mädchen?«

»Vielen Dank Frau Doktor! Es geht mir ausgezeichnet.«

»Tatsächlich?«

»Es gibt nichts zu sagen, Frau Doktor.«

»Wenn du einen Rat brauchst, weißt du, wo ich wohne, Lilian!« Die Ärztin fand, daß Lilian nicht besonders glücklich aussah. Vielleicht war Belindas Teegesellschaft etwas zu anstrengend für das junge Ding? Aber Doktor Stone erinnerte sich sofort daran, daß nichts zu anstrengend für Chinesen ist. Wenigstens nichts, was ihnen Spaß macht. Sie hatte es immer wieder bei ihren Patienten in Taiwan festgestellt.

Timothy war schon in seinem Arbeitszimmer, als Lilian mit frischem Tee erschien.

»Du hast nichts getrunken, Daddy!« Sie stand neben ihm, und er strich ihr leicht über das glänzende schwarze Haar. Er vermied ihren Blick, denn er wußte zu genau, was dieser Blick verriet. Er hatte es immer gewußt... Die letzte Kaiserin lächelte aus ihrem Bilderrahmen auf ihn herab. Plötzlich fand Timothy, daß sie, Cheng Jinghua, und er nicht zu Belindas Teegästen gehörten.

Belinda war unermüdlich und beängstigend guter Laune, obwohl ihr merkwürdige Gedanken durch den Kopf schossen, während sie mit lobenswerter Geduld Miss Gilberts Klagen über ihre neue Mieterin anhörte. Sie konnte Dora Gilberts Art, alle Menschen vor den Tücken des Schicksals zu warnen, nicht besonders gut ertragen. Auch heute wurde sie wieder damit konfrontiert.

»Ich habe dich gewarnt, Belinda! Aber du hörst ja nicht auf deine Freunde.«

»Du kannst die Situation nicht beurteilen, Dora! Lilian ist in letzter Zeit ...«

»Ich weiß«, unterbrach die alte Freundin sie mit seltener Unverblümtheit. »Du kannst das Mädchen nicht riechen.«

»Unsinn!«

»Wie du meinst! Ich kann dich nur warnen.« Miss Gilbert kehrte beleidigt zu ihrem Tee zurück und betrachtete die Audienz als beendet. Belinda flüchtete zu Elspeth Stone. Plötzlich war sie müde und erschöpft.

»Sollen wir gehen?« fragte die Ärztin vorsichtig.

»Um Himmels Willen! Die Party ist jetzt erst richtig im Gang.«

»Hast du deine Pillen genommen, Belinda?«

»Ich werde sie jetzt nehmen.«

»Warte, bis alle gegangen sind! Dann leg dich hin und rede kein Wort mehr.« Belinda blickte ihre alte Freundin nicht an. »Ich habe niemanden, mit dem ich reden könnte.« Ihr Gesicht zuckte. Einen Augenblick starrte sie die Ärztin aus leeren Augen an.

Elspeth Stone hielt Belinda sanft aber fest am Arm. »Du mußt dich jetzt hinlegen. Hast du verstanden, Belinda?« Der alte Befehlston, die alte Freundschaft wirkten. Belinda verschwand für eine halbe Stunde und erschien erst wieder, als die ersten Gäste sich diskret zum Aufbruch rüsteten. Auch Julian Flint, einer der merkwürdigsten Gäste dieses Tees – ein Transvestit reinsten Wassers, der selbstverständlich im korrekten dunklen Anzug mit einem nüchternen Schlips erschienen war, wollte schon gehen. Man sah ihn niemals ohne seine ältere Schwester, die unauffällig darauf aufpaßte, daß Julian nicht plötzlich mit der Handtasche einer Dame spielte oder sich den Tüllschal seiner Schwester um seinen langen dürren Hals drapierte. Mr. Flint, hochangesehen in seinem Club der Transvestiten im Westend, war ein Studienfreund von Timothy Hall, dem es völlig gleichgültig war, in welcher Aufmachung Julian irgendwo erschien. Auch seine Schwester, die Mutterstelle bei ihm vertreten hatte, ertrug Julians Verkleidungen mit stoischem Gleichmut. Wem es nicht paßte, daß Julian gelegentlich in einem diskreten Abendkleid und goldener Lokkenperücke erschien, der brauchte Miss Flint und ihren Bruder ja nicht einzuladen. Beide hatten niemals ihr gutes Geld für eine psychiatrische Behandlung ausgegeben. Julian hatte zeitig das Studium der Philosophie aufgegeben und war ein erstklassiger Bankfachmann geworden, der alle seine Freunde in Hampstead zu ihrem Vorteil beriet. Er verband eben einen glänzenden, nüchternen Verstand mit einem extravaganten Privatleben.

Meistens holte Timothy seinen Freund nach dem Tee in sein Studierzimmer, wo sie sich allein unterhielten. Heute aber war Timothy nicht mehr zu der Gesellschaft zurückgekommen.

Übrigens verstand Julian Flint erstaunlich viel von chinesischem Kunstgewerbe, und Lilian betrachtete ihn schüchtern und geehrt als ihren älteren Freund und Berater. Auch Meister Ho hatte nichts an ihm auszusetzen; allerdings hatte er ihn niemals in einem Abendkleid und mit wallender Lockenperücke gesehen. Lilian freute sich immer auf Julian, denn er war so ungezwungen wie Timothy mit ihr, ganz anders als Belinda, die jetzt wortreich ihre letzten Gäste verabschiedete.

Wann die gegenseitige gereizte Abneigung zwischen Belinda und Lilian in stummen Haß umgeschlagen war, wußten beide nicht, aber beide wußten, daß es so nicht weitergehen könnte.

Spät in der Nacht, als Belinda schon längst den Schlaf der Gerechten schlief, schrieb Lilian an Cousin Cheng. Sie mußte wissen, wann er den versprochenen Besuch in London machen würde. Die Theatervorstellungen der chinesischen Oper wurden immer erst ziemlich kurz vor der Aufführung bekanntgegeben, und Lilian wollte rechtzeitig erfahren, wann sie Cousin Cheng wiedersehen könnte. Nicht, weil sie ihn liebte oder ziemlich mühelos lieben könnte, sondern weil er ihr einziger Blutsverwandter auf der Welt war. Außerdem war er ein Mann, und Lilian fand Männer nach alter Tradition beneidenswert. Selbst Cousin Cheng, der nicht an Timothy heranreichte, hatte es bedeutend besser als sie, ein armseliger weiblicher Fisch, der nicht schwimmen konnte, wo er wollte.

Je öfter Lilian sich sagte, daß Daddy-Tim sie wegen Belinda in die Ecke geschoben hatte, desto eigensinniger liebte sie ihn. Sie wußte, daß er die einzige Liebesnacht aus seinem Gedächtnis gestrichen hatte, aber selbst diese betrübliche Tatsache änderte nichts an ihren Gefühlen. Sie schrieb an Cousin Cheng aus einem Gefühl der Verlassenheit, von dem weder Timothy noch Meister Ho noch Lilians Schutzpatronin Helen Potter etwas ahnten. Doch jetzt, wo Miss Potter wieder mit Lady Springfield auf Reisen war, fühlte Lilian sich ganz verlassen.

Cousin Cheng beantwortete diesen langen Brief, den Cousine Cheng Jinghua ihm in der Nacht nach Belindas Teegesellschaft geschrieben hatte, nie. Er spielte verschollen. Cousin Cheng fand es angebrachter oder vorsichtiger oder sogar weiser, Briefe von Cousine Jinghua nicht zu beantworten. Er wollte sich grundsätzlich nicht schriftlich festlegen und dachte mit vollem Recht, daß Briefe eine Menge Unheil in der Welt anrichten können. Alles mußte warten, bis seine Gruppe das nächste Gastspiel in London geben würde.

SIEBTES KAPITEL

FRÄULEIN HOFFMANNS ERZÄHLUNGEN

Primus inter pares

(Der Erste unter Gleichwertigen)

»Muttel«, sagte ich, »warum wohnt der Vatel in seiner Baude und läßt uns hier mit der Hedel Hopfensack?«

»Weil es so is«, erwiderte meine Mutter in ihrem Ton, der keinen Widerspruch duldete. Erst recht keine Erklärung.

Ich blickte meine Mutter an. Ich war erst sechs Jahre alt. Was verstand ich von den Schwierigkeiten einer Ehe? Ich ahnte, daß Hedel Hopfensack natürlich nicht den Platz meines Vaters einnehmen konnte, aber daß sie ihn irgendwie vertrieben hatte. Ich wußte zwar nicht, wie ein großer, stattlicher Mann sich von diesem dürren alten Gestell aus seinem eigenen Haus vertreiben lassen konnte, aber was hätte es mir genützt, wenn ich es gewußt hätte? Und was hätte es meiner Mutter genützt? Später las ich in seinen Tagebüchern, die ich nach London importierte, daß er meiner Mutter in jenen Tagen ein Ultimatum gestellt hatte. Entweder er oder Hedel Hopfensack in seiner Wohnung in Breslau! Wahrscheinlich wollte er ihr häßliches Gesicht, für das sie nichts konnte, nicht bei den Mahlzeiten sehen. Ich erinnere mich nur, daß der Vatel zusammenzuckte, wenn Hopfensack schrill und unnatürlich hoch lachte.

Später in London fand ich heraus, daß viele Männer empfindlich gegen bestimmte Sorten von Gelächter sind. Übrigens, was unsere Lilian anbelangt, zucke ich zusammen, wenn sie lacht. Hart, schrill, unmusikalisch. Aber es stört Sir Timothy keineswegs, denn er lacht mit. Belinda preßt die Lippen zusammen, und ich weiß nicht, wohin ich blicken soll. Selbst ein unheilbarer Optimist würde unsere Mahlzeiten nicht erheiternd finden. Manchmal vergeht mir der Appetit, und das will bei mir doch etwas heißen. Ich wünschte, ich könnte für mich in Ruhe und Frieden essen. Davon ist keine Rede. Ich bin mit Familienanschluß engagiert.

»Zum Totlachen«, sagt Nigel Hunter. Bis zum heutigen Tage habe ich nicht herausbekommen, warum er so ungemütliche Situationen wie Mahlzeiten im Hause Hall zum Totlachen findet. Er besitzt eine reichliche Dosis dieses englischen Humors, der Schlesiern ewig unverständlich bleiben wird. Ich glaube, mit Ausnahme von Nigel wäre jedem Hausgenossen der Appetit im Hause Hall vergangen. Meistens herrscht bestürzendes Schweigen, und Lilian sieht so mürrisch aus, wie man es nicht für möglich hält. Belindas Lippen sind ein feiner Strich, und Sir Timothy bemüht sich nicht besonders, es seinen Damen recht zu machen. Er ißt mit gutem Appetit, aber immer sehr wenig, trinkt sein Mineralwasser, verlangt unvermutet nach dem Pudding seine Tasse Tee und verschwindet milde und unzugänglich in seinem Arbeitszimmer. Lilian blickt ihm immer intensiv nach, und wenn die Tür sich hinter ihm geschlossen hat, fällt sie sichtlich zusammen. Belindas Gesicht sieht dann immer aus, als würde sie gern Gott im Himmel als Zeugen dieses Familienlebens anrufen. Aber stattdessen fragt sie mich, ob ich noch etwas Pudding essen möchte. Sie ärgert sich grün und blau über Lilian, frißt aber alles in sich hinein. Dabei kann man Lilian nichts vorwerfen, nichts nachweisen, nichts plausibel machen. Sie würde nie verstehen, daß sie in diesem Haus die Harmonie zerstört. Bis zum heutigen Tage weiß ich nicht, was Timothy Hall sich wirklich bei diesen Mahlzeiten denkt. Wenn er sich doch über Lilian ärgert, sagt er nur: »Oh, my God!« und verschwindet mit Riesenschritten.

Manchmal habe ich Herrn Psychologen Nigel Hunter gefragt, was man machen könnte, um eine gewisse Harmonie in dieses Haus zu zaubern. Er sagte prompt, er wüßte es nicht. Ich wundere mich, wofür er sich so hoch bezahlen läßt, bin aber inzwischen englisch genug, um nicht zu fragen.

Ich finde Belinda entzückend und ihre Haltung bewundernswert. Natürlich bezahlt sie dafür mit gelegentlichen Nervenkrisen, die dann Timothy in Erstaunen setzen. Kein Zweifel, je klüger Männer sind, desto dümmer sind sie als Ehemänner. Gelegentlich lebt Sir Tim so intensiv in alter chinesischer Geschichte, daß er sich verwundert im Speisezimmer umsieht und sich offenbar fragt, was er hier mit uns zu tun habe. Belinda kennt diesen Blick und bittet ihn dann freundlich aufzuwachen. Er ist immer milde, und ich denke manchmal, es wäre besser, wenn er zu unserer süßen Lilian etwas unfreundlicher wäre.

Im Licht späterer Entwicklungen möchte ich sagen, daß Lilian bereits zu diesem Zeitpunkt entbehrlich im Hause Hall war. Aber ich war wohl die Einzige, die das dachte. Vielleicht noch Nigel Hunter, dem Timothy Hall unleugbar gewisse Sorgen machte. Alle anderen gingen ihn nichts an.

Auch Belinda behielt ihre Fassung bis auf das eine Mal, woran ich ungern zurückdenke. Sie war nicht sie selbst, sondern eine Furie, der die antiken Furien keine Konkurrenz gemacht hätten. Ich war damals ganz entsetzt, weil Belinda so aus ihrem Rahmen gefallen war. Lilian aber freute sich unbändig darüber und verbarg ihre Freude mit chinesischem Geschick.

Niemand könnte verschiedener sein als Hedel Hopfensack und Lilian Hall! Es ist grotesk, diese beiden zu vergleichen, und doch sehe ich eine gewisse fatale Ähnlichkeit zwischen ihnen. Allein durch ihre Gegenwart zerstörten Fräulein Hopfensack und Lilian Hall Ehegemeinschaften, die ohne ihre Anwesenheit ganz normal geklappt hätten. Aber Lilian ist jung und schön; ich meine, wer diesen Typ mag, und sie will auf Biegen oder Brechen Belinda aus dem Herzen ihres Mannes vertreiben. Keine leichte Arbeit, aber nicht unmöglich. Ich fragte Nigel Hunter, ob die Lilian tatsächlich Timothy Hall einfangen wollte. Nach einer Pause sagte Nigel, ich müßte übergeschnappt sein. Er gehört zu den Männern, die nur unwahrscheinlich höflich und zartfühlend sind, wenn sie mit einer Dame schlafen.

Wenn ich wüßte, warum ich die Lilian so schwer ertragen kann, könnte ich vielleicht irgendeinen Einfluß auf sie ausüben. Ich kann es mir nicht erklären, aber es ist keinesfalls, weil sie Chinesin ist. Sir Timothy ist auch nicht direkt mein Fall, aber gegen Lilian ist er die reinste Wonne. Und ich habe immer noch das Gefühl, daß er tatsächlich nicht weiß, daß sein kleines Töchterchen ihn mit Haut und Haar verschlingen möchte. Lilian weiß nur noch nicht, wie man so etwas unauffällig fertigbringt ...

Da ich das Fragen nicht lassen kann, fragte ich Nigel Hunter, ob er Lilian wirklich gern hätte. Er sagte, sie wäre von Zeit zu Zeit seine Patientin, und daß er über seine Patienten nicht rede. Ich möchte nur wissen, was Nigel zu unternehmen gedenkt, um die Ehe seiner Freunde zu retten. Es hat nichts damit zu tun, ob Nigel unsere Lilian gern hat oder nicht.

Obgleich ich von Cousin Cheng nicht hingerissen bin, wünschte ich, er würde wieder nach London kommen und seine Cousine mit nach China nehmen. Es wäre tatsächlich eine vernünftige und logische Lösung der Situation, aber ich habe selten in meinem Leben solche Lösungen erlebt. Schon gar nicht, wenn es sich um eine Leidenschaft wie bei Lilian handelt. Denn das ist es natürlich, ob Herr Psychologe Nigel Hunter es zugibt oder nicht. Er weiß es genausogut wie ich. Vielleicht besser, weil er ja mit Timothy aufgewachsen ist und endlose Jahre im Fernen Osten mit ihm verbracht hat. Aber bevor ein Engländer dieser Kreise sich in die Privatangelegenheiten seines besten Freundes einmischt, da fällt eher die Nelson-Säule um, oder die Nachtfalter von Earl's Court verziehen sich ins nächste Kloster.

Vielleicht sehe ich zu schwarz, aber die Sitution im Hause Hall wird täglich schwieriger, und wenn Cousin Cheng sich nur ein bißchen zugänglicher gezeigt hätte, würde ich ihn ohne Angabe der Einzelheiten um seinen Besuch bitten. Denn ich wäre die Einzige, die das tun könnte, so aber können wir wohl noch lange auf Cousin Cheng warten.

Neulich beim Abendessen warf die Kleine ihrem Daddy-Tim einen Blick zu: Eine Feuerkugel ist nichts dagegen. Natürlich tat er, als ob er nichts gesehen hätte. Ehemänner! Aber Belinda zog sich sofort nach dem Essen mit ihren Kopfschmerzen zurück. Lilian ging ebenfalls in ihr Zimmer im zweiten Stock, und Daddy-Tim begab sich zu stummer Zwiesprache mit der Letzten Kaiserin in sein Studierzimmer. Als ich zum Diktat bei ihm erschien – er ist im Augenblick zur Tang-Periode zurückgekehrt –, starrte er das Bild der Letzten Kaiserin über seinem Schreibtisch an und wunderte sich offensichtlich, was ich in seinem Zimmer zu suchen hätte. Aber dann gab er sich einen Ruck und ging zur Tagesordnung und zu seinem neuen Manuskript über. Seine Vorträge über die Letzte Kaiserin in

Radio und Fernsehen sind ungewöhnlich erfolgreich, aber man kann nicht herausbekommen, ob Erfolg ihn erfreut, ärgert oder stört. Gegen ihn ist Nigel Hunter nur ein Buch mit zwei oder drei Siegeln. Nach den vielen Jahren in diesem Lande, sollte ich Engländer ein bißchen kennen, aber beide Herren werden mir immer unverständlicher, je öfter ich sie sehe.

Ein paar Tage später fragte Lilian beim Mittagessen ihren lieben Daddy-Tim, warum er so unfreundlich zu ihr wäre und was sie wieder verbrochen hätte. Er sah sie so erstaunt an, daß Lilian sich wegen des verzeihlichen Irrtums entschuldigte... Ganz schlau wird man aus Daddy-Tim wirklich nicht. Er ließe sich wahrscheinlich lieber meuchelmorden, als zuzugeben, daß ihn gelegentlich sein väterliches Interesse an Lilian überkommt. Aber vielleicht täusche ich mich, denn Daddy-Tim gibt so viel von sich preis wie die ägyptische Sphinx. Obgleich er so viele Vorträge hält, ist er privat auf den Mund gefallen.

Gestern warf Lilian ihrem sogenannten Daddy wieder einmal einen unerlaubten Blick zu – eine Mischung von Medusa und dem Käthchen von Heilbronn in chinesischer Ausführung. Falls Belinda diesen Blick bemerkt hat, entschied sie sich dieses Mal gegen Rückzug mit Kopfschmerzen und lächelte Sir Timothy ganz entzückend an. Ich muß sagen, sie versteht es nicht schlecht mit ihm. Ich sagte mal wieder, daß er ja nichts gegessen hätte, und er erwiderte seinen alten Spruch, daß er deswegen nicht in die Themse springen könnte. Auch Belinda und Lilian nippten nur an dem guten Essen. Mir schmeckte es natürlich. Kein Wunder, daß ich immer dicker werde!

Manchmal würde ich gerne wissen, wie Daddy-Tim das Leben mit seinen beiden Damen gefällt, aber da in diesem Lande auf interessierte Fragen Todesstrafe steht, stelle selbst ich keine Nachforschungen an. Inzwischen habe ich das Gefühl, daß sich irgend etwas in diesem Hause ändern wird, wenn Cousin Cheng mit seinem Vogel, den er ja dieses Mal mitbringen will, um nicht so allein zu sein, wieder in seinem Logierhaus aufkreuzt. Ich habe böse Vorahnungen, und das darf ich nicht einreißen lassen. Denn wer will böse Vorahnungen zu den guten Mahlzeiten hören?

Viertes Buch

TRITT NICHT AUF MEINE TRÄUME

Erstes Kapitel

DIE GESETZE DER NACHT UND DES HONIGS

Die Nacht und der Honig
haben ihre Gesetze.

(Jean Cocteau)

Timothy Hall war kein Freund des Frage- und Antwortspiels, von dem die meisten Leser der Sonntagszeitungen nicht genug bekommen können. Deshalb war er auch nicht besonders zuvorkommend, als die Journalistin um vier Uhr nachmittags in seinem Arbeitszimmer erschien. Glücklicherweise war sie kein errötendes, junges Ding mehr und machte ihm auch keine schönen Augen. Miss Rillington hatte graues Haar, ein intelligentes Faltengesicht, trug ein korrektes Kostüm, vernünftige Schuhe, und ihre Augen hinter der dicken Brille waren kühl und auch vernünftig. Ohne auf Tims höfliches Lächeln einzugehen, setzte sie sich auf seinen bequemsten Sessel und öffnete ihr Notizbuch.

Draußen goß es in Strömen, sie aber ignorierte Tims Bemerkung über das Wetter, räusperte sich, zückte ihren Stift und blickte ihn an. Sie witterte, daß Timothy Hall ein schwieriger Mann war und wußte, daß er sich diesem Interview nicht etwa unterziehen würde, um der Zeitung einen Gefallen zu tun, sondern um der Letzten Kaiserin zu dienen. So etwas half eben dem Verkauf des Buches.

Für Timothy war jedes Interview ein Gefecht, und er

rüstete sich. Die Letzte Kaiserin blickte aus dem Bildrahmen über seinem Schreibtisch auf ihn herab, und er meinte, ein schwaches, ironisches Lächeln zu bemerken. An Miss Rillington jedenfalls blickte die Letzte Kaiserin vorbei.

»Sir Timothy! Ist dies Ihr letztes Buch über Chinesen?«

Timothy: Das kann ich zu diesem Zeitpunkt nicht sagen.

Rillington: Haben Sie sich lange mit Tzu Hsi beschäftigt?

Timothy: Ja. Aber es ist sehr schwierig gewesen, weil die Letzte Kaiserin die wirklich interessanten Dinge immer für sich behalten hat. Sie gehörte sich selbst in einem Maße, wie man es selten bei den Frauen des Westens findet.

Rillington: Sind die Frauen des Westens selbstloser?»

Timothy: Ich habe keine Ahnung.

Rillington: Das kann ich nicht glauben, Sir Timothy. Ihrem Buch nach zu urteilen, haben Sie eine besondere Kenntnis der weiblichen Psyche.

Timothy: Sagen Sie das, um mich zu Geständnissen zu verlocken?

Rillington: Höchstens in bezug auf die Letzte Kaiserin. Ihr Buch hat enormes Interesse erregt. Freuen Sie sich darüber?

Timothy: Ja.

Rillington: Haben Sie den Erfolg erwartet?

Timothy: Nein. Man denkt nicht an Erfolg, wenn man schreibt.

Rillington: Aber meinen Sie nicht, daß viele Autoren doch daran denken?

Timothy: Ich habe keine Ahnung, was viele Autoren denken.

Rillington: Aber das könnten Sie doch bei Veranstaltungen mit anderen Schriftstellern, zum Beispiel im Pen Club, erfahren.

Timothy: Ich gehe zu so etwas nie hin.

Rillington: Darf ich fragen, warum Sie diese Zusammenkünfte von Kollegen meiden?

Timothy: Weil ich nicht unbedingt erfahren will, was andere Leute denken.

Miss Rillington (lächelt vorsichtig): Sind Sie etwa ein Einsiedler?

Timothy: Das wäre in Hampstead, wo jeder jeden seit Jahrhunderten kennt, etwas schwierig.

Lilian erscheint mit dem Tee.

Lilian: Der Tee, Daddy!

Timothy: Dies ist meine Tochter Lilian.

Rillington: (freundlich) Sie sind ja schon eine junge Dame!

Timothy: Wir wollen nicht übertreiben.

Lilian reicht den Tee und verschwindet.

Rillington: Ein entzückendes junges Mädchen.

Timothy: Lilian ist noch sehr kindlich für ihre achtzehn Jahre.

Rillington: Hat Ihre Tochter einen Beruf?

Timothy: (stolz) Sie beschäftigt sich mit Lackmalerei. Eine uralte chinesische Kunst, die meine Tochter bei einem Meister in Soho lernt. Übrigens erlernte die Letzte Kaiserin diese Kunst ebenfalls.

Rillington: Haben Sie sich schon in Hongkong mit ihr beschäftigt?

Timothy: Tzu Hsi ist eine alte Liebe von mir.

Rillington: Meinen Sie, daß wir im Westen diese Kaiserin verstehen können?

Timothy: Warum nicht? Die Ziele und Leidenschaften von Menschen werden nicht von der Landkarte bestimmt.

Rillington: Aber China war doch offenbar ein entscheidender Einfluß in Ihrem Leben. Oder nicht?

Timothy: Selbstverständlich bin ich sehr beeinflußt

worden, vor allem von Menschen, von Chinesen, die ich inzwischen zu meinen Freunden zähle. Vielleicht habe ich deswegen China nicht wieder aus meinem System bekommen.

Rillington: Und natürlich hält Ihre Tochter die Erinnerung wach, nicht wahr?

Timothy. Natürlich.

Rillington: Möchten Sie augenblicklich in China leben, Sir Timothy?

Timothy: Nein.

Rillington: Warum nicht?

Timothy: Selbst eine einfache Antwort darauf würde zu lang, aber kurz gesagt: Ich habe lieber Sehnsucht. Sie regt zur Produktion an.

Rillington: (aufrichtig) Besonders wohl bei Ihrem großen Wissen über China und Chinesen.

Timothy: Ich weiß sehr wenig. Ohne den Rat und die Hilfe meiner chinesischen Freunde hätte ich das Buch nicht schreiben können.

Rillington: Sind Sie nicht zu bescheiden?

Timothy: Nein.

Rillington: Haben Sie oft mit Ihrer Adoptivtochter über die Letzte Kaiserin gesprochen?

Timothy: Lilian versteht viel von bildender Kunst und nichts von Geschichte.

Rillington: Sind Sie nicht etwas hart mit diesem reizenden jungen Mädchen?

Timothy: Nicht hart genug. Natürlich war ihre Erziehung in Hongkong einfacher, weil Lilian noch ein Kind war.

Rillington: Was würden sie sagen, wenn Ihre Tochter eines Tages beschließen würde, im Land ihrer Väter zu leben?

Timothy: Ich würde nach alter chinesischer Sitte sagen:

Lebe glücklich! Lebe wohl! Aber jetzt wollen wir das Interview beenden, Lilian hat nichts mit meiner Arbeit zu tun.

Das Interview hatte Timothy erschöpft. Nicht wegen der Fragen, die Miss Rillington ihm gestellt hatte, sondern wegen des häuslichen Konfliktes, der ihm dabei wieder ganz bewußt geworden war. Er fühlte sich von Belinda und Lilian bedrängt. Sie waren Feindinnen geworden. Da machte Timothy sich nichts vor. Die jahrelange häusliche Harmonie war von Kriegsmanövern abgelöst worden, die immer wieder in einem falschen Frieden endeten. Tim glaubte zu wissen, was in seiner Frau vorging. Belinda klammerte sich an eine Vergangenheit, die ihr Liebe und Zufriedenheit gegeben hatte. Sie hatte diese Geschenke gleichmütig empfangen und hatte nicht geahnt, daß Glück und Harmonie zeitlich begrenzt sein können. Timothy hatte es immer gewußt, aber er liebte Belinda ja noch, wenn auch auf eine Weise, die ihr nicht zusagte. Er dachte manchmal darüber nach, ob wohl alle Frauen die ewige Dauer junger Liebe erwarten oder ob Belinda da eine Ausnahme bildete. Dabei war sie keineswegs eine Romantikerin. Belinda rechnete immer mit Tatsachen, nur dann nicht, wenn es sich um Timothy handelte. Übrigens hatte sie sich als junge Frau in Hongkong glühend und verschwiegen einen Sohn gewünscht. Vielleicht gehörte sie einfach zu den Müttern, die ihre Liebe für Söhne reservieren und mit Töchtern nicht umgehen können. Er erinnerte sich immer wieder an eine jüngere Tante, die in idealem Einklang mit ihrem Sohn lebte und ihre beiden Töchter weder verstand, noch mit ihnen umgehen konnte.

Es hatte keinen Sinn, darüber nachzugrübeln. Tim schob diesen Gedanken von sich. Er mußte sich im Augenblick zwischen zwei Feuern häuslich einrichten und Belindas immer wiederkehrenden Vorschlag, Lilian eine Zeitlang bei Meister Ho in Soho einzuquartieren, einfach ignorieren. Er fand, sie müßte sich daran gewöhnen, daß Lilian kein folgsames demütiges Kind mehr war, wie damals in Hongkong. Dann würde alles in Ordnung kommen.

Nach ihrem letzten Versuch, ihre Adoptivtochter mit Anstand auszuquartieren, hatte Belinda schweigend Tims Studierzimmer verlassen. Natürlich hatte er ihr den Tee heraufgebracht, und sie hatten große Versöhnung gefeiert, während der Tee erkaltete. Aber dann hatten diese schrecklichen Dialoge mit seiner Frau wieder angefangen:

»Warum bist du so schweigsam, Belinda?«

»Du weißt es.«

»Ich weiß es nicht, meine Liebe!«

»Ich bin nicht deine Liebe, und ich kann dir nicht helfen.«

Oder er fragte Belinda, was sie neuerdings an Lilian auszusetzen hätte, und sie sagte, es wäre nicht neuerdings, sagte aber auch nicht, was ihr an Lilian mißfiel.

»Du hast dich sehr verändert, Belinda! Warum?«

»Das kannst du dir doch denken!«

»Warum bist du so hart geworden, Belinda?«

»Früher hast du mich geliebt.«

»Ich liebe dich immer noch, Belinda!«

»Deine Liebe hat verdammte Ähnlichkeit mit ehelicher Gleichgültigkeit.«

»Das ist nicht wahr.«

»Natürlich ist es wahr.«

Tim wußte nicht mehr, wie er argumentieren sollte.

Zwei Wochen später reiste Belinda wieder zu ihrer Tante und ließ ihn allein mit Lilian. Das war vielleicht keine typische Reaktion einer eifersüchtigen Ehefrau, aber Belinda verhielt sich eben so. Tim vermißte sie sehr und telefonierte regelmäßig mit ihr. Sein Freund Nigel Hunter mißbilligte Tims Geduld mit seiner Frau und riet zu schweigen, damit Belinda zur Besinnung käme. Natürlich telefonierte Tim regelmäßig weiter, gute Ratschläge hatte er immer verabscheut.

Timothy kümmerte sich jetzt wenig um Lilian, er nahm einfach an, daß Meister Ho und Miss Potter ihre Ansprüche an Gesellschaft erfüllten. Mit Freundinnen oder gar mit jungen Männern ging sie immer noch nicht aus. Niemand forderte sie dazu auf. Dabei war sie immer liebenswürdig, aber sie lächelte jeden jungen Mann weg. Ein chinesisches Talent: nie eine saure Miene aber eine sorgfältig versüßte Absage.

Lilian hatte nur für Cousin Cheng ein offenes Lächeln gehabt, und Tim wußte auch heute noch nicht, was der junge Mann sich dabei gedacht hatte. Sie bekam gelegentlich einen kurzen konventionellen Brief, der hauptsächlich von Cousin Chengs Kanarienvogel handelte. Tim hatte den letzten Brief, den Lilian ihm als folgsame Tochter gezeigt hatte, mit einem gewissen Erstaunen gelesen. Cheng Liang schien einfach einsam zu sein. Timothy wußte wirklich nicht, was ihm eigentlich an Cousin Cheng so gründlich mißfallen hatte. Vielleicht wollte er es auch gar nicht wissen, denn in Chengs Gegenwart war sie so heiter, wie ihr Vater sie sonst nie erlebte.

Obwohl Timothy ihr in diesen Wochen nur ein Mindestmaß an Beachtung schenkte, zeigte sie ihm statt einer sauren Miene nur ihr chinesisches Lächeln. So mußte die Letzte Kaiserin gelächelt haben... Aber ihn, Timothy, konnte sie nicht täuschen. Lilian versteckte hinter ihrem chinesischen Lächeln nur ihre mimosenhafte Empfindlichkeit. Wieder dachte er, wie kindlich sie immer noch war. Sie wußte noch nichts von den Gesetzen der Liebesnächte und des Honigs.

Timothy seufzte. Er wußte nicht, wovon junge Mädchen träumen, aber er wußte, er müßte aufpassen, daß er nicht auf ihre Träume träte. Lilian! Manchmal war sie wie die Morgensonne, aber meistens war sie jetzt nicht sehr glücklich und schwieg mürrisch. Wie oft hatte Tim das in Hongkong bei seinen chinesischen Freunden erlebt! Aber bei Lilian war es eine neue Reaktion, und er wußte nicht genau, wie er damit umgehen sollte. Hatte er sie gekränkt und verwirrt? Tim war plötzlich unzufrieden mit sich selbst und eilte nach oben, um Lilian zu zeigen, daß er seine Vaterpflichten ernster nahm, als sie glaubte. Er nahm auch die unentbehrliche Tasse Tee mit. Lilian lag still auf ihrem Kissen und starrte ihn an. Schließlich fragte sie, was er um diese Zeit wolle.

»Ich bring dir nur deinen Tee, Kindchen! Brauchst du sonst noch etwas?«

»Du weißt genau, was ich brauche. Wozu fragst du?« Er spürte ein so albernes Herzklopfen, als wäre er ein junger unerfahrener Mann.

Lilian starrte ihn weiter an. Plötzlich sagte sie mit rauher Stimme: »Nimm, was dir gehört!«

Und Tim vergaß seine Pflichten und sein Bedürfnis nach häuslicher Harmonie, denn in diesem Augenblick regierten die Gesetze der Nacht und des Honigs. Er nahm, was ihm immer gehört hatte, seit ein zartes einsames Waisenkind ihm ein Papierkaninchen zum Mondfest überreicht hatte.

Zweites Kapitel

EIN TRIO IN HAMPSTEAD

Two is company,
Three is a crowd.

Die Gesetze der Nacht und des Honigs verloren ihre Gültigkeit, als Belinda heimkehrte. Timothy schwor sich, daß Lilian ihn zum letzten Mal bestrickt hatte und sein schlechtes Gewissen veranlaßte ihn zu trügerisch liebenswürdigen Gesprächen mit Belinda. Ahnte sie etwas? Bereitete sie sich zur großen Abrechnung vor? Oder vermied sie große Abrechnungen, weil sie zu klug für Szenen war?

Lilian ging Belinda vorsichtig aus dem Weg. Bis zum späten Nachmittag verbrachte sie ihre Zeit mit Lackarbeiten bei Meister Ho in Soho, und wann immer Timothy mit Nigel Hunter irgendwo im Westend zu Abend aß, richtete Lilian es so ein, daß sie zu Miss Potter ging. Helen Potter war weiter ihre Beschützerin, und Lilian war nun so an das mürrische Wohlwollen gewöhnt, daß sie einen Abend mit Miss Potter geradezu genoß.

So verging einige Zeit, und allmählich war Timothy davon überzeugt, daß Belinda nichts von den Gesetzen der Nacht und des Honigs ahnte. Vertraute Belinda ihrem Mann so blind, wie man keinem Mann trauen darf? Oder betrachtete sie Lilian nicht als wirkliche Konkurrentin? Einmal flüsterte Lilian Timothy zu, daß Belinda sie verabscheue, und Belinda, die es hörte, fragte, wie sie auf solche Gedanken käme.

»Ich esse eben Gedanken.« Belinda ignorierte diese blödsinnige Antwort und fragte, wann Cousin Cheng wieder nach London käme. Lilian wußte es nicht. Belinda fragte, ob Cousin Cheng seiner Cousine gefalle. Lilian wußte es nicht. Belinda fragte, ob Lilian gern nach Peking reisen möchte. Lilian wußte es nicht.

»Was weißt du überhaupt, albernes Mädchen?«

»Nichts.«

Nach diesem Gedankenaustausch, den sie natürlich nur absurd fand, verschwand Belinda ziemlich ärgerlich in ihrem Zimmer, wohin Lilian ihr nie folgte. Belinda verstand die Schwierigkeiten des jungen Mädchens mit seiner doppelten Existenz überhaupt nicht mehr. Und sie konnte auch nichts verstehen, denn sie wußte ja nicht, daß Lilian nicht nur Cheng Jinghua war, sondern auch noch die Letzte Kaiserin...

Timothy fühlte sich schuldbewußt, unbehaglich und so unehrlich, wie nur ehrliche Männer sich fühlen können. Er machte sich Sorgen um Lilian, die abwechselnd seine Tochter, Cheng Jinghua und die Letzte Kaiserin war. Wie würde sie reagieren, wenn das Schicksal sie eines Tages zu einer Entscheidung zwänge?

Lilian, Cheng Jinghua, aber begriff in diesen Tagen, daß sie so nicht weiterleben konnte. Was sollte sie tun? Sie glaubte immer noch nicht, daß Timothy seine Frau ihr vorzog, ahnte nicht, daß er Belinda heute zwar nicht mehr mit stürmischer Leidenschaft oder lyrischer Träumerei liebte, aber dafür mit einer Herzlichkeit und Verbundenheit, die in keiner Weise durch Dritte zerstört werden konnte. Wie sollte die junge Lilian verstehen, daß die Gesetze der Nacht und des Honigs in diesem Fall ihre Macht verloren? Es war wie ein Kampf, den Abendrot und

Träumerei gegen die praktische Vernunft und die Morgensonne ausfochten. Aber mußte die praktische Vernunft wirklich brutal sein und die Träume mit Füßen treten?

Timothy Hall saß in seinem Arbeitszimmer und betrachtete die Letzte Kaiserin über seinem Schreibtisch. Wenn die Politik es erfordert hatte, war diese chinesische Despotin brutaler als zehn Männer gewesen. Selbstverteidigung? Wer konnte das wissen? Weder Lilian Hall noch Cheng Jinghua waren brutal, aber Timothy fürchtete, daß beide junge Damen den Starrsinn der Letzten Kaiserin besaßen. Er wußte, daß Lilian nicht mehr in den Zustand der Unschuld zurückkehren konnte, weil sie die Gesetze der Nacht und des Honigs mit seiner Hilfe entdeckt hatte. Der Pfad töchterlicher Zuneigung war verschüttet.

Wieder einmal dachte er an die glücklichen Jahre in Hongkong, wo Cheng Jinghua ein dankbares, folgsames Waisenkind gewesen war. Ein schönes Kind, das Timothy durch liebliche Verlassenheit gerührt hatte. Sein Leben unter Chinesen war immer eine Suche nach Weisheit und Schönheit gewesen. Nach der Kunst, mit bescheidenen Mitteln Glück oder wenigstens Zufriedenheit zu bewirken: Reis mit Pilzen kochen, Blumen pflanzen, Fische fangen und dem Gesang der Vögel lauschen...

Das Leben zu dritt war nun so schwierig, daß sogar Tim manchmal Cousin Chengs Besuch herbeiwünschte. Dieser junge Mann könnte vielleicht eine Notlösung des Konflikts schaffen, indem er seine Cousine für eine Zeit mitnähme nach China. Das wäre eine vernünftige Lösung, aber Tim wußte auch, daß Vernunft große Schmerzen verursachen konnte.

Zum chinesischen Neuen Jahr hatte Cousin Cheng dem Hause Hall seine Glückwünsche geschickt. Lilian war offensichtlich erfreut gewesen. Als Timothy sagte, sie müßten Cousin Cheng ebenfalls zu den Festtagen gratulieren, eröffnete sie ihm, daß sie ihre zeremoniellen Glückwünsche für ihn und seine Mutter längst abgeschickt hätte. Ob Lilian das tagelange Neujahresfest gern in China gefeiert hätte? Sie sagte kein Wort darüber, Lilian Hall und Cheng Jinghua waren in diesen Tagen zwei Personen, und Timothy mußte sich eingestehen, daß er keine blasse Ahnung von ihren Gedanken und Gefühlen hatte.

Als hätten seine Gedanken Cousin Cheng erreicht, erhielt Timothy einen Brief von dem jungen Mann aus Peking. Er wollte kaum seinen Augen trauen. Was in aller Welt hatte Cousin Cheng, der nicht gerade liebenswürdig zu ihm gewesen war, ihm mitzuteilen?

Cousin Cheng Liang, Peking an Timothy Hall, London

Geehrter Sir Hall!

Wie geht es Ihnen? Wie geht es Ihrem Kater Hamlet? Wie geht es Cousine Jinghua? Leider hat unser Gastspiel in London noch nicht stattfinden können, aber wir werden ziemlich bald kommen. Sie und Cousine Jinghua werden natürlich meine geehrten Gäste sein.

Mir geht es gut, denn ich habe mir zwei Myna-Vögel gekauft. Diese Vögel fliegen immer zu zweit, streiten sich niemals und sind ein gutes Beispiel für uns Menschen. Meine Vögel leisten mir Gesellschaft, und das gefällt mir gut.

Leider bin ich von Natur aus ein Einsiedler. Und selbst meine gründliche Erziehung durch die geehrte Partei hat noch nicht viel daran geändert. Ich bin schon zweimal, allerdings noch freundlich, von höherer Stelle ermahnt worden, die Gesellschaft meiner Parteigenossen zu suchen. Ich tue mein Bestes, denn mir graut bei dem Gedanken, ein Verräter unserer Volksrepublik zu werden – rückständig, mit geteiltem Herzen und ein Neidhammel des Westens wegen finanzieller und technischer Vorteile.

Ich schreibe Ihnen das alles, damit Sie als unser bejahrter Ratgeber Cousine Jinghua über meine kleinen Schwierigkeiten berichten. Wie ein guter Sohn es sollte, kann ich leider mit meiner geehrten Mutter nicht über meine Schwierigkeiten sprechen, weil sie altmodisch und rückständig ist. Meine geehrte Mutter würde ihren Nachbarn alles Mögliche erzählen, und man weiß ja nie ganz genau, ob die Nachbarn nachsichtige Freunde oder Denunzianten im Dienst der Partei oder beides sind.

Meine Mutter zeigt bis jetzt noch kein Verlangen nach dem Besuch von Cousine Jinghua, aber die Cousine würde mich ja in Peking besuchen, was sie mir fest versprochen hat, und den Perlenfluß mit dem Häuschen ihrer geehrten Tante vermeiden. Natürlich kann alles anders kommen, wenn meine Mutter Cousine Jinghua gegenübersitzen würde. Wer könnte ihr auf die Dauer widerstehen? Ich meine Cheng Jinghua . . .

Mit bester Empfehlung
und einem Gruß für Cousine Jinghua,
Ihr ergebener Cheng Liang

P.S.: Es wird Zeit, daß Cheng Fu, mein neuer Kanarienvogel, ebenfalls in London gastiert. Die Myna-Vögel sind sehr eifersüchtig auf ihn, weil Cheng Fu mein kleiner Liebling ist. Er ist ein heiterer Gefährte und ahnt nichts vom Theater und den »Dramen vergeblicher Hoffnung«, wie die Gruppe sie jetzt bearbeitet. Nach London werden wir das Drama einer Hofdame bringen, die leider Unglück in der Liebe hatte und viel weint und Trauergeräusche auf der Bühne macht. Ich kann Tränen nicht ausstehen und würde eine Ehefrau ohrfeigen (natürlich sanft), bis ihr vor

Schreck die Tränen vergehen. Immer noch die beste Methode mit weinerlichen weiblichen Fischen ... Wir werden in London das Drama »Die Mörder von Shanghai« und natürlich Tänze und Akrobatik vorführen. Neulich sagte der dritte Partei-Vorsitzende, daß in England die Kunst des Dramas nach Mister Shakespeare beinahe ausgestorben sei und »Die Mörder von Shanghai« sehr willkommen sein werden. Ich hoffe es ebenfalls, denn das Theater ist ein ernsthaftes Geschäft, und wir legen, wie der Schwan von Avon, komische Zwischenspiele ein, damit die Zuschauer nicht wegrennen. Wir müssen nämlich unser Publikum erst zu zahlenden Kunstfreunden erziehen, was nicht immer ohne Tätlichkeiten abgeht. – So schleppte Parteigenosse Fong, erster Liebhaber und altes Parteimitglied, seine widerspenstige Großmutter neulich in die Oper, um ihr ein Vergnügen zu bieten. Sie schimpfte so laut, daß man sie entfernen mußte. Nur ihre weißen Haare bewahrten sie vor »Strafen für Zuhörer«.

Soeben erfahre ich, daß wir in absehbarer Zeit in London gastieren werden.

Nochmals beste Empfehlung,
Ihr ergebener Cheng Liang

Drittes Kapitel

ENTFERNTE VERWANDTE

Wir haben uns voneinander entfernt.
Schöpfen wir Weisheit aus unseren Leiden!

(Gu Xie, 1990, Xiantan, Hunan)

Cousin Cheng an Cheng Jinghua und Lilian Hall

Liebe Cousine Jinghua,

dieser Brief geht an Lilian Halls Adresse, wo Ihr beide immer noch wohnt.

Vielen Dank für Deinen Brief, aber Deine graue Stimmung gefällt mir nicht. Du mußt Dich bemühen, mit Deiner Familie in Frieden und Harmonie zu leben, sonst wirst Du krank und stirbst. Vergiß es nie! Auch mein Kanarienvogel Cheng Fu sendet seine besten Wünsche. Ich betrachte Cheng Fu als meinen Sohn und habe ihm den Konflikt, der in Deinem englischen Heim herrscht, kurz geschildert. Cheng Fu hat alles verstanden – besser als zweibeinige Freunde. Ich habe keine Geheimnisse vor meinem Vogel-Sohn. Er trillert auch ohne Grund und begrüßt den Morgen mit unverständlichem Jubel. Wer einen Grund zur Morgenfreude braucht, der ist nichts wert. Meine geehrte Mutter brachte mir diese Weisheit frühzeitig bei. Leider hatte sie keine Ursache, in der Morgendämmerung zu jubeln, denn mein geehrter Vater hatte sich auf seinem Boot aus dem Staub gemacht. Ich weiß nicht, ob chinesische Ehemänner besonders zur Flucht neigen, aber es sieht beinahe so aus. Vielleicht liegt es an der Frau, vielleicht am Ehemann, vielleicht an beiden. In jedem Fall war meine geehrte Mutter in den Jahren junger Fruchtbarkeit bereits eine verlassene Ehefrau mit mir, einem verlassenen Sohn. Mit Hilfe ihrer Nachbarn kam sie über das Heulen und Wehklagen hinweg. Und die versteckte Schadenfreude dieser Nachbarn, die es so gut mit ihr meinten, lehrte sie strenge Selbstzucht. Ich finde es bedauerlich, daß wir Menschen zur Schadenfreude neigen. Ein Beispiel: Unser Beleuchtungsmeister in der Theatergruppe ist immer sehr erfreut, wenn ein Akrobat sich sein geehrtes Bein bricht. Eigentlich weiß ich nicht recht, warum der Beleuchtungsmeister so jubelt und trillert wie mein Kanarienvogel, aber der Mensch scheint eben schadenfroh geboren zu sein. Das soll aber nicht heißen, werte Cousine, daß ich selber hocherfreut wäre, wenn Sir Hall, Dein sogenannter Daddy-Tim, sich morgen früh beim Mundspülen den Hals verrenken würde. Oder wenn er sich beim Überqueren eines Fahrwegs beide Beine bräche, weil er, ein Meister der Gedanken, das rote Licht übersehen hat.

Da Du mir in Deinem letzten Brief nichts Derartiges mitgeteilt hast, vermute ich, daß Dein Sir Hall keinem Unfall erlegen ist. Nach Deiner Schilderung soll er einen solchen Gedankenreichtum besitzen, daß ein kleiner Beinbruch auf der Straße die logische Folge wäre. Oder jemand fährt von hinten in sein Auto hinein, und Sir Hall müßte schwerverletzt ins Hospital befördert werden, wo er hoffentlich seinen Wunden nicht erliegen wird. Bitte übermittle Sir Hall meine besten Wünsche für seine bedrohte Gesundheit!

Aber ich schweife ab.

Da ich zu beschäftigt bin, um einen Plauderbrief zu komponieren, wozu ich kein natürliches Talent besitze, will ich Dir jetzt einen Vorschlag machen. Ich meine, Du solltest nach unserem Londoner Gastspiel mit mir und der

Gruppe nach Peking zurückfliegen. Du könntest am Theater als »Genossin Kostüm-Beraterin« Entwürfe zum Besten unserer Volksgemeinschaft anfertigen. Oder willst Du ewig Lacktabletts bemalen? Willst Du einzig und allein Sir Hall mit Deiner Kunst erfreuen? Wäre das nicht schade, wenn Du andererseits so viele Volksgenossen auf fröhliche Gedanken bringen könntest? Das sind nur bescheidene und vernünftige Fragen, die aber ein bejahrter Mann wie Sir Hall, der seine beste Arbeit bereits geleistet hat, nur schwer verstehen wird. Wir sind jung, und die Zukunft gehört uns, ob Sir Hall mir beipflichtet oder nicht. Habe ich bereits meine besten Wünsche für sein Wohlergehen ausgesprochen?

Bitte, denk darüber nach, ob Du nicht ein neues Leben als Cheng Jinghua in Peking beginnen solltest.

Das alte, verstaubte Peking mit den Palastgärten und Blumenhöfen für reiche Faulenzer der Vergangenheit wird bestimmt großen Eindruck auf Dich machen! Du kannst dort ungestört auf den blutigen Fußspuren der Letzten Kaiserin wandeln und frohlocken, daß Chinas kaiserliche Regierungen ein für allemal der düsteren Vergangenheit angehören. Hätte die Letzte Kaiserin Gelegenheit zur Umschulung gehabt, wäre ihre Energie und ihr geschliffener Verstand ein Vorteil für ihr Land geworden. Wir betrachten heute sämtliche Kaiser und Kaiserinnen mit Ehehälften und Nebenfrauen und Nebenmännern als unzeitgemäße Phänomene, die dringend einer Revolution bedurften. Cheng Fu, mein geliebter Vogel-Sohn, ist derselben Meinung. Allmählich lerne ich seine Vogelsprache, da er, allerdings äußerst liebenswürdig, Gespräche auf Mandarin ablehnt, was er auf seine Trillerweise klarmacht. Er freut sich auf Dich, und, lieb wie er eben ist, sogar auf Sir Hall!

Mein Vogel begleitet mich in seinem Bambuskäfig regelmäßig zu Besuchen bei meiner Mutter, wo er leider nicht so geschätzt und geliebt wird, wie er es verdient. Natürlich würde meine geehrte Mutter meinem gefiederten Sohn einen zweibeinigen kleinen Jungen vorziehen, aber ich habe bis jetzt kein Mädchen gefunden, das auch nur das geringste Talent zur Mutter meiner Söhne besäße. Sie haben alle ihr Vergnügen im Kopf, haben einen furchtbaren Appetit, der in guten Speisehäusern nicht gerade billig befriedigt werden kann, und wollen abends tanzen, statt sich häuslichen Arbeiten zu widmen. Was mir Herr Wong, der beste Kantoneser Heiratsvermittler auf Betreiben meiner Mutter bisher anbot, hat mir und meinem Vogel-Sohn Cheng Fu gründlich mißfallen. Aber als Theatergruppe haben wir ja gemeinschaftliche Mahlzeiten, und so gibt es keinen Grund, eine Kochfrau zu heiraten. Ich weiß nicht, ob Dir in diesem London bekannt ist, daß unsere Männer bedeutend besser und feiner kochen als Frauen.

Kannst Du eigentlich kochen? Oder erlaubt Sir Hall nicht, daß Du Eure Köchin überflügelst? Meister Ho in Soho wäre Dein bester Lehrmeister, falls Du in Peking etwa heiraten möchtest. Auch meine geehrte Mutter ist in der Küche erfahren und würde Dir nach anfänglichem Widerstand bestimmt einige ihrer Rezepte verraten. Sie meint es gut, kann es aber leider nicht zeigen. Sie ist von Natur aus mürrisch und gutherzig und wurde vom Leben nicht besonders nett behandelt. Mein Sohn Cheng Fu und ich versuchen sie aufzuheitern. Meistens vergeblich.

Peking wird Dir sicher gefallen, auch das neue. Man muß Straßenabfälle und sonstige Überbleibsel des alten Schlendrians übersehen. Wo man Reis kocht, hüpfen immer einige Körner davon. Man kann Peking natürlich nicht mit London vergleichen, aber warum sollte man auch? Die Mischung von Gegenwart und Vergangenheit ist in beiden Städten fühlbar, und auch Sir Hall würde bei einem Besuch des Kaiserpalastes neue Einzelheiten über Tzu Hsi, den

»Alten Buddha«, wie ihre Anhänger sie nannten, erfahren. Er soll willkommen sein, da er ja fließend unsere Sprache spricht.

Es gibt genug, woran man sich hier erfreuen kann: wohlriechende Objekte wie frische Früchte, Blumen, das Haar eines jungen Mädchens ohne kapitalistischen Parfumzusatz. Übrigens hat die Schwester des Genossen »Erster Beleuchter« solches Haar. Ich roch es zufällig, als Lü Sujin mir meine Zeitung brachte. Zum Glück ist sie so gehorsam wie ein altmodisches Mädchen, das nur das Wohlbefinden ihres Bruders und seiner Freunde im Sinn hat. Die junge Sujin ist für die Ehe geboren, weiß es aber noch nicht. Sie ist sechzehn, also zwei Jahre jünger als Du, und erlernt das Schneidern und die Rechenkunst. Ihr künftiger Ehemann, zur Zeit noch nicht greifbar, wird Glück haben. Meine geehrte Mutter ist anderer Ansicht. Sie findet Lü Sujin eitel und albern. Aber die Kleine muß sich für Mode interessieren, wenn sie Bühnengewänder schneidern oder ausbessern soll. Und sie hat ein heiteres Gemüt. Durchaus nicht albern. Auch Cheng Fu mag sie gern und trillerte gastfreundlich, als Sujin mir Kuchen und Wein zu meinem unwichtigen Geburtstag brachte.

Leider blieb dieser Brief eine Zeitlang liegen, denn ich stand vor dem Selbstmord. Nicht auf der Bühne, wo Selbstmord heilbar ist. Mein kleiner Cheng Fu, mein Vogel-Sohn, mein ständiger Gefährte und geduldiger Zuhörer, ist tot. Verbrecherische Tagediebe öffneten seinen Käfig hinter meinem nichtsahnenden Rücken, während ich das »Buch der Hundert Legenden« suchte. Er flatterte einen Augenblick fröhlich herum und setzte sich neben mich auf den Fußboden des Ladens, wo ein herrenloser Hund dem arglosen Cheng Fu die Kehle durchbiß, bevor er in die Lüfte fliegen konnte. Aber da wir ein altes Drama aus der Mongolenzeit vorbereiten, konnte ich leider mitten in den Proben keinen Selbstmord begehen, und nach den Proben überlegte ich trotz meiner Verzweiflung sehr scharf. Ich sah ein, daß der Tod mir sicher ist – wozu die Eile?

Ich weinte viel hinter verschlossenen Türen, und nur die kleine Sujin hatte Zutritt, da sie mir täglich mein Essen brachte, meinen zerwühlten Kang, mein Bett, in Ordnung brachte und schließlich mit einem kleinen Genossen erschien, der mich trösten sollte. Natürlich war es kein Kanarienvogel, denn dann hätte ich die Kleine wahrscheinlich erwürgt. Sie brachte mir Herrn Pong, einen drolligen weißen Gibbon. Diese Urwaldaffen sind in angenehmer Gefangenschaft, wie in Peking, zahm und zärtlich. Herr Pong schlang sofort seine langen Arme um meinen Hals, und seine glänzenden Äuglein in dem schwarzen Gesichtchen musterten mich genau, aber wohlwollend. Sein weißes Fell mit dem leichten Goldschimmer war blitzsauber. Die junge Sujin flüsterte: »Herr Pong wird Sie aufheitern, Cheng Liang!« Herr Pong tanzte bereits im Zimmer herum, und ich mußte tatsächlich über den drolligen kleinen Burschen lachen. Sujin strahlte, als ob ich ihr ein Geschenk gemacht hätte. Wirklich ein nettes kleines Mädchen!

Herr Pong wurde sofort der Liebling der Gruppe. Alle Bühnengenossen und Handwerker bemühen sich um ihn, was mir viel Gesicht gibt. Genosse Wang Tai, Tischler und Bühnenbildner, zimmerte Herrn Pong ein Holzhäuschen, unser dritter Seiltänzer brachte im Garten meiner Wirtin, mit ihrer geehrten Erlaubnis, ein Seil an, wo Herr Pong an langer Leine herumtanzen kann. Ich war ganz benommen von so viel Hilfsbereitschaft und Freundschaft und stammelte meinen Dank wie ein Schuljunge. Herr Pong ist sehr kameradschaftlich zu mir und ärgert mich selten. Nur, wenn eine Urwaldlaune ihn packt, wird er laut und fletscht die Zähne in dem kleinen schwarzen Gesicht, das einen lustigen Gegensatz zu seinem weißen Fell bildet.

Wunder über Wunder! Herr Pong gefällt meiner Mutter. Er verbringt öfter sein Wochenende bei ihr, während ich mit Sujins Bruder Mah Yongg spiele. Sie zog sogar ein Drahtseil zwischen zwei Bäumen im Garten des Krämers, auf dem Herr Pong tanzen kann. Vielleicht finde ich eine Bühnenrolle für ihn. Er wäre eine Sensation. Könntest Du herausfinden, ob Londoner Zimmerwirtinnen Herrn Pong behüten und füttern würden, wenn ich im Theater bin? Oder könnte er in Sir Halls großem Garten bleiben? Bitte um postwendende Antwort! Ich vermute, daß englische Zimmerwirtinnen keine nicht zahlenden Affen aufnehmen wollen. Höchstens zahlende Krokodile, sagt Akrobat Feng Chu. Was würde die Dame Belinda zu Herrn Pong sagen?

Ich habe wegen meiner Familiendramen mit Cheng Fu und Herrn Pong ganz vergessen zu fragen, wie es Dir geht, woran Du arbeitest und wovon Du träumst. Schreib es mir.

Dein treuer Cousin
Cheng Liang

P.S.: Falls Lady Hall zufällig in London sein sollte, gib ihr bitte meine ergebenen Grüße. Auf dem Foto auf Sir Halls Schreibtisch sieht sie sehr schön, nur etwas zu dünn aus. Vielleicht kannst Du sie gelegentlich fragen, ob Herr Pong, auf einem Seil, das ich selbstverständlich liefern werde, während unseres Gastspiels in ihrem großen Garten tanzen dürfte. In dem Fall würde ich ihn, selbstverständlich mit behördlicher Erlaubnis, mitbringen. Nur möchte ich klarmachen, daß Herr Pong sich nicht aufdrängt. Er ist ganz glücklich bei meiner Mutter am Perlenfluß. Vielleicht

erinnert der Fluß ihn an einen Urwaldstrom, den er in seinem Vorleben mit seiner Mutter von einem Baum aus betrachtete. Vielleicht. Ich kann Herrn Pongs Gedanken nicht lesen, so sehr ich es versuche. Auch Deine Gedanken, liebe Jinghua, kann ich nicht lesen. Bitte betrachte es als Kompliment, wenn ich Dich in einem Atem mit Herrn Pong nenne! Wer weiß, was in seinem Köpfchen vorgeht? Oder in Deinem Köpfchen? Bist Du immer noch glücklich in London? Es wäre wünschenswert, aber etwas unnatürlich. Verzeih meine Aufrichtigkeit, aber ich mache mir manchmal Sorgen um Dein Wohlergehen und Deine Zufriedenheit. Auch Herr Pong sendet Dir die besten Grüße und freut sich, Deine Bekanntschaft machen zu dürfen. Er versteht alles, was ich ihm erzähle, dafür ist er ein weißer Affe. (Glücklicherweise nicht zweibeinig). Genug für heute.
Cheng Liang

Lilian fragte Belinda beim Frühstück, ob Herr Pong auf einem Seil im Garten tanzen dürfe. Da sie nicht erklärte, wer Herr Pong ist, fragte Belinda, ob Lilian wahnsinnig geworden wäre. Als Lilian ihrer Adoptivmutter sagte, bei Herrn Pong handele es sich um einen Affen, gab Belinda, die schlecht geschlafen hatte, Lilian eine Ohrfeige.

Lilian stand vom Frühstückstisch auf und verließ das Haus ohne ein Wort. Hatte Belinda vergessen, daß man selbst in zorniger Überreizung Chinesen nicht anrühren darf? Timothy, der an diesem Morgen in seinem Arbeitszimmer gefrühstückt hatte, erfuhr erst später von dem Zwischenfall.

Lilian kam nach der Arbeit bei Meister Ho nicht in ihr Elternhaus zurück. Nach neun Uhr abends wurde Timothy unruhig, telefonierte mit Meister Ho und fragte ihn, ob Lilian in ihrem Arbeitszimmer auf der Couch schliefe.

Aber sie hatte Meister Hos Haus längst verlassen. Timothy rief Miss Potter an. Dort war sie auch nicht. Timothy sah Lilian vor sich. Irgendwo in Soho. Irgendwo im Londoner Labyrinth. Du lieber Himmel! In dieser Stadt verschwanden täglich Männer, Frauen und Kinder, ohne eine Spur zu hinterlassen. Timothy rief die Polizei an. Er meldete heiser Lilians Verschwinden, sie rieten ihm, diese Nacht abzuwarten. Die Entfernung zwischen Timothy und Lilian wuchs mit jeder Minute. Ihm war zumute, als hocke er in einem dunklen Loch ohne Leiter zur Außenwelt und könne nur einen Schimmer von Tageslicht sehen – ein alter Angsttraum, der ihn in kritischen Zeiten überfiel. Seine eigene Welt war versunken. Jetzt, wo er das schreckliche Gefühl hatte, daß er etwas bei Lilian versäumt hatte, was er nicht mehr nachholen konnte, sah er das ganze Ausmaß der Fremdheit zwischen ihm und dem Mädchen. Zwischen seiner und Lilians Welt. Zwischen London und Hongkong. Sie war ein schleichendes, hinkendes Übel, das sich um die Geisterstunde ins Haus geschlichen hatte.

Timothys Augen brannten von ungeweinten Tränen, als Belinda sich neben ihn setzte.

»Sie wird zurückkommen, Tim.«

»Wenn sie bei uns und mit uns leben möchte, wäre sie jetzt daheim«, erwiderte Tim mit seiner Logik, die ihn unter keinen Umständen verließ.

»Habt ihr Euch heute früh gestritten?«

»Ja«.

Belinda hatte bis jetzt nichts über den Wortwechsel beim Frühstück gesagt, sie hatte die Angelegenheit zunächst für unwichtig gehalten, jetzt aber dachte sie darüber nach und berichtete über Lilians plötzliches Veschwinden.

»Wie schlimm war euer Streit, Belinda?«

»Ziemlich schlimm. Sie war unverschämt, und ich gab ihr leider eine Ohrfeige.«

Timothy hatte genug gehört, er wußte jetzt, daß seine Ängste berechtigt waren.

»Verabscheust du mich, Tim?«

»Ich liebe dich.« Er tröstete sie, beruhigte sie wieder gegen seine eigene Überzeugung und verzieh ihr das Unverzeihliche, weil sie Belinda war und sein Herz ihr und Lilian gehörte. Vielleicht war die Welt mit ihren eisernen Sittengesetzen zu real und zu unerbittlich für diese beiden Frauen gewesen. Er vergab ihnen, aber sich selbst zieh er jeder Unterlassungssünde, die er nach der Honignacht gegen Lilian begangen hatte. Er hatte ein hilflos verliebtes, kleines Mädchen, das er nie hätte berühren dürfen, in einen Strudel liebloser Liebe gerissen... Wohin nur war sie gegangen? Mit aller Energie bekämpfte er eine dunkle Vision: seine kleine Lilian leblos auf Sohos alten Pflastersteinen.

Das Telefon schrillte. Miss Potter. Seine Hoffnung starb, als er ihre heisere Stimme hörte. Miss Potter war nie heiser.

»Ich gehe jetzt nach Soho, Sir Timothy. Es ist mir etwas eingefallen.«

»Soll ich Sie begleiten, Helen?«

»Sowie ich etwas herausfinde, rufe ich an«, sagte Miss Potter fest. »Sie können sich darauf verlassen! Bleiben Sie lieber bei Ihrer Frau.«

Miss Potter machte sich um neun Uhr abends allein auf die Suche. Sie ging zu Leuten, die sie nie vorher gesehen hatte, und die sie nur durch Lilians Erzählungen kannte. Warum war ihr das nicht früher eingefallen? Vielleicht würde sie von diesen komischen Leuten etwas erfahren? Lilian mußte irgendwo sein. Niemand konnte einfach vom Erdboden verschwinden.

Viertes Kapitel

WIE MODERN IST KONFUZIUS?

> Der Meister sprach: Den Weg, den ich der Welt gewiesen, will keiner gehen. So werde ich hinaustreiben übers Meer auf einem Floß. Und wer wird mich begleiten? – Tse-Lu wird es wohl sein. Tse-Lu war hocherfreut, als er das hörte. Der Meister aber sprach: Tse-Lu, an Kühnheit übertriffst du mich. Doch um das Holz für unser Floß sorgst du dich nicht.

Wann immer Timothy in trüber Stimmung war, las er Konfuzius. Schon als junger Mann in Peking und Hongkong hatte er sich an der nüchternen und unerschütterlichen Vernunft dieses chinesischen Lehrmeisters erfreut. Und nun, in dieser schweren Krise seiner mittleren Jahre, erholte er sich wieder bei dem weisen Mann, der schon vor weit mehr als zweitausend Jahren gelebt und gelehrt hatte.

Tse-Lu fragte: »Was wäre von einem Menschen zu halten, der bei seiner Umgebung beliebt ist?«

Der Meister sprach: »Das bedeutet noch nichts.«

»Und was wäre von einem zu halten, der seiner Umgebung verhaßt ist?«

Der Meister sprach: »Auch das bedeutet noch nichts. Viel mehr hielte ich von einem, den die Guten in seiner Umgebung lieben und die Bösen hassen.«

Timothy hatte die Augen geschlossen und versuchte, einen Bruchteil konfuzianischer Vernunft in sich aufzunehmen. Seine Depression wuchs mit jedem Tag, der ihm beim Erwachen Lilians Verschwinden ins Bewußtsein brachte. Manchmal überfiel ihn das Gefühl, Lilian sei nicht mehr am Leben. Oder ein Mädchenhändler habe sie in

Soho eingefangen und in die Türkei verschleppt. Er verbot sich mit aller Energie solche Visionen. Sie machten ihn nur noch nervöser, und er brauchte seine ganze Kraft für die Suche nach dem Mädchen.

Belinda war in diesen Tagen wundervoll. Sie fragte ihn nicht, sie plagte ihn nicht, sie versuchte ihr Bestes, um ihn zu beruhigen. Jetzt war sie an einem Punkt angelangt, wo sie Lilians Rückkehr wegen Timothys Seelenfrieden aufrichtig wünschte. Leider nützten aber alle Wünsche nichts, Lilian blieb verschollen. Manchmal fragte sich Timothy, wie Lilian ihm so etwas antun konnte, und vergaß dabei, was er seiner Adoptivtochter angetan hatte. Er wollte nicht wahrhaben, daß niemand eine solche Vernachlässigung nach einer Nacht der Liebe so einfach in Kauf nimmt, vielmehr war er wohl einer der zahllosen Ehemänner, die eine Dreierbeziehung für lebbar halten, bis das Schicksal sie eines Schlechteren belehrt.

Manchmal ging Timothy in Lilians Zimmer, öffnete ihren Kleiderschrank, nahm die Seidenhüllen vom Kostüm der Letzten Kaiserin und starrte die leere Hülle an. Damit hatte es begonnen... Tzu Hsi! Aber Lilian war ein ganz anderer Charakter – sanfter, fügsamer, eine konfuzianische Tochter, die der Letzten Kaiserin in keiner Weise wesensverwandt war.

Wann immer Timothy an Peking zurückdachte, wo er Belinda getroffen hatte, und an Hongkong, wo er Cheng Jinghua aus dem Waisenhaus entführt hatte, erschienen diese Zeiten ihm mythisch. Soviel Glück und Zufriedenheit gab es doch gar nicht! Und nie hatte er damals an die Vergänglichkeit solcher Zeiten gedacht. Es hatte ganz einfach Glückspilze und Pechvögel gegeben. Erst später im Leben mußte er lernen, daß nichts so einfach war, wie es schien, und daß jeder verdammte Glückspilz sich über Nacht in einen Pechvogel verwandeln konnte.

Wo war Lilian?

In diesen Tagen sah Timothy nur seine wirklichen Freunde – Nigel Hunter und Helen Potter, die ihm tatsächlich eine Freundin geworden war. Ihre Ruhe, ihre nüchterne Vernunft und ihr unerschütterlicher Anstand taten ihm wohl. Mit ihr allein konnte er über die verlorene Tochter sprechen, denn weder Nigel Hunter noch Belinda liebten das Mädchen, auch wenn sie sich, ihm zuliebe, alle Mühe gaben, ihn diese Tatsache nicht spüren zu lassen. Aber man konnte eben niemanden zur Liebe zwingen. Timothy wußte, daß Miss Potter, wie er, keine Ruhe finden würde, bis sie Lilian gefunden hätten, und beide ahnten, daß sie nur in Soho die Lösung des Rätsels finden könnten, denn Lilian war zu scheu und weltfremd, um unbekanntes Gebiet zu betreten.

Heute abend sollten Timothy und Helen Potter bei Meister Ho chinesisch essen, und dann wollten sie sich erneut auf die Suche nach Lilian und Cheng Jinghua machen. Helen war immer noch überzeugt, daß sie bei der Zwergin, die sie schon einmal vergeblich gesucht hatte, eine Antwort auf viele Fragen finden könnten.

Meister Ho übersah die Tatsache, daß Timothy seine sorgfältig zubereiteten Leckerbissen herunterwürgte, daß er Peking-Ente, Chinakohl und Bambussprossen nicht würdigte. Hier – in ihrem Stückchen China in London sah Tim die Tochter noch deutlicher als anderswo.

Meister Ho fragte Timothy nicht nach seinem Befinden, die Lage schien so hoffnungslos, daß er eine Menge scherzhafter Episoden aus Soho erzählen mußte, damit das Schweigen nicht unerträglich wurde. Aber Meister Ho erzählte seinen englischen Freunden nicht, daß er Lilian sein Haus, seine eigenen Kunstschätze und seinen Laden vermacht hatte, daß ihr Zimmer unter dem Dachboden längst ausgebaut worden war, daß auf dem Arbeitstisch immer noch eine halbbemalte Lackschale lag, die Lilian wahrscheinlich für Timothy bestimmt hatte. Das alles hätte ihre Trauer nur vergrößert. Noch nie hatten sie bei ihm so schnell gegessen und sich so unzeremoniell verabschiedet. Er wünschte ihnen Glück für die abendliche Suche und glaubte selber nicht mehr an einen Erfolg. Aber Meister Ho war der Ansicht, daß man seinen Pessimismus für sich behalten müßte. Er steckte an – wie Pocken.

Soho war bereits für die Nacht gerüstet. Überall brannten bunte Lichter, und die Speisehäuser der Gegend füllten sich mit Anhängern chinesischer Kochkunst. In der abendlichen Luft hing immer noch ein Nachgeschmack der apokalyptischen Stimmung, die in den Clubs des alten Soho geherrscht hatte. Dieses Londoner Montmartre war von Träumen, Poesie, romantischem Nihilismus und englischem Wirklichkeitssinn erfüllt – eine Stimmung, die nur in Soho möglich war, wo die nächtliche Suche nach verlorener Zeit nicht aufhört. Tim und Helen aber spürten heute wenig von diesem Zauber der Vergangenheit.

Tims größte Sorge war, daß Lilian ohne Geld auf die Fahrt ins Ungewisse gegangen war. Es hätte ihn etwas beruhigt zu wissen, daß sie sich wenigstens ein Hotelzimmer leisten könnte, aber ihr Sparbuch lag im Schreibtisch bei ihm zu Hause. Auch Helen betrachtete es als trübes Vorzeichen, daß die Kleine kein Geld dorthin mitgenommen hatte, wo immer sie jetzt steckte. Beide aber schoben den Gedanken an Selbstmord weit von sich. Helen Potter hatte niemals die poetischen Selbstmord-Gedichte chinesischer Hofdamen gelesen und konnte deshalb nicht ahnen, daß diese Möglichkeit aus dem Reich der Mitte durchaus die moderne Zeit erreicht hatte. Timothy hingegen wußte um die Vorliebe der Japaner und Chinesen für Selbstmord und schrieb die Neigung, sein Leben freiwillig zu beenden, taoistischer Verführung zu. An diesem Abend aber suchten sie nicht nach einer Leiche, sie suchten nach Lilian Hall, die Timothy erfunden hatte, und nach Cheng Jinghua, die sie immer geblieben war. Schließlich war Soho eine chinesische Provinz des alten Reiches der Mitte.

Wo war Lilian?

Helen bat Timothy, mit ihr zu Lilians Freunden in Soho zu gehen. Sie wollte noch einmal versuchen, die Zwergin der Familie Slater zu sprechen. Lilian hatte soviel von der Familie erzählt, die sie in das Kostüm der Letzten Kaiserin gesteckt hatte.

»Vielleicht wissen sie etwas«, sagte Helen.

»Vielleicht«, erwiderte Timothy ohne Überzeugung. Er konnte sich nicht vorstellen, daß wildfremde Leute mehr wissen sollten als er. Aber natürlich war alles möglich, und sie stiegen die wackligen Treppen zur Wohnung der Slaters in tiefem Schweigen hinauf.

Alle drei Slaters waren daheim. Die Kuppelmutter mit dem rotgefärbten Haar, die Zwergin, die sich für ihre nächtliche Tätigkeit in einem Spielkeller rüstete, und die junge Hure, die sich fürs Nachtgeschäft schminkte und diese Tätigkeit nicht unterbrach, nur weil fremde Leute von ihnen wissen wollten, wo Lilian Hall steckte.

Mrs. Slater musterte Timothy mit versteckter Neugierde und bezeichnete ihn im Geist als »farblosen Kunden«. Vornehm natürlich, aber ohne Reiz. Mrs. Slater hoffte nur, daß dieser erschreckend blasse Mann ihr nicht in der nächsten Minute ohnmächtig zu Füßen fallen würde.

Immerhin waren Mrs. Slater und ihre Töchter so aufrichtig besorgt um Lilian und so vernünftig, daß Tim zum ersten Mal ahnte, warum Lilian sich bei ihnen wohlgefühlt hatte. Sie hatten alles getan, um Lilian in Soho aufzustöbern, waren aber überall auf Ignoranz und Gleichgültigkeit gestoßen. Trotzdem glaubten auch sie, daß Lilian hier in der Nähe sein müßte, daß sie die Suche nicht aufgeben dürften. »Vielleicht ist sie dort, wohin die Ärmsten der Armen gehen«, sagte die Zwergin nachdenklich.

Timothy und Helen Potter standen vor einem Nachtasyl in der Shaftesbury Avenue.

»Einen Augenblick, Sir Timothy!« sagte Helen bestimmt.

»Warten Sie hier draußen. Falls meine Ahnung stimmen sollte, hole ich Sie sofort.«

Timothy wartete. Miss Potter war mit einer mürrischen Pförtnerin verschwunden. Die alte Frau hatte argwöhnisch gefragt, ob Helen von der Sittenpolizei wäre, ein Geldschein hatte sie beruhigt. Sie gehörte zu den Menschen, die ihr ganzes Leben in Sohos Finsternissen verbracht hatten und mißtrauisch gegen unbekannte Besucher waren.

»Darf man fragen, was Sie bei uns wollen?«

Miss Potter erklärte laut und deutlich, was sie hier wollte und steckte der Pförtnerin einen zweiten Geldschein zu. Ja, sie beherbergten eine junge Chinesin, die sich in der Küche nützlich machte.

Miss Potter hielt einen weiteren Geldschein in die Höhe. »Das gehört Ihnen, wenn Sie mich zu der jungen Chinesin führen. Ich will nur sehen, wer das ist.«

»Ich führe Sie hin.«

Für fünfzig Pfund hätte die Alte einen Besucher schnurstracks in die Hölle geführt. Sie gingen durch dunkle Gänge zur Kellerküche.

Hier saß sie. Lilian. Sie hatte den Kopf mit dem glatten glänzenden Haar erschöpft auf ihre Arme gelegt. Das Geschirr war saubergewaschen und auf dem Tisch aufgebaut.

»Einen Augenblick, bitte«, sagte Miss Potter so heiser wie eine ausgesungene Nachtigall. »Ich hole ihren Vater.«

Timothy stand in der Tür, sah seine schlafende Tochter und wußte, er müßte sie nach Hause bringen, ohne sie zu erschrecken. Lautlos stellte er sich neben sie. Tränen liefen über ihr schönes kleines Gesicht. Diesen Anblick würde er nie vergessen. Mit seinem Taschentuch wischte er ihr die Tränen ab. Sie schlug die Augen auf und sah ihn sekundenlang an. Dann schloß sie die Augen wieder. Vielleicht wollte sie weiter träumen, daß Daddy-Tim neben ihr stände...

Er trug sie in seinen Wagen, bettete sie vorsichtig auf die Polster und fuhr mit ihr nach Hause. Gegen Ende der Fahrt schlug sie die Augen auf und fragte, ob sie noch träume. Es klang wie eine Klage. Er legte ihren Kopf an sein Herz, wohin er gehörte.

»Du bist eben aufgewacht, mein Kleines.«

»Wohin fahren wir?«

»Nach Hause«, sagte er fest.

Sie schlief schon wieder. Er trug sie in ihr Zimmer, zog ihr die Schuhe aus und legte sie auf ihr Bett.

Dann ging er zu Belinda.

Auch später erinnerte Tim sich nicht, daß Belinda mit ihrem winzigen Taschentuch seine Tränen getrocknet hatte. Das letzte Mal hatte er als Schuljunge geweint, als seine Mutter Abschied von ihm in Eton nahm und nach Peking zurückreiste.

Am nächsten Morgen brachte Belinda der wiedergefundenen Tochter ihr Frühstück ans Bett und umarmte sie. Sie war glücklich, daß Timothy endlich zur Ruhe gekommen war. Er wünschte, daß Lilian dieses Haus immer als ihr Vaterhaus betrachtete, daß sie immer eine klassische chinesische Tochter bliebe: bescheiden, fleißig, lieblich und sanft. Und gehorsam!

Wie modern ist Konfuzius?

Fünftes Kapitel

TRÄUME UND VISIONEN

In Palästen und in Hütten
eilt die Zeit
davon
davon.

(Altchinesisch)

Timothy Hall dachte jetzt tiefer und länger über das Leben nach, als er es gewöhnlich tat. Er fand es bestürzend, daß er sich in Gedanken viel mehr mit Lilian beschäftigte, wenn sie nicht die konfuzianische Tochter spielte, und er wollte nicht verstehen, warum sie so mürrisch und abweisend geworden war. Sie liebte ihn immer noch mit einer starrsinnigen Leidenschaft, die er nicht teilen konnte und ablehnte. Denn er spielte nicht den ergebenen Ehemann, er war einer, ob es Lilian glaubte oder nicht. Sie ahnte nichts von der festen Bindung, die zwischen ihm und Belinda bestand, denn sie wußte nicht, daß die romantische Sehnsucht sich in eine eheliche, feste aber nüchterne Zufriedenheit gewandelt hatte. Lilian schien auch nicht darüber nachzudenken, sie war einfach unglücklich. Da sie aber keine sentimentale Hofdame der Tang-Periode, sondern Miss Hall aus Hampstead war, äußerte sich ihre tiefe Enttäuschung in einem mürrischen Wesen, worin Chinesen unbestrittene Meister sind. Sie bleiben höflich und entfernen sich täglich weiter von der geliebten Person, die meistens nicht ahnt, was gespielt wird. Selbst Belinda, die allerhand von Lilian verstand, ermahnte sie bei den gemeinsamen Mahlzeiten, etwas liebenswürdiger zu ihrem Vater zu sein.

Die Zeit der langen, liebevollen Gespräche war vorbei; Timothy wurde immer verschlossener, und Lilian hing lieber ihren Gedanken nach, als sich mit Daddy-Tim zu unterhalten, was noch vor kurzer Zeit der Höhepunkt ihres Tages gewesen war. Es gab keinen Zweifel darüber, daß Lilian und Cheng Jinghua lieber bei Meister Ho in Soho waren als in der schönen, bequemen Villa in Hampstead. Natürlich war Lilian nicht chinesischer geworden, als sie es immer gewesen war. Aber ihr chinesisches Erbe zeigte sich mit ihrer wachsenden Reife immer deutlicher.

Obwohl Timothy ein großer Kenner der Chinesen war, hatte er offenbar Meister Hos Einfluß auf seine junge Tochter unterschätzt. In Soho blühten chinesische Mythen wie Rosen und Narzissen in Hampstead ... Außerdem hegte auch Meister Ho bei aller äußeren Bescheidenheit die stumme Überzeugung, daß Chinesen alles besser wüßten als Engländer. Und einiges wußten sie ja in der Tat besser. Lilian blieb immer länger bei Meister Ho, der ihr neben ihrem Arbeitszimmer eine Dachkammer als Schlafzimmer eingerichtet hatte. Er hatte sie selber frisch gestrichen und eingerichtet, und Lilian war so dankbar und gerührt gewesen wie als Waisenkind in Hongkong. Meister Ho spielte die Rolle des altmodischen chinesischen Großvaters: großzügig, streng, aber liebevoll. Timothy witterte weitere und schlimmere Entfremdung, aber er konnte nichts dagegen unternehmen. Er war zu lange in Asien gewesen, um an den Erfolg einer ungeschminkten Aussprache zu glauben. Belinda sagte er, daß bei Lilian alles, bis auf die angegriffenen Nerven, in Ordnung wäre, und daß sie wahrscheinlich zuviel arbeite. Belinda war alles recht, solange Timothy sich nicht zu intensiv mit Lilian beschäftigte. Übrigens hatten weder Nigel Hunter, noch Frau Dr. Stone ein Nervenleiden bei Lilian festgestellt. Es waren Launen eines verwöhnten Kindes...

Manchmal fand Timothy es schwierig, seine Erlebnisse im fernen Osten als real zu betrachten. Entweder war damals seine Phantasie ungewöhnlich ausschweifend gewesen, oder er war einfach zu jung gewesen. Schon in jener Zeit hatte er gelegentlich wilde und sonderbare Träume gehabt. Und auch jetzt träumte er zu seinem Erstaunen und seinem Verdruß so merkwürdige und unheimliche Dinge, daß er manchmal aus dem Schlaf mit Herzklopfen erwachte. Er versuchte, sich von diesen Träumen wie von lästigen Besuchern zu befreien. Und konnte es nicht. Wann immer Timothy einem Alptraum entfliehen wollte, rannte der Traum hinterher.

Gestern hatte Timothy gegen jede Vernunft versucht, seine Person mit Lilians Augen zu sehen. Aber er sah sich natürlich mit seinen eigenen Augen und wandte sich ab. Wie manche Leute tatsächlich besser als ihr Ruf sind, fand Timothy sich schlechter als sein Ruf in Hampstead. Immer wieder fragte er sich, ob er schuld an Lilians abwehrender Haltung wäre und was er dagegen unternehmen könnte.

Wieder einmal betrachtete Timothy das Bild der Letzten Kaiserin über seinem Schreibtisch. Wie er diese zum Herrschen geborene Kaiserin jemals mit Lilian verwechseln konnte, war ihm heute unverständlich. Tzu Hsi hatte erreicht, was sie erreichen wollte, weil sie sich auf die Erlangung der Macht so fanatisch konzentriert hatte, wie geringere Frauen auf den Erwerb eines Ehemannes. Diese Kaiserin hatte so viele gegensätzliche Charakterzüge, daß Timothy sie vielleicht brutal fand, aber niemals eintönig. Sie war grausam und mitleidig gewesen, verführerisch und berechnend – gefährlich, wenn sie liebte. Tödlich, wenn sie haßte. Sie war alles und noch etwas dazu gewesen. Nur nicht bequem.

Er wandte seinen Blick von der Letzten Kaiserin ab und sah auf seine Uhr. Es war höchste Zeit, mit Nigel Hunter wegen des Abendessens in ihrem Stammlokal zu telefonieren.

»Was bedrückt dich, Tim?«

»Nichts.«

»Und was sonst noch?« fragte Dr. Hunter und bekam keine Antwort. Er fragte, was Lilian treibe. Und Timothy sagte, daß Lilian in Ordnung, aber eben ein unerfahrenes Kind sei.

»Kein achtzehnjähriges Mädchen ist ein unerfahrenes Kind, Tim.«

»Aber sie ist es, Nigel.«

»Das mag gelegentlich stimmen. Aber rede dir nichts ein, Tim! Lilian ist eine junge Frau mit den entsprechenden Gefühlen. Du mußt mehr Rücksicht auf sie nehmen!«

»Mein lieber Nigel, ich kann meine Ehe nicht gefährden, nur damit Lilian wieder lächelt.«

»Treffen wir uns um acht Uhr, wie immer?«

»Sehr gerne. Ich bin an allem schuld, Nigel!«

»Unsinn! Die Kleine provoziert dich bisweilen ganz nett.«

»Du bist so hart gegen sie.«

»Du solltest mich erleben, wenn ich wirklich hart werde! Vielleicht wäre Cousin Chengs Besuch eine vorläufige Lösung.«

»Meinst du wirklich, ich lasse Lilian mit diesem Burschen nach Peking ziehen? Niemals!«

»Ich meine nur, daß Cousin Cheng die etwas angespannte Situation ganz natürlich entspannen würde.«

»Entschudlige«, murmelte Timothy. »Du hast natürlich recht, mein Alter! Soll ich den Burschen einladen?«

»Keine Sorge, der lädt sich von selbst ein.«

»Weißt du, Nigel, nichts ist mehr, wie es war.«

»Das hängt vom Blickwinkel ab. Sag mal, schläfst du jetzt besser?«

Nach einer Pause sagte Timothy, daß er weiter scheußliche Träume habe.

In der letzten Nacht hatte er Lilian tot in der Halle seines Hauses gesehen, und Cousin Cheng hatte ihren Sarg künstlerisch mit weißen Blüten geschmückt.

Als Timothy am Frühstückstisch erschien, war Lilian bereits auf dem Weg zu Meister Ho. Er bekam sie immer seltener zu sehen. Diesmal war sie eine halbe Stunde früher nach Soho gefahren, um in aller Ruhe einen Brief an Cousin Cheng zu schreiben.

Lilian Hall, London an Cousin Cheng, Peking

Lieber Liang,

schon lange wollte ich Dir für Deinen Brief danken, aber ich fand leider keine Zeit. Die Mosaik-Arbeiten nehmen meine ganze Zeit in Anspruch. Aber es ist befriedigend, wie aus einzelnen Bruchstücken ein Bild entsteht.

Ich freue mich sehr, daß Herr Pong, Dein weißer Affe, und die Schwester Deines Freundes Dir Gesellschaft leisten. Ich vermute, daß Herr Pong Dich erheitert und die Schwester Deines Freundes für Dich kocht?

Hier ist alles in bester Ordnung. Meinen Eltern gefällt die alte Kunsttechnik des bemalten Mosaiks. Sie ergibt unerwartete Bilder in einer bestimmten Anordnung, die Meister Ho mir erklärt hat.

Ich habe mit großem Interesse über die Gerichtsverhandlung in Peking gelesen, die Du geschildert hast. Wo eine stille, fügsame Ehefrau ganz plötzlich mit der Stimme ihres tyrannischen, toten Vaters spricht und die ganze Familie in Schrecken versetzt. Kein Wunder, daß der Ehe-

mann die Scheidung beantragte! Der Sachverständige sagte in seinem Gutachten, daß Geist und Stimme des Toten tatsächlich unvermutet in diese Frau eingedrungen wären und sie erst im Alter wieder verließen. Du hast ganz recht, lieber Liang. Man kann nicht genug aufpassen! Auch ich glaube daran, daß die Toten ihre Geister zu uns senden. Mein Vater sagt allerdings, wir erben bestimmte Eigenschaften und Talente von unseren Vorfahren und benötigen nicht die Hilfe der Geister. Wie Du weißt, ist Daddy-Tim ganz besonders klug und, meiner Meinung nach, allwissend. Ich könnte mir keinen besseren Vater wünschen und hoffe, daß Du Dich bei Deinem nächsten Besuch als sein ergebener Sohn fühlst! Er ist so besonders vernünftig und weiß beinahe so viel wie Meister Ho.
Mit guten Wünschen, auch für Deine geehrte Mutter,
und vielen Grüßen
Lilian

In dieser Nacht hatte Timothy einen Traum, der alle anderen an Schrecklichkeit übertraf.

Timothy sah Lilian tot oder ohnmächtig auf dem Straßenpflaster. Sie war so zart und klein, daß Fußgänger über sie stolperten, weil sie sie nicht sahen. Das war für Tim der wahre Schrecken dieses Traums. Es war in der Regent Street, wo Lilian sich eine rosa Bluse gekauft hatte. Der Papierbeutel hatte sich geöffnet, und Timothy sah die Bluse auf das Straßenpflaster gleiten. Im nächsten Augenblick war sie von einer alten Hogarth-Hexe aufgesammelt worden. Die Hexe war ohne jeden Zweifel von Hogarth – dürr, betrunken und fürchterlich. Tim sah im Traum ihr sardonisches Lächeln ...

Er zitterte, als er aus dieser Vision erwachte, und der Schweiß lief ihm über Gesicht und Brust. Mitten in der Nacht erhob er sich und duschte, ohne Belinda zu wecken.

Diesen Traum verschwieg er sogar seinem Freund Nigel. Er wußte, was er bedeutete. Der Traum war wieder einmal das Bruchstück einer Abschiedstragödie, die ihm bevorstand.

Nach dieser Nacht faßte Timothy eine irrationale Abneigung gegen die Regent Street, die er immer geliebt hatte. Aber mit Ausnahme von Belinda, liebte er überhaupt nichts in diesen Tagen. Er verbarg seine wachsende Depression so gut oder schlecht er konnte. Jeden Morgen von neuem. Timothy hatte sich überall auf der Welt in Harmonie mit seinem Freundeskreis befunden, und das neue Gefühl des Isoliertseins bedrückte ihn. Ja, er fühlte sich in seinem alten London beinahe so isoliert wie ein Einwanderer aus Pakistan oder Trinidad, der nicht weiß, warum er so oft keinen Job bekommt, der seiner Erziehung und seinen Fähigkeiten entspricht. Dabei hätte er das Problem sehr leicht durchschauen können.

Zwischen seinen Schreckensträumen lebte Timothy, wie jeder andere, in der Londoner Gegenwart. Er wußte, daß es so nicht weiterginge und daß er seinen gesunden, traumlosen Schlaf brauchte. Und keine Visionen Nacht für Nacht – in den Kellern und Palästen der eilenden Zeit.

Sechstes Kapitel

FRÄULEIN HOFFMANNS ERZÄHLUNGEN

Hoffnung ist ein fester Stab
und Geduld ein Reisekleid.

(Schlesisch)

Niemand kann mir nachsagen, daß ich besonders wählerisch sei. Ich nehme die Leute, wie sie sind und nicht wie sie sein sollten. Aber drei Leute kann ich schlecht vertragen: die Hedel Hopfensack aus Breslau, Miss Lilian Hall aus Hampstead und Cousin Cheng aus Peking. Natürlich kann ich die beiden Damen schlecht miteinander vergleichen, denn die alte verwitterte Lerge hat soviel Ähnlichkeit mit unserer Lilian, wie die Hexe von Endor mit der Venus von Milo. Und die Lilian hat mir wirklich nichts getan. Aber darauf scheint es ja niemals anzukommen. Daddy-Tim zum Beispiel kann seine Tochter verhätscheln oder übersehen – sie betet ihn an. Im Frühling und im Herbst, im Scherz und im Ernst. Ich muß Belinda bewundern, weil sie gute Miene zu diesem Spiel macht; aber sie scheint die Kleine nicht als Rivalin zu betrachten. Immer ein Fehler! Je sicherer man sich fühlt, desto mehr wackelt das Parkett. Leider weiß ich, was ich rede, denn ich bin nicht umsonst seit mehreren Jahrhunderten mit Nigel Hunter befreundet...

Aus Belinda Hall wird niemand schlau. Ihre Nettigkeit ist wie ein Tuch, das alle Gefühle zudeckt. Vielleicht kennt nur ihre unsichtbare Tante Lilians Adoptivmutter. Belinda besucht diese Tante, wann immer es ihr in Hampstead zu grau oder zu bunt ist. Mein Vater hatte eine Tante in Schreiberhau, die er immer besuchte, wenn es ihm in Breslau zu bunt wurde; also wenn die Muttel tobte, was man bei meinem Vater offenbar unterlassen mußte.

Nigel Hunter hält sich immer die Ohren zu, wenn ich mit meiner Familie loslege, warum und wieso und woher ... »Bitte, Nigel! Laß mich kurz erklären, warum ...«

»Meine liebe Hannah, ich möchte es nicht so genau wissen. Kannst du das nicht verstehen?«

»Nein.«

»Kann ich weiter diktieren?« fragt Nigel dann bereits gereizt. Es wäre entzückend für ihn, wenn ich mir alles von ihm gefallen lassen würde und Aschenbrödel mit Schreibmaschine spielte. Aber dazu habe ich weder Talent noch Neigung. Freiwillig tu ich natürlich alles mögliche und unmögliche, aber ich reagiere sauer auf Nigels in Zucker und Whisky getauchte Befehle. Wahrscheinlich hat er das Befehlen in Hongkong gelernt. Denn auch Sir Timothy macht in aller Milde unmißverständlich klar, was er wünscht und was nicht, und auch Belinda kann sich in fünf Minuten mindestens fünfhundert Aufträge ausdenken. In dieser Beziehung sind sich alle drei gleich und ich muß das aushalten.

In meinen Abneigungen bin ich genauso dauerhaft wie in meiner Zuneigung. So gefiel mir beispielsweise Cousin Cheng schon nicht, als er das erste Mal bei uns in Hampstead auftauchte. Und je öfter er erschien, desto weniger mochte ich ihn. Dabei könnte niemand höflicher und gefälliger zu mir sein. Aber je liebenswürdiger er mich anlächelt, desto weniger traue ich ihm über den Weg. Er erinnert mich wohl zu lebhaft an Herrn Kupferschmied in

Berlin – ein Breslauer Gesellschaftsfotograf, der später in New York ganz groß wurde. Ein Brechmittel wie Cousin Cheng. Auch Herr Kupferschmied hatte mir nie etwas angetan. Im Gegenteil, er knipste mich halb hinter einem Lehnsessel verborgen, so daß auch der blödeste Bursche nur die Hälfte meiner Hüften sehen und sich den Rest denken konnte. »Zehn Kilo weniger, und Sie könnten Mannequin werden, Fräulein Hoffmann!« sagte mir Herr Kupferschmied. Mannequin schien in seinen Augen der Gipfel einer Karriere zu sein. Es mußte meine Dämlichkeit sein, daß ich das Kompliment krumm nahm. Natürlich würde Cousin Cheng niemals meine Figur betrachten oder erwähnen. Er stiert nur Cousine Jinghua an. Aber ich lese ihm seine Gedanken von seiner glatten Stirn ab. Sir Timothy erzählte mir einmal, daß altmodische Chinesen in Hongkong dicke Leute verehrten, weil Korpulenz ein Zeichen von Reichtum wäre. Diese Leute hatten eben volle Reisschüsseln ... Sir Timothy schlug mir natürlich nicht eine Karriere als fetteste Schönheitskönigin von Hongkong vor, aber das meinte er. Lilian grinste nur dazu.

Ich hatte schon bei seinem ersten Besuch eine irrationale Wut auf Cousin Cheng. Vielleicht weil ich ihm gern etwas vorgeworfen hätte und absolut keinen Grund dafür hatte. Übrigens glaube ich bis zum heutigen Tag, daß Sir Timothy diesen jungen Mann genauso gern mochte wie ich; aber er mußte seine Besuche dulden, weil er Lilian nicht betrüben wollte. Sie hatte so lange niemanden aus ihrer Familie gekannt, was für Chinesen offensichtlich beinahe so schlimm ist, wie kein Geld zu haben, daß sie Cousin Cheng ganz zweifellos in Gold faßte. Das war natürlich ihre Sache, aber es gefiel Sir Timothy nicht besonders. In jedem Fall schufen Cousin Chengs Besuche eine unbehagliche Atmosphäre im Hause Hall. Wenn ich Sir Timothy jemals verstimmt oder beherrscht ungeduldig sah, dann war es bei diesen Gelegenheiten. Lilian schien nichts zu merken. Sie starrte Daddy-Tim ununterbrochen an, hörte aber genau zu, was Cousin Cheng zu berichten hatte. Ihre Hände umklammerten die Sessellehnen, damit sie Daddy-Tim nicht streicheln konnten. Ob er das alles bemerkte? Wahrscheinlich! Es gab wenig, was ihm entging. Aber natürlich studierte er nicht Lilians Hände sondern den Wein in seinem Glas. Wie mein Vater, trank er sparsam und fein.

Um diese Zeit der bevorstehenden Veränderungen im Hause Hall war Lilian sehr schön und sehr traurig. Nur als Cousin Cheng mit der Truppe in London gastierte, lebte sie auf.

Natürlich wußten wir alle nicht, was Cousin Cheng in Peking wirklich trieb, denn er erzählte uns nur etwas über Herrn Pong, seinen weißen Affen. Sein Privatleben gehörte offenbar nur ihm, und wer wollte ihn deswegen tadeln? Natürlich mußte ein so gut aussehender junger Mann irgendein Privatleben haben, aber Lilian war zu chinesisch, um ihn danach zu fragen. Trotz ihrer Jugend und Unerfahrenheit zeigte sie im Umgang mit Cousin Cheng ruhige Würde, und Meister Ho und Helen Potter waren direkt stolz auf sie. Ich fragte Helen, wie Cousin Cheng ihr gefalle. Sie sagte vorsichtig, sie hätte sich noch kein endgültiges Urteil bilden können. Ich wußte Bescheid... Übrigens zeigte Cousin Cheng echtes Interesse an Lilians Mosaikarbeiten und betrachtete ihr Talent offensichtlich als einen Zuwachs an »Gesicht« für diese Familie aus Kanton. Ich mußte wieder einmal denken, daß der berühmte deutsche Fleiß sich doch nicht ganz mit fanatischer chinesischer Beharrlichkeit messen kann. Übrigens brachte Cousin Cheng statt seines Affen nur sein Notizbuch mit, das uns allen Vergnügen bereitete. Er traute nur seinen eigenen Aufzeichnungen über London und warf keinen Blick in den »Führer durch London«, den Sir Timothy ihm geschenkt hatte. Wie ein Kind hatte er emsig und mit leuchtenden Augen jede Information über die Themsestadt in sein Notizbuch eingetragen, und dies waren die einzigen Augenblicke, wo ich ihn beinahe gern hatte. Er war so rührend eifrig und konnte nicht genug aufschnappen und sicherlich daheim gewissenhaft verarbeiten. Er war eben Chinese...

Auch Lilian besaß diesen sagenhaften, chinesischen Fleiß, wenn sie Steinchen auf Steinchen zu einem Mosaikmuster aneinanderfügte. Ich konnte mir alles mögliche vorstellen, nur nicht, daß man Cousin Cheng lieben könnte. Aber das wollte nichts heißen, da ich mir weiterhin nur vorstellte, wie schön es mit Nigel Hunter gewesen war. Und wie kurz!

Das einzig Angenehme an den reiferen Jahren ist, daß man mit dem Alter auch beträchtlich kälter wird, und daß eine perfekte Rehkeule oder Peking-Ente Enttäuschungen mildert. Wenigstens habe ich diese Erfahrung gemacht. Gutes Essen erfreut mich weiter, ob Nigel es mit mir teilt oder nicht. Ich habe mich immer gewundert, wie wenig Einfluß ein feines Dinner auf Sir Timothy hat. Nicht etwa, daß er es verachtet, aber er ist ein abwesender Esser. Anders als Lilian und Cousin Cheng, und sehr viel anders als Miss Hoffmann...

Wenn Cousin Cheng bei seinem zweiten Besuch etwas plante, war es Lilians Übersiedlung in die chinesische Volksrepublik. Wahrscheinlich dachte Sir Timothy dasselbe, denn er behandelte Cousin Cheng mit großer Vorsicht. Er wurde immer schweigsamer, während Cousin Cheng uns alle mit ausgewählten Anekdoten über das Theaterleben unterhielt. Bis heute weiß ich nicht, ob er ein guter Kommunist ist. Im Hause Hall sprach er niemals über die politische Wirklichkeit seines Landes. Natürlich mußte er Kommunist sein, wenn er in Peking arbeitete! Und warum auch nicht? Ich hatte gelesen, daß die historische Landreform der Partei den chinesischen Farmern zum ersten Mal in ihrem Leben Vorteile einräumte und daß es in diesem riesigen Volk doch endlich Anzeichen von politischer Zusammengehörigkeit gäbe. Aber wann immer Sir Timothy ehrlich versuchte, etwas über die Alltagsroutine der Volksrepublik zu erfahren, wich Cousin Cheng mit akrobatischem Geschick aus und fischte eine weitere Anekdote über die Peking-Oper aus seinem Repertoire. Lilian und ich redeten nie über chinesische Politik, da wir wirklich nicht genug davon verstanden. Und Belinda hatte immer noch nicht das Vergnügen gehabt, Cousin Cheng in ihrem Haus zu treffen.

Cousin Cheng lauschte unseren Reden mit gespannter Aufmerksamkeit. Nicht aus glühendem Interesse, sondern um uns möglichst freundlich zu belehren. Er war direkt selig, wenn er uns auf einem geringfügigen Irrtum ertappte. Je länger ich ihn kannte, desto unmöglicher fand ich es, seine wahre Meinung zu entdecken. Denn wann immer er seine Meinung mit bestürzender Ausführlichkeit äußerte, fühlte ich mit Recht oder Unrecht, daß er das Gegenteil meinte ... Ich glaube, daß alle Europäer es nicht ganz einfach mit Chinesen haben, aber Cousin Cheng ist meiner Meinung nach ein wahres Preisrätsel. Seine Vorsicht im Umgang mit westlichen Menschen ist unerfreulich, wenn nicht krankhaft. Ich vermute, daß seine Mutter in Kanton auch nicht die Einfachste ist; aber daß sie besonders unangenehm ist, geht nur aus den Lobreden ihres Sohnes unmißverständlich hervor. Es scheint unmöglich zu sein, es »Tante Cheng« recht zu machen. Sie hegt offenbar einen tiefen und, ich glaube, unvernünftigen Groll gegen Lilians verstorbene Mutter, den sie mit Recht oder

Unrecht auf die Tochter übertragen hat. Aber es war schwer herauszufinden, was Lilians Mutter nun tatsächlich verbrochen hatte. Ich hätte es gern gewußt, weil Familienzank mich interessiert. In jedem Fall schien Tante Cheng entschlossen zu sein, ihre Nichte Jinghua aus der Entfernung zu genießen, denn ihr Sohn machte uns klar, daß seine geehrte Mutter niemals Besuch hätte. Mit Ausnahme jener Kunden, denen sie gegen Bezahlung ihre Zukunft enthüllte und die an Handlesen und die Weisheit der Karten glaubten. Solche Damen hatten wir auch in Breslau und Berlin gehabt, und zwar in großer Anzahl. Aber Sir Timothy verriet mir, daß in China viele Männer ebenfalls diesen lukrativen Beruf ausüben, obwohl, wie er sagte, Männer nicht solche Unken sind wie Frauen.

Ich habe jetzt viel Zeit für Nigel, denn Sir Timothy hat seine Studie über die weinerlichen Hofdamen der Tang-Periode beendet und bereitet ein Buch über Sun Yat-sen vor. Er weiß einfach alles und ist so bescheiden, als ob er nichts wüßte – ein großes englisches Talent! In diesem Punkt sind Schlesier anders. Wir wollen in ruhiger Weise anerkannt werden, während es Daddy-Tim völlig gleichgültig ist, was die Nachbarschaft über ihn denkt oder sagt. Auch Nigel ist es egal. Sonst würde er doch gelegentlich darüber nachdenken, ob meine Anklagen nicht doch ein Körnchen Weisheit enthalten, aber er hat eben nicht den schlesischen Drang sich zu verbessern... Manchmal könnte ich über mein versunkenes Schlesien weinen, aber das habe ich mir hier noch gründlicher abgewöhnt, als meine unerwünschten Fragen nach Gesundheitszustand, Schlafleistung, Appetit oder das Privatleben meiner englischen Vorbilder.

In dieser Zeit ging im Hause Hall alles drunter und drüber. Cousin Chengs Theatergruppe war auf Gastspielreise. Belindas Tante war unverhofft erkrankt und wollte nur ihre Lieblingsnichte um sich haben, und Cousin Cheng belehrte uns ausführlich. Er brachte es fertig, daß Timothy Hall sich in seinem eigenen Hause überflüssig fühlte. Ich merkte es daran, daß er sich sofort nach dem Essen in sein Arbeitszimmer zurückzog und nicht einmal fragte, wie die jungen Chengs den Abend verbringen wollten. Nicht daß Daddy-Tim sich auch nur mit einer Silbe über Cousin Chengs unerwünschte Gegenwart geäußert hätte! Aber ich kannte ihn nun doch ziemlich genau. Trotz seiner großen und seltenen Geistesgaben war er viel einfacher zu durchschauen als Nigel Hunter, Cousin Cheng, Tante Cheng und Cheng Jinghua zusammengenommen. Natürlich wirkte seine echte Bescheidenheit sehr anziehend auf Männer und Frauen – besonders auf Lilian, die manchmal vor unerträglicher Liebe die Augen schloß, wenn Daddy-Tim sie fragte, was er nun wieder verbrochen hätte und ihr sachte übers Haar strich.

»Oh, Daddy!«

»Husch, mein Kleines! Sag mir bitte, was dich quält!«

»Nichts.«

»Dann ist ja alles in Ordnung.«

Nichts war in Ordnung, und ich wußte nicht, wohin ich blicken sollte. Übrigens aß Daddy-Tim wieder einmal so gut wie nichts. Ein wahrer Jammer um den Lammbraten! Später sagte ich zu Nigel, daß Lilian ihren Daddy langsam verrückt machte.

»Unsinn!«

»Es ist kein Unsinn.«

Ich mußte mit erhobener Stimme gesprochen haben, denn Herr Dr. Hunter fragte sofort, ob es nicht etwas leiser ginge. Eine unangenehme Pause entstand. Er tat nichts um sie abzukürzen. Seine Pausen waren immer ein Alarmzeichen. Gleich würde ich etwas Unangenehmes erfahren. Ich erfuhr es postwendend. »Ich muß den Verstand verloren haben«, sagte Nigel Hunter langsam. »Stell dir vor, Hannah! Ich will heiraten.«

»Du willst was?«

»Heiraten, meine Liebe! Leute tun es manchmal.«

»Herzlichen Glückwunsch!«

»Möchtest du nicht wissen, wer die Glückliche ist?«

»Bis zur Hochzeit werde ich es ja wohl erfahren.«

»Hast du wirklich keine Ahnung, wen ich heiraten will?«

»Ist es eine von deinen Telefon-Furien?«

»Nein. Aber du darfst noch zweimal raten!« Ich stand auf und zitterte vor Ärger oder vielleicht vor Kummer. Sekundenlang fühlte ich einen Stich in der Herzgegend. Oder vielleicht war mir die zweite Portion Lammbraten nicht bekommen?

Er stellte sich dicht vor mich hin, strich mir übers Haar, das er immer noch liebte, und fragte, ob ich wirklich nicht wüßte, wen er nun endlich heiraten wollte. Zu meinem Entsetzen füllten meine Augen sich mit Tränen. Ich wußte genau, was alle Ehefrauen über alle langjährigen Freundinnen ihres Mannes denken, und daß sein Spaß in einem fremden Bett nicht unbedingt der größte Stein des Anstoßes ist. Es ist das Vertrauen, die Verbundenheit, die angegriffen werden. Und natürlich brachte Nigel auch gleich unsere Freundschaft ins Spiel. »Wir wollen gute Freunde bleiben, Hannah.«

»Warum nicht?«

»Weil ich eine Ehefrau und eine gute Freundin haben möchte, altes Schaf!« Nach einer verblüfften Pause sagte ich: »Falls das ein Heiratsantrag ist, dann ist er nicht besonders romantisch, Nigel!«

»Ja oder nein?«

Ich hatte ihn nicht immer oder gleichbleibend geliebt. Manchmal hatte ich ihn verabscheut. Dann hatte ich ihn wieder geliebt.

Natürlich würde er weiterhin nichts anbrennen lassen, und er würde mich weiter kritisieren und gelegentlich verletzen. Das verstand er großartig, aber ich wußte, daß ich damit fertigwerden konnte, vor allem, wenn ich meine Stimme dämpfte.

Ich schlang die Arme um seinen Hals und flüsterte: »Mannla!«

Siebtes Kapitel

DIE LETZTE KAISERIN

It's gay and rich and sad enough.

(London: heiter und reich und ziemlich traurig.)

Cousin Cheng kam jetzt öfter nach London. Und je häufiger er auftauchte, desto weniger gefiel er Timothy. Er fühlte Abneigung und Mißtrauen und war machtlos dagegen. Bis vor kurzem hatte er sich nicht vorstellen können, daß Cousin Cheng, dieser Störenfried, Einfluß auf Lilian gewinnen könnte, aber jetzt war er äußerst nervös, dachte, obwohl er in den sogenannten besten Jahren war, intensiv über das Alter nach und darüber, was für Enttäuschungen es für ihn noch bereit hielte. Wahrscheinlich würde er sich mit geringen Erwartungen und rheumatischen Schmerzen im linken Bein abfinden müssen. Alles würde langsamer und öder vor sich gehen. Aber Freuden und Enttäuschungen würden ihn auch weniger tief beeindrucken. Dabei brauchte Timothy sich wirklich nicht darum zu sorgen, daß Lilian einen zu alten Vater hatte. Und daß sie mit ihrem jungen Cousin einen engen Kontakt pflegte, hätte er eigentlich verstehen, ihr sogar wünschen müssen, denn Lilian hatte ja keinen Umgang mit Altersgenossen in Londen. Natürlich waren Meister Ho und Miss Potter großartige Schutzengel für sie, aber auch sie waren ja nicht gerade jung... Trotzdem war es ungewohnt für

Timothy, wenn Cousin Chengs Gelächter und Lilians Kichern ertönten. Lilian brauchte eben Heiterkeit und jugendliches Geschwätz, sagte er sich immer wieder, doch Cousin Cheng mißfiel ihm jetzt so gründlich, daß er sich vorsehen mußte, den empfindlichen jungen Mann nicht zu kränken. Cheng Liang, der mühelos andere Leute kränken und sehr höflich beleidigen konnte, war eine Mimose in Bezug auf sich selbst. Timothy stellte es immer wieder fest. Es gab keinen Zweifel daran, daß der junge Mann ihn vorsichtig und raffiniert als älteren Herrn betrachtete und behandelte. Tim nahm sich vor, das alles möglichst zu ignorieren, denn noch hatte er nicht die Grenze zwischen Scherz und Ernst, Liebe und Haß, Leben und Sterben überschritten. Er brauchte sich noch lange nicht mit Müdigkeit und Kopfschmerzen zu entschuldigen, brauchte noch keine geschickten Ausflüchte und Vorwände. Umso mehr ärgerte sich Timothy, daß Cousin Cheng ihm die Reaktion eines älteren Mannes einreden wollte. Oder war er ganz einfach eifersüchtig und wollte es nur nicht zugeben? War Lilian denn verliebt in diesen hübschen, unangenehmen jungen Mann? Schließlich war sie achtzehn und im richtigen Alter für junge Liebe. Er brauchte nur an Belinda und sich in Peking zu denken. Aber das war mindestens hundert Jahre her, und Lilian war ein Waisenkind gewesen. Dankbar, mit allem zufrieden und so heiter wie der junge Morgen ... War sie jetzt undankbar und kompliziert geworden? Timothy wies diesen Verdacht empört von sich.

Er war tatsächlich erstaunt darüber, daß er keinen engeren Kontakt zu Cousin Cheng finden konnte. Dabei hatte er doch viel Verständnis für die Jugend, und seine Studenten in der London University, die chinesische Literatur bei ihm studierten, mochten ihn besonders gern. Mit ihnen fühlte er sich nie alt und müde, während Cousin Cheng seine Stimmung automatisch niederdrückte. Es war lächerlich, aber so war es eben. Lilian war übrigens nie dabei, wenn Tim einige Studenten zum Tee einlud. Er forderte sie immer wieder auf, seine jungen Leute näher kennenzulernen, aber sie verschwand, sowie sie die Teetassen herumgereicht hatte. Meister Ho und Miss Potter waren weiterhin ihre einzigen Freunde, ihre Beziehung zu Belinda war und blieb fragwürdig.

Tim seufzte. Das Familienleben wurde immer schwieriger. Sein Blick fiel auf die Letzte Kaiserin in ihrem reichgeschnitzten Rahmen über seinem Schreibtisch. Wie immer lächelte sie verschwiegen und vieldeutig. Plötzlich dachte er: »Sie wußte Bescheid.« Er starrte sie an, und wieder bemerkte er den Zug von Grausamkeit und lächelnder List in dem schönen Manchu-Gesicht. Nein, so hatte seine kleine Lilian nicht einmal in der Maske der Kaiserin ausgesehen. Sie wußte nichts vom Ritual der Gewalt und der Grausamkeit! Sie war eher ein chinesischer kleiner Pantoffel, aber gerade das gefiel Timothy. Er wollte eine Tochter ohne Probleme. Jetzt aber war Cousin Cheng da, und nichts war mehr einfach. Es war vielleicht lächerlich, aber Timothy ärgerte sich in tiefem Schweigen, wenn Lilian eine Verabredung mit Miss Potter absagte, um Cousin Cheng ihre ganze Zeit zu widmen. Er bewunderte Helens Geduld, denn für gewöhnlich war sie nicht die Geduldigste. Sie war einfach wundervoll mit Lilian, und was sie über Cousin Cheng dachte, behielt sie strikt für sich.

Timothy zweifelte nicht daran, daß Belindas Geduld mit Lilian in diesen Tagen auf eine harte Probe gestellt wurde. Aber Belinda würde damit fertig werden müssen. Sie konnte Lilian nichts vorwerfen, aber die alte Spannung und der heimliche Antagonismus zwischen ihnen bedrückte Timothy. Belinda war besonders liebenswürdig zu Cousin Cheng, den sie endlich kennengelernt hatte, und vielleicht wußte nur Tim den wahren Grund dafür. Sie hoffte, daß Lilian auf immer und ewig mit ihm nach China verschwinden würde. Entweder nach Peking oder zu Tante Cheng nach Kanton, was Timothy ganz blödsinnig fand, da Tante Cheng nach den Berichten ihres ergebenen Sohnes keineswegs einfach war. Was immer Tim über sie gehört hatte, war so unangenehm, daß er seinen geplanten Besuch in Kanton in die ferne Zukunft verschoben hatte. Was Lilian über Tante Cheng dachte, war natürlich ein Geheimnis – wie alles in diesen Tagen.

Timothy Hall verschwieg sogar vor sich selbst, daß er Lilian jetzt viel dringender brauchte als sie ihn. Er würde ihre Übersiedlung nach Peking nur schwer verwinden. Dieses Projekt lag jetzt schon wie eine dunkle Wolke in der Londoner Luft. Aber Belinda würde ihm bestimmt helfen, den eventuellen Verlust von Lilian und Cheng Jinghua zu überwinden. Sagte sie nicht immer, sie wäre auf der Welt, um Timothy in jeder Krise beizustehen? Tim zweifelte keinen Augenblick daran, daß sie es auch tun würde, wenn er auch sonst sein Familienglück ziemlich häufig bezweifelte.

Überall war Timothy Hall für seine Nachsicht bekannt – im Fernen Osten, in London und auf dem Mond. Darum war es um so erstaunlicher, daß Cousin Chengs Lobreden über seine Volksrepublik Tim buchstäblich auf die Palme brachten. Cousin Cheng sprach langsam, als sänge er einen Text aus der Parteibibel, und er äußerte niemals eine eigene Meinung. Er redete nur nach, was ältere und weisere Parteigenossen ihm vorgebetet hatten. Tim mußte sich wirklich auf seine guten Manieren und seinen feinen Takt besinnen, um Cousin Cheng nicht zu unterbrechen oder um Beendigung der Lektion zu bitten. Dabei war der junge Mann immer besonders liebenswürdig zu Timothy, richtete seine Reden ausschließlich an ihn und schien Cousine

Jinghua nicht zu bemerken. Er spielte den gleichgültigen und überlegenen Vetter so vollendet, daß er sogar Timothy gelegentlich täuschte. Man durfte eben nicht vergessen, daß Cheng Liang ein Mann der Bühne war und seine privaten Theatervorstellungen genau plante und vorführte. Es war nicht ganz einfach zwischen Cousin Chengs Dichtung und Wahrheit zu unterscheiden. Und gerade als Timothy Hall zu der Überzeugung gelangt war, daß dieser junge Mann keinerlei Absichten hegte, Lilian ihrem Elternhaus zu entfremden oder etwa nach China mitzunehmen, fiel die Bombe. Auch in späteren Jahren fragte Tim sich manchmal, ob er damals blind und taub gewesen wäre. Es mußte doch Anzeichen, Reden, Fingerzeige gegeben haben, daß Cheng Liang einen festen und für Timothy skandalösen Plan hegte. Der bestand einfach darin, daß er Cousine Jinghua nach Peking verfrachten wollte, damit sie dort ihre Kunst der Lackmalerei und der Komposition von Mosaiken zum Besten der Volksgemeinschaft ausüben könnte. Selbstverständlich machte Cousin Cheng es dem Hausherrn und der schweigenden Belinda sonnenklar, daß im Gegensatz zum Westen, in China die Künste zum Besten der gesamten Volksgemeinschaft ausgeübt würden. Jeder hätte ein Recht, Mosaiken herzustellen oder zu bewundern oder was immer er mit einem Kunstverstand anfangen wollte. Bei dieser Feststellung blickte Cousin Cheng seinen Gastgeber so starr an, als hätte Timothy etwas dagegen, daß die Kunst seiner Adoptivtochter voll erblühen sollte.

Timothy sagte milde: »Wir wollen nicht übertreiben, junger Mann! London hat eine lange und ehrenvolle Tradition der Entwicklung und Wahrung der Künste.« Er sprach in aller Ruhe und mit solcher Überzeugung, daß Cousin Cheng ihn einen Augenblick sprachlos anstarrte. Timothy schlug ihm einen Ausflug ins Victoria- und Albert-Museum vor, den Cousin Cheng dankend ablehnen mußte, da er zu seinem unendlichen Bedauern nächste Woche mit Cousine Jinghua schon in Peking sein würde.

Die Bombe war lautlos gefallen. Timothy starrte den jungen Mann ungläubig an, und Belinda und Lilian taten es ebenfalls. Timothy sagte besonders höflich: »Ich habe wohl nicht recht gehört?« Aber er hatte recht gehört. Belinda schloß die Augen in großer Sorge um Timothy, und Lilian starrte Cousin Cheng unentwegt an, was man in diesem Land nicht tut ... Sie hatte nicht gewußt, daß seine Pläne sich so intensiv mit ihr beschäftigt hatten. Aber sie fühlte, sie mußte sich entscheiden. Jetzt oder nie! Sogenanntes Familienleben in Hampstead oder fruchtbare Arbeit in dem Land, in das sie gehörte.

Da schwere Entscheidungen niemals glatt getroffen werden, entschied Lilian sich an diesem Abend fürs Abwarten. Sie sagte nur, sie müsse reiflich darüber nachdenken und bildete sich vielleicht ein, daß Daddy-Tim aufatmete. Sie wußte natürlich, daß sie Belinda keinen größeren Gefallen tun könnte, als in die chinesische Volksrepublik zu verschwinden, aber Lilian legte es nicht darauf an, ihrer Adoptivmutter einen Gefallen zu tun. Sie wußte nur eines mit großer Bestimmtheit: sie war an einem Scheideweg angelangt. Die Zeit der Kompromisse war vorbei. Es würde nur Cheng Jinghua in Peking geben oder Lilian Hall in Hampstead. Sie fühlte die Doppelexistenz wie einen Felsblock auf ihr lasten, und sie wußte, daß sie nicht länger so leben wollte. Ihr Traum von Liebe, der sie an Timothy gebunden hätte, war ausgeträumt. Er liebte Belinda. Lilian war zu betroffen und zu unerfahren, um zu wissen, daß ein Mann unter gewissen Umständen zwei Frauen lieben kann – jede auf eine eigene Weise.

Timothy hatte keine Ahnung, wann und wie Cheng Liang mit seiner Gehirnwäsche bei Cousine Jinghua begonnen hatte, aber er war zu scharfsichtig und zu erfahren, um den Ernst der Situation zu verkennen. Er wußte, daß er Lilian verloren hatte, ob er nun Opern darüber sänge oder nicht. Cousin Chengs Methode war wohl der stete Tropfen, der den Stein höhlt... Er hatte die Kleine für ihn unsichtbar und unhörbar belehrt und beeinflußt. Und weil das alles so verstohlen und raffiniert vor sich gegangen war, kam das Ende von Lilian Hall eben doch ziemlich unerwartet. Eines aber wußte Timothy in dieser Krise ganz sicher: »Sie wird sich nicht besinnen. Sie wird mich verlassen.«

Er wußte, daß das Ende gekommen war. Das rührende Wiedersehen nach Lilians Verschwinden in Soho war nur noch eine Erinnerung. Die alte Feindseligkeit zwischen Belinda und Lilian war unleugbar wieder ausgebrochen, auch wenn Belinda sich täglich zusammennahm und Lilian die fügsame Tochter spielte. Falls Lilian das Haus in Hampstead nun verlassen würde, hätte sie allen Grund für diesen Entschluß.

Bis auf seine langweiligen Erzählungen hatte Belinda den jungen Mann aus Peking ganz nett gefunden. Er war in keiner Weise so launenhaft und schwierig wie ihre Adoptivtochter, jedenfalls zeigte er es nicht. In jedem Fall würde Belinda Cousin Cheng dankbar sein, wenn er den Konflikt im Hause Hall auf seine Weise löste. Lilian konnte glücklich sein, einen solchen Cousin zu haben. Wahrscheinlich war sie sehr verliebt in diesen bildhübschen Akrobaten und wollte ihn vielleicht heiraten. Belinda dachte, daß dies eine gute Lösung für sie alle sein würde.

Hatte Cousin Cheng überhaupt mit Lilian über ihre eventuelle Übersiedlung gesprochen? Timothy wußte es nicht und würde es wohl nicht erfahren. Aber es kam auch nicht darauf an. Es kam darauf an, daß eine jahrelange familiäre Verbindung abgerissen wurde – ohne Entschuldigung, ohne ermüdende Erklärungen, ohne Rücksicht auf fremde Gefühle. Wenn Timothy Lilian jetzt verlöre, hätte er ihr niemals gezeigt, wie sehr er sie liebte. Sein Leben in Hongkong und London war heiter, reich und manchmal traurig gewesen. Aber niemals so traurig wie jetzt, wo Lilian ihr Leben grundlegend ändern wollte. Darüber machte Timothy Hall sich keinen Augenblick törichte Illusionen. Etwas war zu Ende gegangen, und er hatte es wohl zu zu spät bemerkt. Sein altes, instinktives Wissen um die Vergänglichkeit des privaten Glücks, der Hauch von stummer Trauer in der Luft des alten Hampstead waren nicht zu leugnen. Hatten nicht alle chinesischen Weisen – angefangen von Lao Tse und Konfuzius bis zu modernen chinesischen Denkern, unerschütterlich mit der Vergänglichkeit der angenehmen Dinge dieses Lebens gerechnet? Heute wurde alles in China von der Volksgemeinschaft für die Volksgemeinschaft geschaffen. Die größten Individualisten aller Welten meldeten keinen Anspruch mehr auf persönliches Glück bei den höheren Instanzen des Himmels an, und Lilian würde wohl ihr rotes Wunder erleben... Timothy wußte es, und vielleicht wußte Cousin Cheng es ebenfalls? Was ihn natürlich nicht daran hinderte, seine Cousine von einer Welt, in der sie daheim war, in eine andere zu verpflanzen, von der sie keine Ahnung hatte. Obwohl Timothy sich immer wieder daran erinnerte, daß das nicht seine Sache sein sollte, war es täglich und stündlich seine Sache, und er konnte sich nicht zu steinerner Gleichgültigkeit zwingen. Dazu hätte er sich erst sein Herz aus dem Leibe reißen müssen. Seine einzige Beruhigung war, daß Lilian nicht ahnte, was er in diesen Tagen vor dem Abschied durchmachte. Er zeigte ihr ein unverändert freundliches Gesicht, was Cousin Cheng, der etwas von »Sir Halls« Gefühlen ahnte, als verdammte Heuchelei betrachete.

In dieser Krise studierte Timothy immer wieder die Letzte Kaiserin in ihrem Goldrahmen über seinem Schreibtisch. Er würde sie in nächster Zeit durch ein Bild in sanften englischen Wasserfarben ersetzen. Aber Tim war immer noch nicht von den Augen der Manchu-Herrscherin losgekommen. Eine Tigerin in kaiserlichen Roben – mit Edelsteinen und politischen Problemen beladen ... Aber ihre Zeit war in Peking und in Hampstead zu Ende gegangen. Her mit den Wasserfarben! – Wie sollte er sonst vergessen, daß Lilian einmal ihr Kostüm getragen und ihn um den Verstand gebracht hatte! Er würde beide niemals vergessen können. Timothy dachte immer wieder, daß der Aufstieg einer jungen, bescheidenen Manchu-Konkubine zur Letzten Kaiserin auf dem Drachenthron einmalig, extravagant und erschreckend gewesen war. Wie China selbst ... Er hatte stets hinter dem legendären Lächeln die Dämonie gewittert, und vielleicht hatte ihn das mehr als alles andere an China gefesselt? Mit Widersachern hatte die Letzte Kaiserin kurzen Prozeß gemacht. Aber sie hatte klassische Poesie geliebt und den Gesang der Vögel wie eine Hofdame der Tang-Periode oder wie Lilian Hall ...

Vielleicht verbarg auch Cousin Cheng sein lyrisches Gefühl wie ein Verbrechen gegen die Diktatur der Volksrepublik? Was wußte Timothy von ihm? Er hatte ihn sofort durchschaut, weil Cousin Cheng nun wirklich nicht der erste Chinese war, den er in regelmäßigen Abständen zu sehen bekam. Cousin Cheng gehörte mit Leib und Seele zu diesem, aus kaiserlichem Verfall entstandenen, neuen China, zu denen, die den alten Zeiten nicht nachtrauern.

In diesen Tagen schwankte Timothy zwischen der Überzeugung, daß Lilian mit Cousin Cheng nach China gehen würde, und der Hoffnung, daß ihre Treue, Dankbarkeit und Anhänglichkeit diesen Schritt verhindern würden. Aber war Lilian denn noch das treue und dankbare Kind, das viele Jahre sein Herz erfreut hatte? Im Augenblick konnten ihre Launen sich mit denen der Letzten Kaiserin messen, wenn sie auch im Grunde sanft und fügsam war und nicht die berüchtigte »Feuerzunge« der Letzten Kaiserin besaß, die selbst die Mächtigen des Reiches zum Verstummen gebracht hatte. Timothy wußte nicht mehr, wie Lilian sich in der nächsten Zukunft verhalten würde. Konnte sie ihre englische Erziehung ganz vergessen? Würde Cousin Cheng wirklich ein Freudenfeuer über Lilians endgültige Inkarnation als Cheng Jinghua anzünden? Gestern noch hatte Lilian ihre zarten Hände auf die Lippen gepreßt, um einen Aufschrei zu unterdrücken. Aber im nächsten Augenblick hatte sie Hand in Hand mit Cousin Cheng ihr Elternhaus verlassen, um den Abend irgendwo mit ihm zu verbringen. Niemand hatte Timothy aufgefordert mitzukommen. Er hatte es auch nicht erwartet.

Cousin Cheng war immer guter Laune in Hampstead und überging die Stimmung der Familie Hall mit konventioneller Höflichkeit. Auch an diesem Abend unterhielt er seine Gastgeber mit amüsanten Geschichten über Parteigenossen und westliche Besucher der Volksrepublik. Wollte er Timothy und Belinda abschrecken? Keineswegs. Die Chinesen brauchten die Devisen der Ausländer wie den täglichen Reis. Wenn Timothy davon absah, daß Cheng Liang die Letzte Kaiserin eine Tyrannin und Verschwenderin chinesischen Volkseigentums nannte, war es ein netter Familienabend. Tim hätte dem jungen Mann dankbar sein müssen dafür, daß er alle Wortgefechte zwischen Belinda und Lilian im Keim erstickte. Dafür erzählte er so drollige Geschichten, daß Tim tatsächlich lachen mußte. Lilian blickte von einem zum andern. Waren Daddy-Tim und Cousin Liang zuguterletzt Freunde geworden?

Zwei Tage später, bei seinem Abschiedsbesuch, teilte der junge Mann Tim und Belinda mit, daß Cousine Jinghua – im Augenblick zum Abendessen bei Meister Ho in Soho – ihn »aus freien Stücken« in die Volksrepublik begleiten würde. Sie würden in einer Woche nach Peking fliegen.

Timothy war so betäubt über diese Wendung, daß er den Abend in seinem Club verbrachte. Er fand Lilians Schweigen schwer zu verzeihen. Es war Verrat. Er konnte es einfach nicht fassen, daß sie hinter seinem Rücken einen Entschluß gefaßt hatte und ihn ausführen würde, was immer er dagegen einzuwenden hätte.

Er wandte nichts ein. Dazu war er zu klug und welterfahren. Und auch zu verletzt...

Am Abend vor dem Abflug nach Peking sagte Lilian: »Du mußt uns bald besuchen, Daddy!«

»Wir werden sehen, meine Kleine!«

Miss Potter würde sie zum Flugplatz fahren. Meister Ho hatte Lilian und Cousin Cheng ein denkwürdiges Abschiedsessen in Soho gegeben. Timothy hatte zu seinem Bedauern an diesem Abend eine Besprechung mit seinem Verleger, und Belinda besuchte den Sohn ihrer Tante in Faversham.

Dann war es tatsächlich soweit.

Cousin Cheng wartete mit Miss Potter in ihrem Sportwagen, bis Timothy Lilians Handgepäck verladen hatte. Das große Gepäck wollte er mit einem englischen Freund eine Woche später nach Peking schicken. Timothy war davon überzeugt, daß Lilian ihren Vetter heiraten würde.

Er stand mit ihr in der Halle des Hauses, das Lilians Leben in England gesehen hatte und nun ihren Abschied von »Daddy-Tim« sah.

Sie sagten ihren alten Abschiedsspruch. Timothy murmelte: »Lebe glücklich!« Und Lilian flüsterte: »Lebe wohl!«

Dann saß er mit der Letzten Kaiserin in seinem Arbeitszimmer, und Belinda brachte ihm im richtigen Augenblick seinen Tee. Sie hatte sich beinahe herzlich von den jungen Leuten verabschiedet. Jetzt sagte sie sanft: »Es ist das beste so, Tim.«

»Das wird sich herausstellen. Wo ist dein Tee, Belinda?«

»Ich dachte, du wolltest lieber allein sein.«

»Unsinn. Wir trinken zusammen.«

»Bist du in Ordnung, Tim?«

»Selbstverständlich.« Er legte den Arm um Belindas Schulter und gab der Letzten Kaiserin einen Abschiedsblick.

»Höre, Belinda! Es ist wirklich alles in Ordnung. Du mußt nur Geduld mit mir haben.« Er wußte, er könnte nur Schritt für Schritt aus dem Trümmerfeld der Träume in den Alltag zurückkehren.

Er flüsterte: »Hilf mir!«

»Dazu bin ich da.« Sie tranken ihren Tee, und Belinda sagte: »Du hast wieder nichts gegessen, Tim.«

»Der Appetit kommt beim Fasten.« Er lachte, und etwas Farbe kam in sein blasses Gesicht. Belinda mußte an einen schlesischen Sinnspruch denken, den Hanne Hoffmann ihr übersetzt hatte: »Hoffnung ist ein fester Stab und Geduld ein Reisekleid.«

Belinda sah ihren Mann ruhig an.

Epilog

IM PALAST DER EILENDEN ZEIT

Jeder Vogel kennt sein Nest.
(Chinesisch)

Timothy Hall fand sich sehr langsam mit Lilians Verlust ab. Die Kunst des Verzichtens mußte er erst lernen. Doch dank Belindas Fürsorge hatte er sich nach drei Monaten den Zustand resignierter Ruhe erkämpft.

Lilians Briefe gaben Tim und Belinda wenig Einblick in ihr Leben in Peking. War sie glücklich? Oder wenigstens zufrieden? Sehnte sie sich manchmal nach der Londoner Existenz zurück, oder hatte Cousin Chengs vorsichtige Gehirnwäsche ihre Wirkung voll ausgeübt? Der junge Mann schrieb sehr selten an Timothy. Und beide, weder Lilian noch der Cousin, schrieben etwas über Tante Cheng. Timothy kam das merkwürdig vor, denn Cousin Cheng war ja ein ergebener Sohn. Hatte Lilian sie in Kanton besucht oder nicht? Tim hätte es gerne gewußt, obwohl er sich etwas verbittert sagte, es ginge ihn nichts an. Jeder Brief von Lilian – Belinda fand sie alle sehr nett – bedeutete für Timothy eine lächerliche Enttäuschung. Was hatte er erwartet? Tim kannte Chinesen zu gründlich, um sich in Peking und am Perlenfluß eine englische Teegesellschaft vorzustellen – mit Sandwiches, freundlichen Reden und dem Vertrauen, das nur lange Freundschaft bringt.

Übrigens machte Timothy sich jetzt unmißverständlich klar, daß er Cousin Cheng unerträglich fand. Aber Lilian hatte sich offenbar auf Cousin Cheng konzentriert, und ihr chinesischer Starrsinn festigte diese Beziehung, denn auch das junge Mädchen mit seiner englischen Erziehung würde nicht zugeben, daß Cousin Cheng auch nur die leiseste Schattenseite hatte... Selbst wenn sie mittlerweile Fehler an ihm entdeckt hätte, würde sie nicht darüber reden. Nicht weil eine chinesische Familie nichts schlecht machen kann, sondern weil man immer noch danach strebt, die alten Familientugenden vor Zuschauern aufrecht zu erhalten.

Timothy besuchte Meister Ho jetzt öfter, und der alte Herr war zu weise, um Cheng Jinghua zu erwähnen. Er hatte einen neuen Hausgenossen, seinen jungen Neffen aus Kanton, der nach Timothys Eindruck nicht die geringste Ähnlichkeit mit Cousin Cheng hatte, weswegen er wahrscheinlich so angenehm war.

Manchmal kam es Timothy so vor, als wäre die lange Episode mit Lilian ein viktorianisches Bühnenstück gewesen – »heiter, reich und etwas traurig.« Vorbei. Tzu Hsi lächelte weiter. Sie mußte jetzt endgültig aus seinem Zimmer und aus seinem Leben verschwinden – wie Lilian und Cheng Jinghua.

Aber noch machte er sich Sorgen um Lilian. Er wußte nicht, warum er fest davon überzeugt war, daß Lilian in China gefährdet war. Er mußte Ahnungen wie Tante Cheng haben. Ob Lilian sich doch manchmal nach London zurücksehnte? Timothy hoffte es. In Gedanken begleitete er sie immer noch auf allen ihren Wegen und paßte auf, daß sie nicht stolperte, wenn sie tief in Gedanken war. Sie war so klein und zart und empfindlich, daß Tim eigentlich immer in Sorge um sie gewesen war. Trotzdem hatte er sie manchmal kaum beachtet. Erst in ihrer Abwesenheit hatte sie eine so große Macht über seine Gedanken und Gefühle bekommen. So verrückt war das Leben. Timothy schlief schlecht, aber Frau Dr. Stone und sein Freund Nigel gaben ihm keine Schlafmittel. Er sollte sich in keinem Fall daran gewöhnen. Tim hatte nichts gegen schlaflose Stunden einzuwenden, er lebte und dachte und träumte. In letzter Zeit hatte er immer wieder einen unheimlichen Traum gehabt: Nicht Lilian war heimgekehrt, sondern eine Doppelgängerin, die ihr aufs Haar glich, aber innerlich keine Ähnlichkeit mit ihr hatte. Ein chinesischer Quälgeist, der um Mitternacht seine Opfer heimsucht.

Timothy wußte, daß er in einer selbstgeschaffenen, schön möblierten Hölle lebte und daß Belinda Besseres verdient hatte. Aber was sollte er tun. Manchmal schüttelte er über sich selbst den Kopf. Oder er lachte unvermutet über etwas, das allen anderen verborgen blieb. Belinda begegnete er mit einer Art mitleidiger Liebe – sie versuchte weiter ihr Bestes, aber sie konnte ihm nicht helfen. Es tat ihm leid, daß er ihr und Nigel solche Sorgen machte. Er hatte nicht geahnt, daß man jemanden so grimmig vermissen konnte. Warum war er nicht freundlicher und aufmerksamer gegen Lilian gewesen? Wann immer er sich das fragte, hüllte er die Wahrheit in sieben Schleier – eine zeitraubende und fragwürdige Zeremonie, die nicht unbedingt erfolgreich war.

Wo war Lilian jetzt? Bei einer Parteiversammlung in Peking? Als Ehefrau bei Cousin Cheng? Im Theater? Im Palast der Eilenden Zeit? Timothy konnte in seiner Finsternis keine Laterne entzünden, um sein Jademädchen zu suchen. Lilian hatte ein sanfes liebendes Herz. Hatte es sich gegen ihn verhärtet?

Was immer Timothy getan oder versäumt hatte, er wußte jetzt etwas mehr über menschliche Beziehungen. Er wußte, daß man geliebte Menschen ziehen lassen muß, wenn sie nicht bleiben wollen. Er wußte, daß man nur so dem Verfall der Gefühle Einhalt gebieten kann, sonst verwandelt Zuneigung sich in Abneigung. Timothy wußte das alles, aber Erkenntnis ist noch nie ein Mittel gegen Depression gewesen. Und daß er diese Depression verbergen mußte, machte alles noch schwieriger.

Er sah Lilian als glückliches Kind in Hongkong. Im roten Festkleid, mit einem Jadestein an einer goldenen Kette um den zarten Hals. Sie war immer das lieblichste Kind gewesen, wo immer Kinder sich in Hongkong versammelt hatten. Damals hatte Timothy oft an den chinesischen Spruch gedacht: »Es lohnt sich, für eine Blume zu sterben.«

Timothy fand diese Erinnerungen unerträglich. Er blickte sich um, als ob er ein Verbrecher in seinem eigenen Heim wäre. Er schloß die Tür ab, ging zu seinem Schreibtisch, öffnete das Geheimfach und nahm einen in Brokat gehüllten Gegenstand heraus. Das Mondkaninchen, das ein zartes, vereinsamtes Waisenkind ihm vor hundert Jahren geschenkt hatte. Er starrte die kindliche Gabe mit brennenden Augen an. Dann hüllte er das Mondkaninchen wieder in den Brokat und verschloß es im Geheimfach. Es ging nur ihn und Cheng Jinghua etwas an...

Aus der Thermoskanne goß er sich grünen chinesischen Tee ein. Die Erfrischung belebte ihn, und er ging zu seiner Arbeit zurück. Wenn jemand nicht heimkommen wollte, konnte man ihn auf keine Weise dazu bewegen. Das hatte Timothy begriffen. Wünsche waren und blieben sinnlos. Meister Ho hatte ihm einmal gesagt, daß man im Wald kein Holz verkaufen sollte und sinnlose Wünsche vermeiden müßte. Aber war es wirklich sinnlos, wenn Timothy Lilians Rückkehr herbeiwünschte? Natürlich lohnte es sich nicht, für eine Blume zu sterben. Neulich abend hatte

Meister Ho ihm gesagt, daß Lilian eines Tages heimkehren würde. Woher er das wüßte? Meister Ho hatte leise aber bestimmt erwidert, er wüßte es eben... In jener Nacht hatte Timothy beruhigt geschlafen.

Als Timothy endgültig zu der Überzeugung gekommen war, daß er Lilian nicht wiedersehen würde, rief sie ihn aus Peking an. Was war geschehen? Ganz offenbar hatte Lilian ihren geliebten Cousin Cheng Liang nicht geheiratet.

Lilian kam nach Hause. Sie wohnte bei Meister Ho in Soho und verbrachte das erste Wochenende bei Miss Potter. Natürlich machte Timothy ihr keine Vorwürfe, obwohl ihre Handlungsweise ihn schockierte und schmerzte. Hier, bei ihm, war ihr Vaterhaus.

Dann hatte Lilian sich zum Tee angemeldet und erschien auf die Minute pünktlich. Sie trug ein korrektes, graues Kostüm mit weißer Bluse und der kostbaren kleinen Jadebrosche – Timothys Geschenk zu ihrem sechzehnten Geburtstag. Er wartete hinter der Gardine, sah, wie sie durch den Vordergarten zur Haustür lief – mit unbewegtem Gesicht wie zu einem Anstandsbesuch. Tim war nie bitter gewesen und erschrak jetzt vor dem Ausmaß seiner Bitterkeit. Er hätte gern gedacht, daß der Kuckuck diese Tochter holen sollte, aber das brachte er einfach nicht fertig. Konnte er ihr wirklich nicht verzeihen, daß sie nun eine erwachsene Person mit eigenen Gedanken geworden war? Wie in den Kaiserlichen Gärten zu Peking, saßen sie alle im Palast der Eilenden Zeit.

Belinda umarmte Lilian mit einer gewissen Wärme, weil Timothy so glücklich war, und sie tranken einträchtig ihren Tee. Kein Zweifel! Lilian starrte Timothy nicht mehr so an, wie sie es noch vor ziemlich kurzer Zeit zu Belindas Ärger getan hatte. Sie starrte ihn überhaupt nicht an und benahm sich wie eine nette Bekannte, die sich plötzlich wieder sehen läßt. Trotzdem küßte Timothy ihre sanft gewölbte Stirn und ihre kleine, kalte Hand, die ihm zu seiner Befriedigung verriet, was er wissen wollte. Er war und blieb ihr Daddy-Tim.

Was sprach man mit einer verlorenen Tochter, wenn sie selber wie eine Porzellanhenne schwieg? Schließlich sagte Tim mit seiner milden Autoriät, daß Lilian von ihren Erlebnissen in Peking nur erzählen sollte, wenn sie wollte. Es folgte eine grimmige Erzählung, und Lilian begoß sie nicht mit Sanftmut und Honig. Nicht, daß Timothy sich einen Moment über Cousin Cheng wunderte. Er hatte diesem Burschen nie über den Weg getraut. Und was immer Lilian erzählte, war sicher die reine Wahrheit.

»Wo soll ich anfangen, Daddy?«

»Beim Anfang, meine Kleine.«

Der Flug von London nach Peking war angenehm ereignislos verlaufen. Cousin Cheng war unterhaltend wie immer, aber Lilian fand ihn nervös und verlegen, was er vorher nie gewesen war. Vom Flugplatz aus brachte er sie in ein mittleres Ausländer-Hotel, da, wie er sagte, seine Wohnung zu eng und unbequem für sie beide sei. Lilian war zwar erstaunt, zeigte es aber nicht und gab ihm den englischen Füllfederhalter, den er sich gewünscht hatte. Dann fuhren sie zu seiner Wohnung.

Der Tisch war bereits gedeckt, und das Mädchen Sujin legte noch in der Küche letzte Hand an. Lilian wollte sie herzlich begrüßen, aber die junge, nicht besonders hübsche Frau verbeugte sich nur steif und feierlich. Sie waren also ein Terzett, nicht ein Duett wie Lilian es erwartet hatte, auch wenn sie es Cousin Cheng gegenüber nicht erwähnte.

Als Cousin Chengs unverständliche Verlegenheit seinen Höhepunkt erreicht hatte, murmelte er: »Sujin ist meine

Ehefrau«, lief ins Schlafzimmer und brachte eine Wiege. »Und dies ist mein Sohn.«

Lilian sprach nicht darüber, ob sie Cousin Cheng tiefer geliebt, als sie es sich zugegeben hatte, aber sein kleines Spiel war wohl doch zuviel für sie gewesen. Sie war ohne ein Wort an das mit Reispapier bespannte Fenster getreten. Das Papier war so glatt und undurchsichtig wie Cousin Cheng. Und da Lilian ihm nicht ins Gesicht schlagen konnte, zerriß sie das Reispapier und lief aus der Wohnung, um niemals mehr zurückzukehren. Sie fuhr in ihr Hotel zurück und schlief bis zum Morgen, einen tiefen Erschöpfungsschlaf. Am nächsten Tage besuchte sie den Kaiserlichen Palast und wandelte in Gedanken an Timothy in den Gärten herum. »Der Palast der Eilenden Zeit« hatte einen neuen Sinn für sie bekommen.

Am folgenden Tag fuhr sie mit der Eisenbahn nach Kanton, um Tante Cheng uneingeladen zu besuchen. Sie würde sich nicht herauswerfen lassen. Aber Tante Cheng dachte gar nicht daran und begrüßte die Nichte sehr nett. Cousin Cheng war eben ein Lügner. Der Besuch bei Tante Cheng war der einzige Lichtpunkt ihres ganzen Aufenthaltes. Sie war nicht liebenswürdig wie ihr Sohn, aber im Gegensatz zu ihm war sie ehrlich. Und Lilian hatte ihr Herz erobert, als sie Tante Chengs schmerzende Füße sanft und sachkundig massierte, wie sie es manchmal bei Helen Potter getan hatte. Tante Cheng lachte vor Freude wie ein Kind. Lilian hatte ihrer Tante versprochen, sie alle zwei Jahre zu besuchen, da Tante Cheng niemals nach London kommen würde. Timothy und Belinda wollten Tante Cheng sofort ein Gastzimmer in ihrem Hause zur Verfügung stellen, denn Tim könnte ja chinesich mit ihr reden. Aber Tante Cheng würde wie ein alter Vogel wohl lieber in ihrem Nest bleiben.

Timothy glaubte nicht, daß Lilian ihren Cousin geliebt

hatte, aber sie hatte ihm sicher echte Zuneigung entgegengebracht. Er hatte sich empörend benommen, er hattte sie nach Peking gelockt, um der Volksrepbulik ihre künstlerischen Talente zur Verfgügung zu stellen, wofür er fraglos viel »Gesicht« gewonnen hätte. »Gesicht« war auch unter dem Kommunismus nicht ausgestorben, keine Regierungsform würde diese Konzeption ändern. Dies war wohl das wahre Motiv ihres Vetters gewesen, Lilian hatte es erkannt und verziehen. Was sie ihm nicht verzeihen konnte, war seine Gleichgültigkeit gegen seine Mutter, die starrsinnig seit Monaten auf seinen Besuch lauerte...

Was Lilian in Hampstead erzählte, war absurd und bedauerlich, doch sie würde darüber hinwegkommen. Timothy aber mußte einen wirklichen Schock einstecken, als Lilian sich schließlich verabschiedete. Ihr Zimmer wartete doch! Das alte Familienleben hatte doch soeben begonnen!

Lilians Zimmer wartete vergebens, und das gewohnte Leben hatte eine Wendung genommen. Lilian wohnte bei Meister Ho, wollte aber jedes Wochenende bei Timothy und Belinda verbringen, falls es ihnen recht wäre.

Timothy sagte, daß es ihnen komischerweise recht wäre, und endlich lachten sie alle. »Jeder Vogel kennt sein Nest«, sagte er noch, und Lilian wirkte ganz ruhig. Ihr Nest war nun bei Meister Ho, bei ihren eigenen Leuten und deren Reisschüsseln. Aber was immer sich ändern würde, die lange und tiefe Verbindung zwischen Timothy und Belinda und ihrer chinesischen Tochter würde weiter bestehen.

»Also bis nächsten Sonnabend«, sagten Timothy und Belinda, und Lilian nickte. Sie war heimgekehrt.